劳动法律应用指导手册系列

劳动争议调解仲裁法理解与应用

主　编　程延园

撰稿人　钱凤佳　李　浩　武　俊

王甫希　程延园

中国劳动社会保障出版社

图书在版编目(CIP)数据

劳动争议调解仲裁法理解与应用/程延园主编. —北京：中国劳动社会保障出版社，2008

ISBN 978-7-5045-7207-3

Ⅰ.劳… Ⅱ.程… Ⅲ.劳动争议-劳动法-研究-中国 Ⅳ.D922.591.4

中国版本图书馆 CIP 数据核字(2008)第 084916 号

中国劳动社会保障出版社出版发行

(北京市惠新东街 1 号 邮政编码：100029)

出 版 人：张梦欣

*

北京谊兴印刷有限公司印刷装订 新华书店经销

880 毫米×1230 毫米 32 开本 9.75 印张 229 千字

2008 年 7 月第 1 版 2008 年 7 月第 1 次印刷

定价：25.00 元

读者服务部电话：010-64929211

发行部电话：010-64927085

出版社网址：http://www.class.com.cn

前　言

劳动关系是现代社会经济生活中最基本、最重要的社会关系，劳动关系和谐与否，直接关乎企业的发展与社会的稳定。随着我国经济体制和经济增长方式的双重转变，工业化、市场化、城镇化、信息化进程日趋加快，就业形式和分配形式越来越多样化，劳动关系日益多元化、复杂化，劳动关系调整手段趋于规范化、法制化。特别是《劳动合同法》《劳动争议调解仲裁法》对我国劳动关系调整模式和劳动争议处理制度作出了重大调整，对企业人力资源管理提出了更高的要求和挑战。

企业内部劳动关系和谐是企业生存和发展的基础，而劳动争议是劳动关系不协调的一种表现，如果不能很好地防范和处理，将会增加管理成本，甚至使企业的经营管理面临法律风险。仔细审视企业劳动争议的诱发原因，我们会发现大部分劳动争议与以下因素有关：一是人力资源管理人员缺乏全面系统的劳动法律知识，处理工作中出现的劳动法律问题凭经验、想当然地处理；二是人力资源管理不规范，规章制度设计不够完善；三是人力资源管理人员缺乏依法调整劳动关系的知识和技能，导致企业内的劳动争议不断涌现。为了帮助大家准确理解和应用劳动法律，我们组织编写了“劳动法律应用指导手册系列”图书，本书是其中之一。

作为程序法，《劳动争议调解仲裁法》是《劳动法》《劳动合同法》

等法律法规规定的实体权利得以保障的桥梁。《劳动争议调解仲裁法》将现行的“一调一裁两审”的基本程序作了必要的改革完善，强化了协商、调解在劳动争议处理中的地位和作用，扩大了法律调整的适用范围，完善了劳动争议处理的基本程序，完善了劳动争议仲裁制度，对申请仲裁时效、仲裁审理时限、举证责任分配等都作出了详细规定。本书作者以《劳动争议调解仲裁法》为主线，从实务操作的角度出发，用通俗的语言，通过法律、法理与案例的完美结合，帮您学习掌握劳动争议调解、仲裁与诉讼的知识和技能。本书还详细讲解了劳动合同争议和劳动标准争议的处理实务，使企业人力资源管理人员认识到劳动用工管理的常见误区及法律风险，从而最大可能地将劳动争议及时妥善地化解，避免因劳动争议给单位的经营管理带来负面的影响。

本书适合企业事业单位人力资源管理人员学习《劳动争议调解仲裁法》的需要，也适合企业法律顾问、劳动争议仲裁员工作中参考。由于时间仓促，本书在编写过程中难免有所疏漏，不当之处，敬请指正！

编　者

2008年5月

目　录

第一章 《劳动争议调解仲裁法》概述

劳动争议是劳动关系当事人之间因劳动的权利与义务发生分歧而引起的争议。建立一套有效的劳动争议处理程序，有利于公正、及时地处理劳动争议，保护当事人的合法权益，有利于劳动关系的和谐和社会的稳定，有利于保障当事人实体权利的实现。

我国原有的劳动争议处理程序可以概括为“一调一裁两审”，最初由 1987 年国务院颁布的《国营企业劳动争议处理暂行规定》规定并建立；1993 年《中华人民共和国企业劳动争议处理条例》取代《国营企业劳动争议处理暂行规定》，扩大了“一调一裁两审”程序的适用范围，并将有关规定进行了细化；1994 年全国人大常委会颁布了《中华人民共和国劳动法》，将“一调一裁两审”的劳动争议处理程序以国家法律的形式固定下来。我国原有的劳动争议处理程序在保障劳动者权利方面起到了重大作用，同时也存在诸如处理劳动争议周期过长、劳动仲裁时效短、劳动争议仲裁收费过高、调解渠道单一、举证责任分配不合理、适用范围过窄等问题。为了有效解决这些问题，发挥法律在处理劳动争议中的作用，公正及时处理劳动争议，维护和谐稳定的劳动关系，2007 年 12 月 29 日全国人大常委会颁布《中华人民共和国劳动争议调解仲裁法》（以下简称《劳动争议调解仲裁法》），对原有的劳动争议处理制度进行了修正和改进。

一、《劳动争议调解仲裁法》的立法宗旨

［**案例**］2007年11月3日，上海明君书店因拒不执行劳动争议仲裁裁决被法院查封。

上海明君书店为明君文化传播有限公司所属的上海一家最大的民营书店，拥有28家直营店，5家加盟店，20万会员。2006年11月28日，由明君书店创始人刘渝华投资的明君文化城开业。然而，投资巨大的明君文化城并未如预料当中为明君书店带来巨大收益。开业之后，文化城一直亏损，根本无力支撑昂贵的租金，几个月的经营后，投资血本无归，无奈之下，明君文化城于2007年4月黯然关闭。

然而，事情到此并未画上句号，文化城关闭时拖欠了部分员工的工资，一直没有偿还。原文化城咖啡吧主管周某为讨还工资，向劳动争议仲裁部门申请仲裁，徐汇区和上海市的劳动争议仲裁部门先后裁决认为：明君书店应当支付拖欠周某5个月的工资、赔偿金、违约金、社会保险金，共计人民币73 477.4元。

仲裁裁决发出后，明君书店并未执行。2007年9月17日，周某向徐汇区法院申请强制执行令，随后法院向明君文化传播有限公司法定代表人刘渝华发出执行通知，但刘渝华始终没有执行。2007年11月3日，在履行相关司法程序后，徐汇区法院查封了明君文化传播有限公司名下的两家书店。①

这一广受关注的明君书店欠薪案，因明君书店不执行劳动争议仲裁委员会的裁决，人民法院站在维护劳动者权利的立场上，依法进行了强制执行。《劳动争议调解仲裁法》第一条规定："为了公正及时解决劳动

① 改编自：解放日报，http://www.tswc.tv，2007-12-15 13:29

争议，保护当事人合法权益，促进劳动关系和谐稳定，制定本法。”这一规定，明确了《劳动争议调解仲裁法》的立法宗旨。

（一）公正及时解决劳动争议

公正解决劳动争议，要求劳动争议处理机构在处理劳动争议时，秉公执法，不偏不倚，一切依据客观实际作出判断和裁决。《劳动争议调解仲裁法》通过改进和完善劳动争议处理制度，从程序上保障了劳动争议的公正解决。例如，对举证责任进行了重新分配，部分劳动争议实行举证责任倒置；明确规定劳动争议仲裁不收费，防止仲裁费用成为劳动者维权的障碍等。

及时解决劳动争议，是指劳动争议发生后，当事人双方应及时进行协商，协商不成的应当及时向劳动争议处理机构申请处理；劳动争议处理机构应当依据法律、法规所规定的时限及时受理，抓紧审查和作出决定，按时结案；当事人不履行处理结果的要及时进行解决。解决劳动争议要及时，这是因为：一方面，劳动争议是与劳动者的切身利益相关的，尤其是薪酬、工伤、社会保险等方面的劳动争议，能否及时解决直接关系着劳动者的生存状况；另一方面，对用人单位来说，争议案件处理得越及时，单位花费的时间和精力就越少，久拖不决不但会影响企业的正常经营，而且会造成员工人心不稳，降低经营效率。《劳动争议调解仲裁法》所确立的劳动争议处理程序与原有的程序相比，在及时性方面有了显著的改进，例如，对部分案件实行一裁终局制；将仲裁裁决的期限缩短为45日，逾期未作出裁决的，当事人可以向人民法院提起诉讼等。

（二）保护当事人合法权益

保护当事人的合法权益是《劳动争议调解仲裁法》的主要立法宗旨之一。当事人的合法权益是指当事人依法应当享有的权利和利益，具体可分为程序权利和实体权利。《劳动争议调解仲裁法》通过程序立法，确立了当事人的程序权利，并以此保障当事人的实体权利。新确立的劳动争议处理制度与原有制度相比，在当事人权益的保护方面更进一步。例如，增加了调解的渠道，出现劳动争议，除了可以到企业劳动争议调解委员会申请调解外，还可以到基层人民调解组织或乡镇、街道设立的具有劳动争议调解职能的组织申请调解；部分案件实行“举证责任倒置”，使举证责任与当事人的举证能力相适应等。

关于《劳动争议调解仲裁法》的立法目的是“保护当事人合法权益”，还是“保护劳动者合法权益”，在立法过程中一直有争议：一种意见认为，《劳动争议调解仲裁法》属于劳动法律范畴，应当对劳动者一方予以倾斜性保护，将立法目的确定为“保护劳动者的合法权益”；而另一种意见认为，这部法律虽然属于劳动法律范畴，但其性质上是一部程序法，应当体现当事人的平等地位，否则与程序法的性质不符，因而建议将立法目的明确为“保护当事人的合法权益”。立法机关最终采纳了第二种观点。《劳动争议调解仲裁法》作为一部程序法，必须要体现当事人在法律地位上的平等；考虑到用人单位和劳动者实际地位的不平等，应当对劳动者进行倾斜保护，这种保护体现在具体的程序设计方面，例如“一裁终局”“对调解协议申请支付令”等，但在立法目的上不宜单独规定“保护劳动者的合法权益”。①

（三）促进劳动关系和谐稳定

构建和谐稳定的劳动关系也是本法的重要立法宗旨之一。劳动关系是市场经济条件下最基本、最重要的社会关系，劳动关系是否和谐稳定，直接关系到社会的和谐稳定和国家经济的发展。如果一个国家的劳

① 张世诚. 中华人民共和国劳动争议调解仲裁法解读. 北京：中国法制出版社，2008. 3～4

动关系处于不稳定、不和谐状态，经常发生罢工等有损社会和谐的行为，经济发展必然受到影响，整个社会就必然处于不稳定、不和谐的状态。世界各国劳动立法的一个重要目的是通过制定法律来协调劳动关系，实现用人单位与劳动者利益的平衡，以达到社会的稳定和谐。

劳动争议本身是劳动关系不和谐的一种体现。劳动争议的出现通常有两种原因：一是由于制度设计存在问题，造成当事双方的理解出现分歧；二是当事人一方侵权。《劳动争议调解仲裁法》属于程序法的范畴，它的颁布进一步补充完善了我国的劳动争议处理机制，明确了各方的权利义务，解决了实践中暴露出的部分制度问题；另一方面，制度的完善提高了当事人的侵权成本，即便出现了侵权现象，也可以通过劳动争议处理机构的调解、仲裁，及时加以纠正，长期执行的结果必然是侵权行为越来越少。总之，《劳动争议调解仲裁法》的出现，弥补了制度设计上的疏漏，可以减少当事人的侵权行为，引导劳动争议数量的减少，促进劳动关系的和谐。

《劳动争议调解仲裁法》的三项立法宗旨是层层递进的关系。“公正及时解决劳动争议”符合劳动关系双方的共同需要，保护了“当事人的合法权益”，只有“当事人的合法权益”得到维护，劳动关系才能“和谐稳定”。

二、《劳动争议调解仲裁法》的适用范围

［案例］21岁的王丽是A公司的职员，与该公司签订了劳动合同。工作之外，为贴补家用，王丽利用业余时间到吴某开办的网吧做收银员，每周二、四晚上和周日全天到网吧值班。然而，不幸的是，王丽兼职工作时遭遇凶杀案被害身亡，凶手虽然伏法，但因其没有财产，王丽家人无法通过民事诉讼途径获得任何赔偿。

王丽是家中独女，多年来一直被父母视为掌上明珠，王丽的家人无法接受爱女被害的事实。在民事诉讼撤诉后，他们在律师的帮助下向区劳动争议仲裁委员会申请仲裁，要求与王丽存在劳动关系的网吧老板吴方，按照工伤死亡待遇向王丽家人支付工伤补助费、丧葬费、抚恤费、精神损失费等。王丽家人认为，王丽在网吧工作，与网吧之间存在事实劳动关系，再加上王丽是在工作时间被害身亡的，符合工伤认定的相关条件，网吧应予以相应的补偿。但网吧一方却坚持他们与王丽之间不存在劳动关系，王丽是在职员工，与她工作的公司订立了劳动合同，建立了劳动关系，她在网吧的工作只是一份兼职，双方不存在劳动关系，当然不能认定为工伤。

这是一起因确认劳动关系而引起的劳动争议，争议的焦点在于兼职劳动者与用工单位是否构成劳动关系。这起劳动争议属于《劳动争议调解仲裁法》的调整范围。《劳动争议调解仲裁法》第二条规定："中华人民共和国境内的用人单位与劳动者发生的下列劳动争议，适用本法：(一）因确认劳动关系发生的争议；（二）因订立、履行、变更、解除和终止劳动合同发生的争议；（三）因除名、辞退和辞职、离职发生的争议；（四）因工作时间、休息休假、社会保险、福利、培训以及劳动保护发生的争议；（五）因劳动报酬、工伤医疗费、经济补偿或者赔偿金等发生的争议；（六）法律、法规规定的其他劳动争议。"

这一条规定明确了《劳动争议调解仲裁法》的适用范围，即《劳动争议调解仲裁法》对哪些人适用，在哪些地域适用，前者称为对人的效力，后者称为空间或地域效力。劳动争议具体分为六种类型。

(一）因确认劳动关系发生的争议

因确认劳动关系发生的争议包括是否存在劳动关系、什么时候存在劳动关系、与谁存在劳动关系等的纠纷。劳动关系的确认是处理很多劳动争议的先决条件，只有在存在劳动关系的前提下，劳动者才拥有法律赋予的一系列权利，例如获得劳动报酬的权利、休息休假的权利、获得劳动安全卫生保护的权利、享受社会保险和福利待遇的权利等。如果无法确认劳动关系，或劳动关系的确认发生错误，劳动者的权利主张就无法获得法律的支持。1993 年颁布的《企业劳动争议处理条例》不包含“确认劳动关系发生的争议”，《劳动争议调解仲裁法》之所以要加入这项内容，主要是因为：20 世纪 90 年代中后期以来，伴随着劳动力市场的进一步发展和完善，多种用工方式并存的局面开始显现，很多用工方式没有相应法律进行规范，在劳动关系的确认上很容易产生争议；一些用人单位与劳动者建立劳动关系时，没有按照法律的规定签订书面劳动合同，一旦发生纠纷，劳动者往往因为拿不出劳动合同而难以确认劳动关系。随着这类劳动争议数量的增多，在法律适用范围里增加“确认劳动关系发生的争议”成为一种必然要求。

（二）因订立、履行、变更、解除和终止劳动合同发生的争议

劳动合同是劳动者与用人单位确立劳动关系、明确双方权利和义务的协议，是劳动关系的法律表现形式。企业劳动合同管理涉及订立、履行、变更、解除和终止各个环节。“订立”合同，是指双方签订合同，建立劳动关系的过程，是劳动合同管理的第一个环节。用人单位自用工之日起即与劳动者建立劳动关系，建立劳动关系的单位应当建立职工名册备查。“履行”合同，是指劳动合同在依法订立生效之后，按照合同约定的条款，全面实际履行合同，实现劳动合同规定的权利义务的活动。“变更”合同，是指双方当事人就已订立的劳动合同的部分条款达成修改、补充协定的法律行为。“解除和终止”是劳动合同的终结状态。“解除”合同是指一方或双方当事人在合同期满前提前要求终结劳动合同的行为。“终止”合同则是在劳动合同期满或当事人主体有一方不存在时，劳动合同自然终结的状态。解除和终止是合同管理的最后一个环节。劳动关系从建立，到履行，再到终结，都不可避免会出现争议，这些争议均属于劳动争议的受案范围，当事人可以依照《劳动争议调解仲裁法》，通过法律程序进行处理。

（三）因除名、辞退和辞职、离职发生的争议

"除名、辞退"，是用人单位单方面要求解除合同的行为。"辞职、离职"，是劳动者要求解除劳动关系的行为。无论哪一方要求终结劳动关系，都会对对方产生很大的影响。对劳动者来说，劳动关系的解除意味着劳动者丧失劳动收入的主要途径。对用人单位来说，劳动者辞职、离职意味着人力资源的流失。在这一过程中，双方争议不可避免，这些争议属于劳动争议的受案范围。

（四）因工作时间、休息休假、社会保险、福利、培训以及劳动保护发生的争议

"工作时间"是指劳动者依法履行劳动合同的时间。依照相关规定，我国实行劳动者每日工作时间不超过 8 小时、平均每周工作时间不超过 40 小时的标准工时制度。"休息休假"是劳动者的权利，法律保障劳动者在工作时间之外享有充分的休息、休闲和娱乐。在我国，休息休假主要包括休息日和法定节假日。《劳动法》保障劳动者每周至少休息一日，实践中我国普遍执行周休二日的制度。法定节假日是法律明文规定必须给劳动者以休息假日的统一节日。根据《全国年节及纪念日放假办法》的规定，我国每年的法定节假日共有 11 天，其中元旦 1 天、春节 3 天、劳动节 1 天、国庆节 3 天、清明、端午、中秋节各 1 天。"社会保险"是国家通过立法强制征集专门资金用于保障劳动者在丧失劳动能力或劳动机会时基本生活需求的一种物质帮助制度。我国的社会保险包括养老保险、医疗保险、工伤保险、失业保险和生育保险。"福利、培训"是劳动者与用人单位签订劳动合同时，双方自愿约定的事项，通常包括劳动者可享受到的福利、用人单位提供培训、培训服务期、违反服务期约定违约金等。“劳动保护”是法律赋予劳动者的权利，用人单位应为劳动者提供符合国家规定的劳动安全卫生条件和必要的劳动防护用具，并将可能造成的职业伤害如实告知劳动者。工作时间、休息休假、社会保险、福利、培训及劳动保护都属于劳动标准的范畴，劳动标准与劳动者的切身利益和身心健康直接相关，也是劳动争议的多发环节。这方面的劳动争议，同样属于《劳动争议调解仲裁法》的调整范围。

（五）因劳动报酬、工伤医疗费、经济补偿或者赔偿金等发生的争议

“劳动报酬”是公民通过劳动取得的收入及其他财物。这里的“劳动报酬”不包括福利，主要是指劳动者取得的货币收入。取得劳动报酬是劳动者的权利，法律应予以维护。“工伤医疗费”是劳动者遭受工伤或患职业病时，用人单位为劳动者的治疗和康复支付的相关费用。为工伤劳动者支付医疗费是用人单位的义务，劳动者遭遇工伤后，不仅面临着身体和精神上的痛苦，在经济上也面临困境，法律应当对他们予以保护。根据《劳动合同法》的相关规定，用人单位解除或终止劳动合同，应予以劳动者经济补偿。用人单位支付经济补偿主要包括以下情形：劳动者因用人单位的过错而单方面提出解除劳动合同；用人单位在劳动者无过失的情况下单方面提出解除劳动合同；用人单位首先提出，双方协商一致解除劳动合同；用人单位进行经济型裁员；用人单位破产、责令关闭、吊销执照、提前解散等情形造成劳动合同终止。“赔偿金”是依据“损失赔偿”原则，用人单位向劳动者支付的赔偿金和劳动者向用人单位支付的赔偿金。赔偿金的数额按照法律规定的标准和实际损失的数额确定。劳动报酬、工伤医疗费、经济补偿和赔偿金，都属于劳动者与用人单位之间的金钱给付。这类劳动争议关系到劳动者和用人单位的经济利益。对于劳动者来说，这类争议的解决是否公正合法，直接关系他们的生活甚至生命。此类劳动争议，也属于《劳动争议调解仲裁法》的调整范围。

（六）法律、法规规定的其他劳动争议

除以上五种劳动争议事项外，法律、法规规定的其他劳动争议也应纳入《劳动争议调解仲裁法》的调整范围。

三、劳动争议处理的原则

［案例］辛某是B市一家高科技企业的业务骨干，工作业绩突出，颇受领导赏识。前年，公司为了提高产品的技术水平，花巨资从德国引进了一套全新的数字化设备，并挑选辛某送往德国参加设备操作维护等相关知识的培训，培训时间3个月。临行前，公司与辛某签订了《培训协议》，协议中规定，培训结束后辛某应在公司服务5年以上，如果辛某在此期间辞职，必须支付公司违约金20万元。

辛某按时完成了培训，并回国投入工作。然而，1年后，辛某突然提出要和公司解除劳动合同，公司不同意，并拿出《培训协议》，指出如果辛某要单方面解除劳动合同，应按协议规定支付公司20万元的违约金。辛某觉得公司制定的违约金数额非常不合理，按照相关法律规定，培训协议中约定的违约金数额不能超过公司支付的培训费用总额，公司为这次培训支付的费用不过7万多元，却向他要求20万元的违约金，这显然是不合法的。在律师的帮助下，辛某向当地劳动争议仲裁委员会申请了仲裁。

仲裁委员会经调查认为：公司送辛某参加培训共计支出培训费73 612元，辛某应履行的服务期为5年，实际已经履行1年。按照《劳动合同法》的规定，服务期违约金数额不应超过用人单位提供的培训费用，劳动者实际支付的数额按照已经履行的服务期限进行等额递减。按此计算，辛某所应承担的违约金数额为 58 889.6 元。

这是一起因违约金约定不合法所引起的争议。劳动争议处理机构按照法律规定，依法进行了裁决，降低了违约金数额。《劳动争议调解仲裁法》第三条规定："解决劳动争议，应当根据事实，遵循合法、公正、及时、着重调解的原则，依法保护当事人的合法权益。"这一规定明确了劳动争议处理应遵循的原则。

(一) 合法原则

合法原则是指劳动争议处理机构在处理劳动争议的过程中，必须坚持以事实为依据，以法律为准绳，不得违反法律、行政法规的强制性规定。法律法规既包括现行的法律、行政法规，也包括以后颁布施行的法律、行政法规；既包括实体法，如《劳动法》《劳动合同法》，又包括程序法，如《劳动争议调解仲裁法》《民事诉讼法》；既包括国家机关制定的法律法规，又包括当事人双方合意产生的劳动合同、集体合同、企业依法制定的规章制度等。

(二) 公正原则

坚持公正原则，要求劳动争议处理机构在处理劳动争议时，秉公执法，不偏不倚，一切依据客观实际作出判断和裁决，保证当事人法律地位平等，依法公平裁判当事人之间的权利义务关系，实现裁判标准公正、程序公正和结果公正的统一。公正原则作为处理劳动争议的基本原则，既符合现代法律理念，也符合国际通行的做法。坚持公正原则，可以防止双方当事人尤其是用人单位滥用优势地位，损害劳动者的权利，有利于平衡劳动关系双方当事人的利益，建立和谐稳定的劳动关系。公正原则在劳动争议处理制度中有多种体现。例如，实行仲裁回避制度，仲裁员因其身份或利害关系等原因，可能影响公正裁决时，应当对案件进行回避；对部分案件实行“举证责任倒置”，使当事人的举证责任与举证能力相匹配；明确规定劳动争议仲裁不收费，保证经济困难的劳动者同样能获得维权机会。

（三）及时原则

及时原则要求当事人和劳动争议处理机构，在处理劳动争议时注重效率，遵循法律法规规定的期限。劳动争议一旦发生，当事人应及时申请处理；劳动争议调解组织和仲裁委员会应及时受理，并按照法定期限及时处理；对于处理结果当事人应当及时执行；对调解、仲裁不服的，还应及时起诉。及时处理劳动争议，是劳动者、用人单位、社会三方的共同需求。劳动争议与劳动者的生活直接相关，尤其是一些与现金给付有关的劳动争议，久拖不决不仅会影响劳动者的生活，甚至会威胁其生存；劳动争议久拖不决还会影响用人单位的正常经营，造成效率损失；不及时处理劳动争议，还会激化劳资矛盾，造成劳资对立，不利于社会的稳定和谐。为了促进劳动争议的及时解决，《劳动争议调解仲裁法》作出了一些新的规定，例如，缩短了仲裁裁决的期限，规定仲裁委员会逾期未作出裁决，当事人可以直接向人民法院提起诉讼；对部分事实清楚、适用法律明确的案件实行一裁终局制，等等。

（四）着重调解原则

调解是在第三人的主持下，依法劝说劳动争议双方进行协商，在互谅互让的基础上达成协议，从而消除矛盾的一种方法。随着劳动争议数量的持续上升，调解在解决劳动争议中的作用越来越大：调解大大减轻了劳动争议仲裁机构和人民法院的工作压力，节省仲裁资源和诉讼资源，最大限度地减少了社会成本；调解能够及时消化矛盾，避免矛盾进一步扩大，减少劳动争议的负面影响；调解解决争议的方式不伤和气，有利于维护劳动关系的和谐稳定；充分利用现有的调解资源，例如基层人民调解组织、企业调解委员会等，将矛盾化解在基层，有利于社会的稳定和谐。

与《劳动法》相比，《劳动争议调解仲裁法》进一步完善和强调了“调解”在争议解决中的作用。例如，《劳动法》规定劳动争议发生后，当事人可以向本单位劳动争议调解委员会申请调解；《劳动争议调解仲裁法》扩大了调解的渠道，将基层人民调解组织和在乡镇、街道设立的具有劳动争议调解职能的组织也纳入到调解组织的范围中。发生劳动争议后，劳动者可以选择到企业劳动争议调解委员会，也可以选择到上面两类调解组织中的任何一个申请劳动争议调解。《劳动法》规定了调解原则适用于仲裁和诉讼程序；《劳动争议调解仲裁法》对仲裁庭调解作出了详细的规定，仲裁庭在作出裁决前，应当先行调解并制作调解书，调解不成或调解书送达前当事人反悔的，由仲裁庭依法裁决；《劳动法》规定当事人应当履行调解协议，但没有规定调解协议的形式、内容、法律效力等；《劳动争议调解仲裁法》则明确规定，调解达成协议应当制作调解协议书，协议书由双方当事人签名或者盖章，经调解员签名并加盖调解组织印章后生效，对双方当事人具有约束力，部分调解协议书还可以向法院申请支付令等。

四、劳动争议处理的程序

［案例］去年年初，刘黎经人介绍来到北京绿林餐厅工地做油漆工。该餐厅工程项目是北京某装饰公司承包的，承包后，又将工程转包给张某，刘黎和其他工人都是由张某直接聘请的。

5月初，绿林餐厅工程完工，承包人张某拖欠工人工资，玩起了“失踪”，对上门讨薪的工人避而不见。刘黎和工友们找到将工程转包给张某的北京市某装饰公司，要求公司支付他们被拖欠的薪资。公司以不存在劳动关系为由拒绝了他们的要求。为维护自己的利益，刘黎和工友们决定通过法律途径讨薪。刘黎等到北京市某区劳动争议仲裁委员会，申请确认与北京某装饰公司之间的劳动关系。然而，由于证据不足，仲裁委员会驳回了工人们的仲裁要求。

工人们无法接受这一裁决，在律师的帮助下，他们一方面继续搜集证据，另一方面向法院提起诉讼，继续要求认定与装饰公司之间的劳动关系。法院经过调查审理支持刘黎等关于双方存在劳动关系的主张，装饰公司应向工人支付被拖欠的工资。

判决发出后，装饰公司对一审法院的判决不服，于10日后提起了上诉，要求撤销一审法院的判决或者改判。该公司认为，装饰公司承包了餐厅工程后，把该工程转包给了张某，刘黎等人是张某招用的工人，因此他们与公司之间并不存在劳动关系。二审法院在充分审查双方证据的基础上，作出判决：支持了一审法院的裁决，对装饰公司的请求不予支持。

这是一起因确认劳动关系引发的争议，劳动者经历了“一裁二审”，最终确认了与用人单位的劳动关系。《劳动争议调解仲裁法》第五条规定：“发生劳动争议，当事人不愿协商、协商不成或者达成和解协议后不履行的，可以向调解组织申请调解；不愿调解、调解不成或者达成调解协议后不履行的，可以向劳动争议仲裁委员会申请仲裁；对仲裁裁决不服的，除本法另有规定的外，可以向人民法院提起诉讼。”这一条规定明确了我国劳动争议的处理程序。

（一）协商

协商是劳动争议当事人采取自治的方法解决纠纷的一种方式，具有自愿性、灵活性、选择性、平等性等特点。协商以和平手段解决劳动争议，是一种较有效的争议解决方法。劳动者与用人单位发生劳动争议，首先可以选择协商解决。

（二）调解

调解是解决劳动争议的一种方法和程序，是由调解组织作为第三方介入争议，对双方当事人进行劝说，以帮助双方当事人达成协议的过程。劳动争议调解必须坚持自愿、及时和民主说服的原则。调解是自愿的，不是解决争议的必经程序，是否选择向调解组织申请调解，由双方当事人自行决定。调解过程中始终贯彻自愿协商，双方当事人法律地位平等，任何一方不得强迫另一方。调解要及时，调解的优势在于简便、快捷，若不能及时解决争议，调解将失去意义。调解组织收到申请 15 日内没有达成协议，当事人可以向仲裁机构申请仲裁。调解组织应坚持民主说服原则。调解组织没有司法审判权，也没有行政命令权和仲裁权，解决劳动纠纷时，主要运用民主讨论、说服教育的方法，摆事实，讲道理，在提高当事人的思想认识水平的基础上，动员其自愿协商，达成协议，反对强迫命令、简单粗暴、以权压人的做法。《劳动争议调解仲裁法》就劳动争议调解作出了比较详细的规定，扩大了劳动争议调解组织的范围，确定了调解员的素质要求，规定了调解的程序，确立了支付令制度，确认了调解制度的重要性。

（三）仲裁

仲裁是劳动争议仲裁委员会，根据劳动争议当事人的申请，依照法定的程序，按照劳动法律、法规的规定，对劳动争议作出裁决，从而使劳动争议得到处理的一种方式。仲裁是劳动争议处理程序的核心制度，也是处理劳动争议的必经程序，当事人不经过仲裁程序，一般不得直接向人民法院提起诉讼。只有经过仲裁，对裁决不服的，才能向法院起诉。《劳动争议调解仲裁法》就仲裁程序做了较大修改，在制度方面有很多创新，例如，仲裁委员会不再按照行政区划层层设立，而是按照实际需要，统筹规划、合理布局；劳动争议仲裁申请时效延长为一年，并制定了仲裁时效的中断、中止制度；将仲裁期限缩短为45天，逾期未作出仲裁裁决的，当事人可以向人民法院提起诉讼；明确规定劳动争议仲裁不收费等。

（四）诉讼

诉讼是解决劳动争议的最终程序。劳动争议诉讼是人民法院按照民事诉讼法规定的程序，以劳动法规为依据，对劳动争议案件进行审理的活动。劳动争议案件审理应坚持以事实为依据、以法律为准绳，与有关单位密切配合，着重进行调解，保证人民法院独立行使审判权。人民法院对劳动争议案件的审理适用民事诉讼的程序，包括一审、二审及再审程序，最终的生效判决标志着这一劳动争议案件的诉讼程序的终结，即劳动争议的最终解决。除诉讼审理外，人民法院参与劳动争议的解决，还体现在劳动争议处理结果的强制执行上。无论是生效的劳动争议案件的调解协议，还是仲裁决定，或者是人民法院的终审判决，都存在一个实际执行的问题，若一方当事人应当执行而拒不执行，另一方当事人有权申请人民法院强制执行。《劳动争议调解仲裁法》在诉讼方面也有一些制度创新，例如，规定对于一裁终局的案件，用人单位不服裁决结果不能直接向人民法院提起诉讼，而是要首先申请撤销裁决，然后才能提起劳动争议诉讼；劳动争议仲裁委员会裁定不予受理或逾期未作出受理决定的争议案件，申请人可以向人民法院起诉；仲裁委员会在规定期限内没有作出仲裁裁决，当事人可以就劳动争议向人民法院提起诉讼等。

五、劳动争议协商

［**案例**］Y煤矿是一家国有大型煤矿。煤矿开采属于特殊行业，为

保证安全，该矿的劳动纪律中明确规定“井下人员不准擅自离开岗位”。石某是Y煤矿的井下工作人员，去年10～12月，该矿井的领导在检查工作时，多次发现石某不在工作岗位上，询问石某的同事，同事也不知他的去向。于是，该煤矿以“擅自离开工作岗位，严重违反劳动纪律”为由，单方面解除了与石某的劳动合同。

当事人石某认为，煤矿现有的劳动纪律和规章制度并没有对什么是“严重违反劳动纪律”作出界定，因此自己的行为不构成“严重违反劳动纪律”，煤矿单方面解除劳动关系缺乏相应的证据支持。在律师的帮助下，石某向公司表达了自己的看法，希望通过协商方式解决与公司的劳动争议。公司在征询人力资源部和外部专家的意见后，同意与石某协商解决。今年2月份，双方达成和解协议，石某同意与煤矿解除劳动关系，煤矿按照石某的工作年限，每满一年向石某支付一个月工资的经济补偿金。

这是一起因用人单位单方面解除劳动合同引发的争议，双方当事人通过协商方式解决了争议。《劳动争议调解仲裁法》第四条规定：“发生劳动争议，劳动者可以与用人单位协商，也可以请工会或者第三方共同与用人单位协商，达成和解协议。”石某与煤矿之间就违纪解除劳动合同发生争议，双方在平等协商之后，就争议问题达成了共识、实现了和解。

协商是解决劳动争议的一种方式，分为两种类型：一是双方自主协商，二是第三方介入所进行的协商。这里的“第三方”可以是本单位的人员，也可以是双方都信任的其他人，如律师等。具体来说，协商有以下几个特征：一是自愿性。通过协商解决争议是双方当事人的自愿行为，经协商达成的和解协议是双方意志的体现，和解协议由当事人自觉自愿履行，当事人有权自主决定申请调解或仲裁。二是灵活性。协商具有简便、灵活和快捷的特点。劳动争议发生后，当事人双方可以随时就争议的具体事项进行商谈，协商方式也由当事人灵活选择，与调解、仲裁和诉讼相比，协商解决劳动争议具有更大的灵活性。三是选择性。协商不是处理劳动争议的法定必经程序，劳动争议发生后，当事人可以选择协商，也可以选择向调解组织申请调解，或直接向劳动争议仲裁委员会申请仲裁。四是平等性。劳动争议协商过程中，双方当事人的地位是平等的。为了增强劳动者的协商能力，保证协商过程的公正平等，法律允许劳动者邀请工会或第三方参与协商，共同解决劳动争议。

协商是解决劳动争议的第一个环节，具有其他方式所没有的一些优点：协商方式在一个较友好的气氛中解决争议，当事人双方不伤和气，能够使劳动关系得以继续保持稳定和协调；协商具有简易、灵活和快捷的特点，是争议双方解决争议的最便捷方式，有利于在较短时间内化解矛盾，及时恢复正常的劳动关系；当事人选择协商解决争议，可以极大地缩短争议处理时间，减轻调解机构、仲裁机构和人民法院的压力；协商方式可以最大限度地降低解决争议的成本，减少人力、物力和时间的支出。因此，《劳动争议调解仲裁法》对协商专门作出了规定。

六、劳动争议处理的举证责任

［案例］ 小黄大学毕业后进入某信息咨询公司成为一名信息收集员。公司与她签订了为期 3 年的劳动合同，合同中约定，小黄月工资 1 800 元，公司另外为小黄提供住宿。小黄对这一待遇感到基本满意。

今年 3 月，小黄与老板因为工作问题发生了争吵，这以后，老板经常无故指责她工作不认真，对客户不热情。小黄感到非常委屈，也产生了辞职的念头，但考虑到现在找工作非常困难，不得不忍气吞声地继续干下去。令她料想不到的是，4 月公司在未与她协商的情况下，以工作不认真为由，将她的工资降到了1 200元，此后，小黄多次找公司经理协商，要求恢复原有的工资，但都没有结果。无奈之下，小黄向劳动争议仲裁委员会申请仲裁，要求公司恢复自己原有的工资待遇。

小黄积极搜集证据，准备开庭。然而，在搜集证据的过程中，小黄遇到了一个难题：怎么才能证明自己认真工作了呢？自己上班的考勤记录、客户投诉记录、绩效考核结果等可以用来证明自己工作状况的资料，全都掌握在公司的手中，自己根本无法拿到。如果她拿不到这些证明自己认真工作的证据，她是不是就输定了？小黄陷入了困惑……

这个案例涉及劳动争议的举证责任问题。《劳动争议调解仲裁法》第六条规定：“发生劳动争议，当事人对自己提出的主张，有责任提供证据。与争议事项有关的证据由用人单位掌握管理的，用人单位应当提供；用人单位不提供的，应当承担不利后果。”这一条规定明确了劳动争议当事人的举证责任。

发生劳动争议，当事人应为自己的主张提供证据，若劳动者或用人单位提出主张但未能提供证据证明，则原则上应承担不利的法律后果，这就是“谁主张、谁举证”。我国《民事诉讼法》第六十四条规定：“当事人对自己提出的主张，有责任提供证据。”最高人民法院制定的《关于民事诉讼证据的若干规定》第二条规定：“当事人对自己提出的诉讼请求所依据的事实，或者反驳对方诉讼请求所依据的事实有责任提供证据加以证明。没有证据或者证据不足以证明当事人的事实主张的，由负有举证责任的当事人承担不利后果。”劳动争议属于民事法律争议，在举证责任方面一般适用“谁主张、谁举证”，在这点上，《劳动争议调解仲裁法》的规定与《民事诉讼法》基本一致。

然而，劳动关系除了具有一般民事法律关系的平等性外，还具有隶属性、依附性的特征。劳动合同不同于一般的民事合同，作为劳动合同关系主体的用人单位和劳动者，形式上地位是平等的，但实质上是不平等的，在它们之间还有一种管理和被管理的隶属关系。在处理劳动争议案件时，应根据劳动法的立法精神和民事诉讼法的公平原则，按照劳动争议的性质、当事人对证据的控制情况、搜集证据的能力等因素，根据不同的情况来合理分配举证责任。

为了确保举证责任分配的公平性，对于特定事项法律规定了"举证责任倒置"。所谓举证责任倒置，是指在某些特殊情况下，由于案件事实的特殊性，法律在确定举证的顺序时，免除了原告对其主张的事实进行举证的责任，而确定由被告人承担举证责任。举证责任倒置是举证责任分配的一种特殊情况，是对"谁主张、谁举证"原则的补充、变通和矫正，是公平精神的体现。"举证责任倒置"在劳动法领域广泛存在。最高人民法院《关于审理劳动争议案件适用法律若干问题的解释（一）》第十三条规定："因用人单位作出的开除、除名、辞退、解除劳动合同、减少劳动报酬、计算劳动者工作年限等决定而发生的劳动争议，用人单位负举证责任。"《工伤保险条例》第十九条规定："用人单位与劳动者或者劳动者直系亲属对于是否构成工伤发生争议的，由用人单位承担举证责任。"劳动和社会保障部《关于确立劳动关系有关事项的通知》中规定："工资支付凭证、社保记录、招工招聘登记表、报名表、考勤记录由用人单位负举证责任。"

《劳动争议调解仲裁法》在原来法律法规的基础上，进一步明确和扩大了用人单位的举证责任，与争议事项有关的证据由用人单位掌握管理的，用人单位应当提供，如果不提供，就要承担不利后果。这一举证原则贯穿于调解、仲裁、诉讼的全过程，有利于保护劳动者的合法权益。

七、劳动者推举代表参加劳动争议的处理

［案例］王某是S市某外资公司的员工。1995年1月1日，《中华人民共和国劳动法》开始施行时，外资公司即为包括王某在内的143名农民工投缴了养老、医疗、工伤、失业共四项社会保险。工人们知道这一情况都非常高兴，以为有了社会保险作保障，总算没有后顾之忧了。然而他们不知道的是，公司为他们缴纳的社会保险费，是以当地最低工资作为缴费基数的，远远低于他们的实际收入水平。到2003年，王某等人的工资已经涨到2 000元左右，但社会保险的缴费基数仅为350元。

一个偶然的机会，王某从公司人事部获知了这一情况，随后告诉了其他工人。经过商议，工人们委托王某作为代表与公司人事部协商补缴社会保险费，遭到了公司方面的拒绝。王某等人看到协商无望，以公司未足额缴纳社会保险为由向劳动争议仲裁委员会提出仲裁申请，要求公司按照他们的实际收入补缴社会保险费。仲裁委员会依法受理了他们的申请。由于劳动者一方人数多达143人，而且有共同请求，仲裁委员会建议他们推举一个代表参加仲裁活动。工人们商量之后，听从了仲裁委员会的建议，推举王某作为代表参与仲裁。

这是一起劳动者推举代表参加劳动争议仲裁的案例。按照《劳动争议调解仲裁法》第七条的规定："发生劳动争议的劳动者一方在10人以上，并有共同请求的，可以推举代表参加调解、仲裁或者诉讼活动。"

一般的劳动争议是一对一的，即一个劳动者对应一个用人单位；集体争议却是一对多的，即当事的劳动者一方人数众多，但用人单位只有一个，有的集体争议中，劳动者的人数甚至多达几万人。发生集体争议时，让当事人全部参与争议的解决是不现实的，参与人数太多会增大案

件处理的难度；而将每个当事人的案件单独立案、分别处理，不仅繁琐，还会因重复处理造成资源浪费。因此，选举代表参加劳动争议调解、仲裁、诉讼活动是必要的、适宜的。劳动者推选代表时应注意：代表人必须是劳动争议中当事人的一员，与其他当事人具有共同的利害关系；代表人应具有一定的诉讼能力，能够正确履行代表义务；代表人必须始终站在维护全体当事人合法权益的立场上。《劳动争议调解仲裁法》这一条的规定源于民事诉讼中的代表人诉讼制度。在民事诉讼中，当事人人数众多且有共同诉讼请求时，可以由当事人推选代表进行诉讼。代表人的一些特定行为，例如变更、放弃诉讼请求或者承认对方的诉讼请求、进行和解等，与当事人利益关系重大，必须经被代表的当事人同意。

集体争议是劳动争议的重要组成部分。2006 年，全国各级劳动争议仲裁委员会立案受理劳动争议案件 31.7 万件，涉及劳动者 68 万人。其中，集体劳动争议案件 1.4 万件，涉及劳动者 35 万人，占涉及劳动者总数的 51.5%①。集体劳动争议涉及人数多、影响大，妥善处理集体劳动争议有利于维护社会的稳定，增强劳资双方的互信，促进社会经济平稳发展。

八、劳动关系三方协调机制

［案例］北京市东城区工会积极探索建立多层次的劳动关系三方协商机制。区工会先后组织基层单位赴上海、南京等地学习考察，并于 2001 年 8 月建立起全区第一家街道级劳动关系三方机制。此后，建国门等街道也开展了试点工作，均取得了较好的效果。2001 年度区政府

① 资料来源：劳动和社会保障部，国家统计局. 2006 年度劳动和社会保障事业发展统计公报

与区工会召开的联席会议上，通过建立“东城区劳动关系三方协商机制”议题，为全区开展建立劳动关系三方机制工作奠定了良好的基础。2007年初，三方联合下发了《东城区关于建立劳动关系三方协商会议制度的意见》。区工会下发了《关于坚持平等协商，进一步做好稳定劳动关系工作的意见》，明确提出要建立街道级和区级三方协商机制，发挥劳动部门、工会组织及企业的合力作用，有效地促进全区三方协商机制的建立。截至2007年5月份，区内10个街道全部建立起劳动关系三方协商机制，“东城区劳动关系三方会议”也于5月底正式召开。

通过平等协商的方式签订集体合同是有效协调劳动关系的重要方式。区、街道两级三方协商会议制度建立后，把推进和完善平等协商、签订集体合同和劳动合同作为会议内容的重点。各街道三方协商会议都把平等协商、集体合同列入第一次协商会议的主要内容，推动新建企业集体合同签订工作。全区国有、集体企业都签订了集体合同，上半年，已有1 390家新建企业完成了集体合同的签订工作。据北京市劳动和社会保障局提供的资料显示：今年以来，劳动合同鉴定单位数比去年同期上升了46.98%，涉及的职工人数上升了78.93%，劳动争议案件下降了20.95%，劳动监察违法案件也有明显下降。①

本案例说明建立健全三方协调机制，发挥劳动部门、工会组织及企业的合力，是减少劳动争议案件、促进劳动关系和谐稳定的有效方式。《劳动争议调解仲裁法》第八条规定：“县级以上人民政府劳动行政部门会同工会和企业方面代表建立协调劳动关系三方机制，共同研究解决劳动争议的重大问题。”

劳动关系三方协调机制是指由政府、雇主、劳动者三方代表，根据

① 资料来源：北京市总工会网站

一定的程序或议事规则，通过特定的形式开展集体协商而形成的共同参与决定、相互影响、相互促进、相互制衡的一种劳动关系利益协调机制。劳动关系三方机制，是市场经济条件下协调劳动关系的有效途径，也是市场经济国家协调劳动关系的国际惯例。1990 年，全国人大正式批准了国际劳工组织 144 号公约，即《三方协商促进国际劳工标准公约》，确认了由政府劳动部门、工会组织和雇主组织三方组成协调劳动关系的组织体系和运作机制。2001 年全国人大又批准了国际劳工组织的第 150 号公约，即《劳动行政管理公约》，该公约规定："凡批准本公约的会员国应该作出符合本国条件的安排，在劳动行政管理系统内，促进公共当局以最有代表性的雇主组织和工人组织，或在条件允许的情况下与雇主代表和工人代表进行协商、合作和谈判。"2001 年修改后的我国《工会法》明确规定："各级人民政府劳动行政部门应当会同同级工会和企业方面的代表，建立劳动关系的三方协商机制，共同研究解决劳动关系方面的重大问题。"2001 年 8 月，我国正式建立了由劳动和社会保障部、中华全国总工会、中国企业联合会和中国企业家协会共同组成的国家级协调劳动关系的三方机制。国家级三方机制建立以后，各省、市、自治区和一些中心城市也相应建立了三方机制。2007 年 6 月 29 日通过的《劳动合同法》将三方机制写入了总则，对充分发挥三方机制的作用，稳定协调劳动关系具有极其重要的意义。

近几年来三方机制在我国有了很大发展，但仍然处于初始阶段，存在很多的问题。第一，法律不健全。虽然《劳动法》《劳动合同法》《工会法》等对三方机制作出了原则性的规定，但是能够用来规制具体运行和实际操作的规则还很不足，亟待立法进行完善。第二，劳资双方主体的代表性还不强。工会和企业组织的代表性是三方机制能否得以顺利实现的决定性因素，我国工会和雇主组织对自身的作用和地位不够明确，不能充分地履行代表职能。第三，三方机制的社会影响力不大。三方机制在西方国家劳动关系协调方面起到了非常大的作用，而在我国，三方机制还是一个新生事物，企业和员工对这一机制不够了解，三方协商机制的作用范围还很小。第四，三方机制的针对性不强，缺乏针对某一产业的制度安排。在实践中，很多劳资矛盾都带有产业型的特点，集中在某些产业内部，因劳动标准、技术法规、管理方式等各种带有产业性质的政策和标准引发。建立产业三方协调机制是解决产业劳资矛盾的有效方法。

《劳动争议调解仲裁法》对我国劳动关系的三方协调机制作了明确的规定，县级以上的区域必须建立协调劳动关系的三方机制，三方机制由劳动行政部门、工会和企业方面代表组成，三方共同研究解决劳动关系方面的重大问题。例如劳动就业、劳动报酬、社会保险、职业培训、劳动争议、劳动安全卫生、工作时间和休息休假、集体合同和劳动合同等，这些问题与劳动者和用人单位利益有直接的、重要的影响，对全局劳动关系有重要作用。三方协商共同研究解决这些重大劳动关系问题，有利于以建立规范有序、公正合理、互利共赢、和谐稳定的社会主义新型劳动关系。

九、劳动者有权举报和投诉

［案例］A公司是某市一家外贸公司，今年2月以来该公司的员工已经连续两个月没有拿到工资了。员工为此多次找到公司财务部，财务部的答复是，由于现在公司正在对管理人员的办公场所进行装修，公司账户上没有可用来发工资的资金，因此，必须等货款收回才能给员工发工资。员工们听后非常气愤："管理人员享受到更好的办公环境了，凭什么让我们拿不到工资饿肚子？货款能不能收回、什么时候收回现在都

不能确定，难道还要我们继续等下去吗?”近二十名被拖欠工资的员工对这一答复非常不满，为了维护自己的权利，他们向区劳动局举报了A公司的这一不法行为。在当地劳动局的及时干预下，员工们拿到了拖欠两个月的工资和经济赔偿金。

这一案例中，劳动者通过投诉用人单位的违法行为，维护了自己的合法权利。《劳动争议调解仲裁法》第九条规定：“用人单位违反国家规定，拖欠或者未足额支付劳动报酬，或者拖欠工伤医疗费、经济补偿或者赔偿金的，劳动者可以向劳动行政部门投诉，劳动行政部门应当依法处理。”

劳动者有权对用人单位的违法行为进行检举投诉，这不仅是劳动者的权利，也是解决劳动争议、维护合法权益的一种有效方式。我国的法律明确规定了劳动者的检举投诉权。《劳动法》第八十八条规定：“任何组织和个人对于违反劳动法律、法规的行为有权检举和控告。”《劳动合同法》对劳动者的检举投诉权作出了更加详细的规定：“任何组织或者个人对违反本法的行为都有权举报，县级以上人民政府劳动行政部门应当及时核实、处理，并对举报有功人员给予奖励。”《劳动争议调解仲裁法》在两部法律的基础上，进一步明确了这一权利，这并不是无意义的重复，而是基于如下考虑：首先，实践中有大量劳动争议案件涉及用人单位违反国家规定，拖欠或者未足额支付劳动报酬、工伤医疗费、经济补偿或者赔偿金等行为，其中不少案件事实清楚，双方对案件的事实不存在争议，对这类案件，劳动者不必走调解、仲裁、诉讼的劳动争议处理程序，可以直接向劳动行政部门进行投诉，由劳动行政部门依法进行处理，从而缩短争议处理时间，节约劳动者的成本和精力，增加劳动争议处理的效率，使得有限的劳动争议处理资源得到更加有效的利用。其次，赋予劳动者向劳动行政部门投诉的权利，能够增强劳动行政部门的劳动监察，对一些明显的违法行为依法及时处理，可以预防和减少相当一部分劳动争议，从而降低劳动者维权成本。

劳动行政部门应当依法处理劳动者的投诉。根据《劳动合同法》《劳动保障监察条例》等法律法规的规定，劳动行政部门对以下事项负有监督检查的责任：（一）用人单位制定直接涉及劳动者切身利益的规章制度及其执行的情况；（二）用人单位与劳动者订立和解除劳动合同的情况；（三）用人单位遵守国家关于劳动者工作时间和休息休假规定的情况；（四）用人单位支付劳动合同约定的劳动报酬和执行最低工资标准的情况；（五）用人单位参加各项社会保险和缴纳社会保险费的情况；（六）用人单位遵守禁止使用童工规定的情况；（七）用人单位遵守女职工和未成年工特殊劳动保护规定的情况；（八）职业介绍机构、职业技能培训机构和职业技能考核鉴定机构遵守国家有关职业介绍、职业技能培训和职业技能考核鉴定的规定的情况；（九）法律、法规规定的其他事项。根据以上规定，用人单位违法拖欠或者未足额支付劳动报酬，拖欠工伤医疗费、经济补偿或者赔偿金的行为，属于劳动行政部门合理使用行政资源，因此，对于劳动者的投诉，劳动行政部门应当依法受理并及时处理。劳动行政部门合理使用行政资源运用行政手段处理用人单位的违法行为，充分发挥政府部门在监督法律实施、维护劳动者合法权益方面的作用，从而提升政府形象。

十、事业单位与聘用制员工之间的劳动争议处理

［案例］某研究所为财政全额拨款的事业单位，1999 年王某研究生毕业后与研究所签订了为期五年的聘用合同，合同中约定王某的岗位是研究助理。2003 年研究所利用自身技术优势注册成立了一家公司，王某被派往公司担任总经理助理。工作期间，王某与研究所续订了聘用合

同，没有与新公司订立劳动合同。几年后，下属公司撤销了总经理助理的岗位，将王某退回研究所。此时，研究所负责人告诉王某，他离开研究所的几年里，原有的工作已经被别人接手，现在没有合适的岗位安排，于是将王某安排到保卫科。王某对这一安排非常不满，他想："我一个研究生，又有多年工作经验，现在把我调到保卫科，这么多年的书不是白读了吗?"双方在工作岗位安排问题上产生了严重的分歧，最后不得不诉诸法律解决，王某向区劳动争议仲裁委员会申请了仲裁。

劳动争议仲裁委员会认为，王某与研究所之间签订了聘用合同，在合同中已就岗位问题进行了明确的约定，研究所要变更王某岗位应事先与王某协商，因此，仲裁委员会对研究所调整王某岗位的决定不予支持。

这是一起因为事业单位擅自变更聘用制员工的工作岗位而引发的争议。《劳动争议调解仲裁法》第五十二条规定："事业单位实行聘用制的工作人员与本单位发生劳动争议的，依照本法执行；法律、行政法规或者国务院另有规定的，依照其规定。"

事业单位是为了社会公益目的，由国家机关举办或者其他组织利用国有资产举办的，从事教育、科技、文化、卫生等活动的社会服务组织，主要包括各类学校、医院、研究院所等。国家对于事业单位实行人员编制管理，按照编制核算拨款的数额。由于编制基数多年不变，无法满足事业单位的实际需要，很多事业单位采取聘用编制外员工的方式来解决人员不足的问题，在编制外与一部分人员签订聘用合同，建立劳动关系，履行用人单位的权利和义务。聘用关系不同于人事关系，聘用制员工不具有传统的干部身份，与事业单位之间通过双向选择、协商一致缔结聘用关系，与劳动关系没有实质上的差别。2007 年颁布的《劳动合同法》将事业单位与聘用制员工之间的关系纳入到该法的调整范围内，聘用制员工订立、履行、变更、解除或者终止聘用合同，享有与其他劳动者相同的实体权利。

实体权利的实现有赖于程序权利的保障，《劳动争议调解仲裁法》颁布之前，并没有一部法律对如何处理事业单位与聘用制员工的争议做出专门规定。聘用制员工与事业单位发生劳动争议面临无法可依的尴尬局面。随着事业单位用人机制的改革，到 2006 年底，事业单位聘用制员工共计 1 700 多万，约占人员人数的 51%[①]，如何处理聘用制员工与事业单位之间的劳动纠纷，从程序上保障聘用制员工的合法权益，是事业单位聘用制人员管理的重要议题。《劳动争议调解仲裁法》将事业单位聘用关系纳入适用范围，发生争议后，聘用人员既可以与事业单位协商，又可以请调解机构调解，还可以向劳动争议仲裁委员会提起仲裁申请，对仲裁不服的可以向法院提起诉讼。这样做既可以解决实际中无法可依的问题，又能利用现有的劳动纠纷解决机制，从而有效保护聘用人员的合法权益，节约国家的公共资源。

① 张世诚．中华人民共和国劳动争议调解仲裁法解读．北京：中国法制出版社，2008．43

第二章　劳动争议调解制度

调解是一种以柔性方式化解矛盾的机制。调解解决纠纷，具有成本低、及时、灵活的优点，可以促使当事人双方尽快取得谅解，减少双方的对立情绪，防止矛盾激化，因此，调解也被称为解决纠纷的“第三条道路”和“绿色”纠纷处理机制。

在解决劳动争议中引入调解机制，有利于把争议及时解决在基层，最大限度地降低当事人双方的对抗性，节约仲裁资源和诉讼资源。为了发挥调解的优势，使大多数劳动争议纠纷通过调解得以解决，《劳动争议调解仲裁法》在确立企业调解制度的基础之上，整合并强化了劳动争议调解制度，重申了着重调解的原则，并单列一章对调解组织的类型、调解员的任职资格、调解的方式、调解协议的效力等作了详细的规定。

一、调解组织的类型

[**案例**] 张某是北京市某民营玩具厂的一名操作工，已有5年的工龄，在厂里算是有资历的老员工。最近，由于公司销售额下滑，大量产品积压在库房，导致玩具厂资金周转困难，厂子已经连续3个月不能及时足额为员工发放工资。为了扭转企业的亏损状况，厂方决定裁减一批人员，并与张某等30多位职工解除劳动合同。但厂方以财务紧张为由，解除合同时并没有支付经济补偿金。之后，张某多次向玩具厂索要经济补偿，但厂方总以经营不善为借口，一直拖欠应支付的经济补偿金，张

某对此毫无办法。就在他一筹莫展的时候，邻居小王建议他到区人民调解委员会试一试，并解释说："区人民调解委员会现在也受理劳动争议案件，效果很好。而且，那里的调解员主要为地方工会人员，与企业没有利害关系，他们的法律和政策理论水平较高，因此能依法公正地对劳动争议案件进行调解，做到不偏不倚。你可以去那里申请调解。"但张某心想："我以前只记得企业有负责劳动争议调解的专门机构，这还是第一回听说区人民调解委员会有劳动争议调解的职能。我有点担心，我可以去区人民调解委员会申请调解吗？"

这个案例涉及调解组织设立问题。《劳动争议调解仲裁法》第十条第一款规定："发生劳动争议，当事人可以到下列调解组织申请调解：（一）企业劳动争议调解委员会；（二）依法设立的基层人民调解组织；（三）在乡镇、街道设立的具有劳动争议调解职能的组织。"

根据这一规定，我们国家的劳动争议调解组织主要包括三类：

（一）企业劳动争议调解委员会

企业劳动争议调解委员会是建立在企业内部的从事劳动争议调解工作的专门组织。企业劳动争议调解是在企业调解委员会的主持下，对发生在本单位的劳动争议案件，经当事人自愿提出调解后，在查清事实、分清是非、明确责任的基础上，运用宣传法律法规和说服教育、规劝疏导的方法，使劳动争议及时得到解决的一种活动。它有以下三点好处：一是快捷方便。由于调解工作发生在企业内部，发生劳动争议后，当事人可以及时到调解委员会申请调解，调解委员会也可以迅速地进行处理。二是内部解决、增加了解。由于调解工作者身在企业，对劳动争议的发生经过比较清楚，能够对争议双方进行正确引导，有利于及时化解纠纷，防止双方矛盾激化。三是不伤和气。企业调解委员会采用民主协商的方式解决劳动争议，不发生激烈冲突，有利于弥合当事人双方的关系，不至于因劳动争议而危及劳动者的“饭碗”。

企业劳动争议调解委员会在预防化解劳动争议，督促劳动争议双方当事人履行调解协议，促进企业劳动关系和谐稳定方面发挥着重要作用。《劳动法》和1993年国务院通过的《企业劳动争议处理条例》都对企业劳动争议调解委员会作了规定，确立了这一制度。许多企业也纷纷在内部建立了劳动争议调解委员会。根据全国总工会的统计，2006年全国共建立企业劳动争议调解委员会25.8万个，有企业调解人员94.8万名。从实践看，这一制度在解决劳动争议中发挥了一定的作用。截至2006年底，共受理劳动争议案件34万件，其中调解成功6.3万件，占18.5%。[①] 为了进一步发挥企业调解委员会的作用，《劳动争议调解仲裁法》延续了《劳动法》和《企业劳动争议处理条例》的规定，肯定了这一制度，并对企业劳动争议调解委员会的组成做出新的规定。

（二）基层人民调解组织

基层人民调解组织是我国解决民间纠纷的组织。根据1989年国务院制定的《人民调解委员会组织条例》，人民调解委员会是村民委员会和居民委员会下设的调解民间纠纷的群众性组织，在基层人民政府和基层人民法院指导下进行工作。人民调解委员会的任务为解决民间纠纷，并通过调解工作宣传法律、法规、规章和政策，教育公民遵纪守法，尊重社会公德。通过基层人民调解组织解决劳动争议，有以下两点好处：一是平等协商、互谅互让、不伤感情。人民调解采用平等协商的方式解决纠纷，可以促进双方当事人尽快取得谅解，调解结果易于为人民群众所接受，双方当事人容易达成协议。二是成本低、效率高。人民调解是化解民间纠纷的有效手段，有利于提高劳动争议处理的总体效率，也有

① 李援.《中华人民共和国劳动争议调解仲裁法》解读与适用.北京：人民出版社，2008.33

望节约司法资源和成本。对一些弱势劳动者来说，如果请求事项比较单一、标的较小，调解争议则可以免去仲裁或者诉讼之苦。

基层人民调解组织在调解劳动纠纷中发挥着重要作用。目前，全国98%的乡镇、街道已设立了人民调解组织。如深圳市宝安区西乡社区在街道人民调解委员会中设立调解中心，依托调解中心，将人民调解员、司法调解员、治安调解员、劳动争议仲裁员以及律师、法律志愿者等力量进行整合，从2006年7月到2007年9月，西乡驻劳动服务站人民调解室共调解劳动争议910件，调解成功率达94%。[①] 因此，为了充分发挥人民调解在解决劳动争议中的作用，《劳动争议调解仲裁法》规定，发生劳动争议，当事人可以向基层人民调解组织申请调解。

（三）在乡镇、街道设立的具有劳动争议调解职能的组织

在乡镇、街道设立劳动争议调解组织，是一些经济发达地区为了解决劳动争议的实际需要而设立的区域性、行业性调解组织。这些调解组织在处理劳动争议方面显现出巨大的优越性：一是与企业调解委员会相比较，区域性、行业性调解组织地位超脱，调解员与企业没有利害关系，调解更具有权威性。二是有利于及时解决劳动争议。就行业性劳动争议调解组织而言，它具有熟悉行业情况、与成员单位联系紧密的优势，能够为及时解决劳动争议提供便利条件。

从实践上看，区域型、行业性劳动争议调解组织作用发挥较好，成效明显。据全国总工会统计，2006年全国共设立区域性、行业性劳动争议调解组织1.1万个，受理劳动争议案件10.2万件，调解成功8.3万件，占81%。目前，在乡镇、街道设立的具有劳动争议调解职能的组织主要有两种模式：一种是依托于乡镇劳动服务站的调解组织，如宁

① 李援.《中华人民共和国劳动争议调解仲裁法》解读与适用.北京：人民出版社，2008.35

波市鄞州区钟公店街道设立的劳动和社会事务管理服务站，有 3 名从事劳动关系协调处理的人员，2005 年处理各类劳动争议案件 202 件，涉及金额 258.6 万元。[①] 另一种是依托于地方工会的劳动调解组织，如 2007 年北京市朝阳区总工会与区劳动和社会保障局、区法院、区司法局共同成立了朝阳区劳动争议调处中心。劳动争议调处中心负责受理朝阳区域内中央和市属企事业单位发生的劳动争议，成立两个月来，已调解劳动争议 16 件，调解成功率达 50%。[②]

《劳动争议调解仲裁法》规定了以上三种劳动争议调解组织。因此，劳动者与用人单位发生劳动纠纷后，可以根据自愿的原则，向这三种调解组织中的任何一个申请调解。本案中，根据法律规定，张某所在街道的人民调解委员会具有劳动争议调解的职能，张某可以向街道调解组织申请调解。此外，如果张某所在的玩具厂成立了劳动争议调解委员会，他也可以向本厂的调解委员会申请调解。

二、企业劳动争议调解委员会的组成

［案例］ 北京市某纺织厂是一家有着几百名职工的企业。这几天企业正在召开职工代表大会，商讨成立企业劳动争议调解委员会的有关事项。会上，职工代表和企业代表们围绕着调解委员会的组成问题展开了激烈的讨论。代表俞某提议说："企业调解委员会应该由职工代表、工会代表和企业代表三方组成，并由工会代表担任调解委员会主任。许多企业都是这么规定的，比如说隔壁的服装厂。"代表李某说道："我不同意你的观点，工会本来的职责是维护员工的权益，在由三方构成的调解

① 李援.《中华人民共和国劳动争议调解仲裁法》解读与适用. 北京：人民出版社，2008.36

② 工会将建立预警机制加强调解. 劳动午报，2007-09-21

委员会里，工会代表和职工代表有什么分别吗？他们之间不存在重叠吗？”代表小钱补充说：“是啊，在调解劳动争议时，工会能够处于中立地位吗？它能做到不偏不倚吗？”之后，争论的双方各执一词，互不让步，最后也没有达成一致。那么，企业调解委员会到底应该由哪些人组成呢？《劳动争议调解仲裁法》对此有新的规定吗？

这个案例涉及企业劳动争议调解委员会的组成问题。

《劳动争议调解仲裁法》第十条第二款规定：“企业劳动争议调解委员会由职工代表和企业代表组成。职工代表由工会成员担任或由全体职工推举产生，企业代表由企业负责人指定。企业劳动争议调解委员会主任由工会成员或者双方推举的人员担任。”

企业劳动争议调解委员会的组成的规定是《劳动争议调解仲裁法》的一大调整之处。《企业劳动争议处理条例》和《劳动法》都确立了企业劳动争议调解委员会这一制度，规定企业调解委员会由职工代表、企业代表和工会代表三方组成，由工会代表担任调解委员会主任。实践中，这一制度发挥了一定的作用。许多国有企业、集体企业建立了企业调解委员会。但是，目前国有企业数量在减少，企业所有制呈多样化和复杂化，原来适用了国有企业的一些制度已经不符合现实的情况，需要做相应的调整，而且工会的职责是维护职工权益，在调解组织中并不是处于中立地位，使得三方原则虚化。因此，为了适应新的形势，鼓励企业在内部成立劳动争议调解委员会，并肯定工会长期以来在企业调解中的作用，《劳动争议调解仲裁法》对调解委员会的组成做了调整，将企业劳动争议调解委员会由三方变成两方，将调解委员会主任由工会代表担任变为由工会成员或双方推举的人员担任。这样的调整既体现了企业调整委员会的发展方向，也体现了对现行制度的尊重和肯定。因此，本案例中，纺织厂成立的企业劳动争议调解委员会应当由职工代表和企业代表两方组成。调解委员会主任可由工会成员担任，也可以经职工代表和企业代表双方推举产生。

三、劳动争议调解员的任职资格

［案例］贺阳是某县某钢铁企业劳动争议调解委员会的一名优秀调解员。多年来他在自己的工作岗位上认真负责，多次获得县市劳动保障系统先进工作者及优秀人民公仆称号，赢得了全县企业职工的一致赞誉，在群众中树立了良好的形象。今年，他所领导的企业劳动争议调解委员会共处理劳动争议 74 起，其中成功调解 54 起，占 73%。

贺阳认为熟练掌握劳动政策法律法规是对一名调解员的基本要求。因此，他认真学习《劳动法》《企业劳动争议处理条例》，特别是针对县内铁矿资源丰富、矿山事故频发的特点，又系统地学习了《工伤保险条例》，为做好本职工作打下了坚实的业务基础。

劳动争议调解是最苦最麻烦的工作，在劳动部门工作过的人，对此体会最深，因此都有些避之不及。可是这些对贺阳来说，却有着不同的理解。他说："组织安排我做什么，我就认真地去干。干一行、爱一行、钻一行，想尽一切办法把它做好，这是我天生的性格。"他热心调解工作，有次为了解决一件小纠纷，他竟跑到当事人双方家里十多次，耐心细致地讲道理、宣传政策，最后在他的努力下，这起纠纷得到了圆满解决。

贺阳就是这样，凭着一份兢兢业业和对维护企业和劳动者合法权益的执著追求精神，做企业劳动争议调解工作勤勤恳恳，任劳任怨，用他卓有成效的努力，架起了国家干部和老百姓之间沟通的桥梁，为和谐本县企业劳动关系起到了保驾护航的作用。

这是一个关于调解员的任职资格的案例。

《劳动争议调解仲裁法》第十一条规定："劳动争议调解组织的调解员应当由公道正派、联系群众、热心调解工作，并具有一定法律知识、政策水平和文化水平的成年公民担任。"这条规定明确了劳动争议调解员的任职资格，主要包含两层意思：

（一）劳动争议调解员应当公道正派、联系群众、热心调解工作

公道正派，是要求调解员具有一定的道德力量和社会影响力，在群众中享有较高威信。调解劳动纠纷，在一定程度上需要靠调解员的影响力和说服力。如果调解员为人正派、信誉较高，那么当他从中调解时，当事人双方容易信服。尤其是当法律、法规或者政策不明确的时候，更需要依靠调解员本人的信誉和影响力，来妥善地解决劳动争议。联系群众，就是要求调解员善于与人交往，跟群众打成一片，具有较好的沟通能力和亲和力。沟通能力好的调解员，在开展调解工作时，可以对争议双方进行正确的引导，不产生激烈的冲突，妥善地解决劳动争议。热心调解工作，就是要求调解员愿意为调解工作贡献力量。这是因为调解工作很耗费时间和精力，有时为了帮助双方当事人达成调解协议，需要调解员不厌其烦地反复劝导，付出极大的努力。而且，很多情况下调解员是兼职的，是义务的，没有劳动报酬。因此，热心调解工作也是担任劳动争议调解员的一项必备条件。

（二）劳动争议调解员应是有一定法律知识、政策水平和文化水平的成年公民

具有一定法律知识、政策水平和文化水平也是调解员的一项重要的任职资格。劳动争议有别于邻里纠纷、婆媳纠纷等一般简单的民事纠纷，它涉及的法律知识十分广博，因此，调解员不但需要了解《劳动法》《劳动合同法》及其配套法规，而且还要了解本地区的行政法规、部门规章和政策，保证调解工作的顺利进行。同时，为了使调解工作卓有成效，调解员也要坚持学习劳动法律和政策知识，不断提高自身的法律知识、政策水平和文化水平。

此外，公民担任调解员必须年满十八周岁，这是担任调解员的最低年龄要求。一般情况下，调解员应是年龄较大、社会阅历丰富的公民。这样，调解工作既能得到劳动者的认可和信任，又能保证调解的质量和成功率。

四、劳动争议调解的申请

［案例］孙某很小就辍学跟着朋友来到北京打工。某日，他看到一家饭店在招服务员，便前去应聘。经面试，饭店经理对孙某很满意，与其签订了一份为期三个月的试用期合同。签合同时，经理对孙某说："如果你试用期表现合格的话，试用期结束后我们就和你签订为期 3 年的劳动合同。你觉得怎么样？你要是不同意的话，那就算了。"迫于工作不好找的压力，孙某答应了单位的要求。

三个月的试用期眼看就结束了，但饭店一直没有与孙某签订合同的意向。经理还经常在工作中批评孙某不麻利，态度不端正。试用期结束那天，经理找到孙某说："我们不打算和你签合同了，现在饭店生意不好，不需要太多的服务员，而且你工作中表现不好，不符合岗位的要求。我们把这三个月的工资结算一下，你就可以走了。"孙某觉得很不公平，但经理态度很强硬，工资结算完毕后，就将孙某赶了出去。孙某很气愤，想用法律武器保护自己，他决定去区调解中心申请调解。但是孙某听说申请调解需要携带一份调解申请书。孙某心想："我小学都没上完，根本就不会写什么调解申请书。不知道能不能口头申请？要是能口头申请那该有多方便啊？"

这是一个关于当事人能否口头申请劳动争议调解的案例。

《劳动争议调解仲裁法》第十二条规定："当事人申请劳动争议调解可以书面申请，也可以口头申请。口头申请的，调解组织应当当场记录申请人基本情况、申请调解的争议事项、理由和时间。"

调解是解决劳动争议的法定形式之一，为了使调解员能够准确了解发生争议的事实情况和争议的矛盾焦点，便于解决矛盾，达成调解协议，当事人申请劳动争议调解，需要通过一定的表达形式，让调解员知道自己的请求和理由。根据这一条规定，当事人可以通过以下两种形式申请调解。

书面申请，就是采取书写调解申请书的方式提出调解申请。《劳动争议调解仲裁法》对调解申请书的内容和格式没有明确规定。实践中，调解申请书应当包括：申请人和被申请人的基本情况，发生争议的事实，申请人的主张和理由，以及申请的时间等。申请人的基本情况包括申请人的姓名、住址和身份证号或者其他身份证件号码及联系方式。此外，还应当记录被申请人的名称、住所以及法定代表人或者主要负责人的姓名、职务等。

申请调解也可以采用口头形式。口头申请的，调解组织应当当场记录申请人和被申请人的基本情况、申请调解的争议事项、理由和时间。需要指出的是，由于调解程序也有时限要求，根据《劳动争议调解仲裁法》第十四条第三款的规定，自劳动争议调解组织收到申请之日起十五日内未达成调解协议的，当事人可以依法申请仲裁。因此，口头申请需要记录申请时间，作为调解组织收到调解申请的时间依据。

五、劳动争议调解的程序

[案例] 刘某 2001 年大专毕业后，来到某装潢公司从事室内设计的工作。由于刘某在试用期间认真负责，办事周到，赢得了其部门经理的

好评，试用期满后，公司向其支付了高于市场平均水平的工资。但公司并没有依法为刘某交纳社会保险，公司给出的解释是，公司向他支付的工资已经很高了，没有必要再为他交纳社会保险。刘某对此很不满意，几次与公司相关负责人进行沟通，但公司都以种种理由搪塞过去。于是，刘某向街道调解委员中心递交了调解申请。调解中心受理了刘某的申请后，委派调解员小王负责调解工作。这是小王担任调解员所处理的第一起劳动纠纷，他非常想做出点成绩。但可能是缺乏经验，或者方式不对，十天过去了，尽管小王多次进行劝导，讲解相关法律政策，双方也没有达成调解协议。小王越来越着急，因为根据《劳动争议调解仲裁法》的规定，调解的期限为十五日，十五日内未达成调解协议，当事人可依法申请仲裁。最后，小王渐渐失去了耐心，他找到双方当事人，以调解期限快到为由，强迫双方达成调解协议。

这是一个有关劳动争议的调解方式的案例。案例中，小王以调解期限快到为由，强迫双方当事人达成和解，这一做法是否正确?

《劳动争议调解仲裁法》第十三条规定："调解劳动争议，应当充分听取双方当事人对事实和理由的陈述，耐心疏导，帮助其达成协议。"这一规定明确了劳动争议的调解方式，主要包含两层意思：

(一) 充分听取双方当事人对事实和理由的陈述

充分听取双方当事人对事实和理由的陈述，就是要求调解员以事实为依据，在弄清事实、分清是非的基础上开展调解工作，帮助双方解决分歧，就争议事项达成共识。只有事实清楚，矛盾焦点明确，调解工作才能"有的放矢"，纠纷才能顺利解决。因此，在开展调解工作前，调解员既要听取劳动者一方对事实和理由的陈述，也要听取用人单位一方对事实和理由的陈述，不能只听一家之言，偏听偏信。此外，调解员在听取双方当事人陈述时，可以要求其提供相应的证据，以帮助调解员弄清事实。若证据不足或没有证据，也不妨碍调解工作的进行，调解员也可以主动调查了解，弄清事实。

（二）耐心疏导

耐心疏导，就是要求调解员根据法律、法规和政策，耐心地对争议双方当事人进行说服和教育，做到以理服人，而不能以势压人。调解工作是一项耗费时间和精力的工作，这就要求调解员有耐心、诚心，不厌其烦地对双方当事人进行开导和说服，从而引导争议双方以和解的方式解决纠纷。在进行劝导时，调解员也可以提出自己的意见，但不能强迫双方当事人接受自己的主张。这是因为调解协议是双方当事人真实意思的表达，是双方自愿的结果。调解内容涉及双方当事人权利和义务的，调解员应当尊重当事人自己的意愿进行处理。如果强迫当事人达成调解协议，不是当事人心甘情愿，即使达成协议，也可能得不到履行。

本案例中，调解员小王强迫当事人达成调解协议的做法是不对的。对于调解工作来说，由于调解是双方自愿的，调解的成功与否，在一定程度上取决于争议双方解决争议的诚意。因此，调解员应当站在中立的立场上调解纠纷，根据法律、法规和政策，摆事实，讲道理，引导争议双方以和解的方式解决纠纷，而不能强迫当事人接受自己的主张。

六、调解协议书的效力

［案例］小杨初中毕业后，放弃了继续读书的机会，和几个朋友一起南下深圳去打工。一次偶然的机会，他看到某手机品牌经销商在招聘销售人员，于是他便前来应聘。虽然小杨只有初中文化，但他口齿伶俐，能说会道，很适合销售工作。因此，他很顺利地通过了面试。面试结束后，公司人事经理跟他说：“我们这个职位本来只招大专以上学历的人，但是你表现很好，我们决定破格录用你，不过有一点我需要和你

说明，那就是我们暂时不能和你签合同。虽然不签合同，但你的相应待遇一点也不少。你好好想想，如果你不同意的话，那我们就雇别人了。”小杨听后，心想：“反正现在工作也不好找，这个工作待遇很好，不签合同也没什么损失的。”于是，小杨同意了人事经理的要求。六个月后，小杨在一次聊天中听说，公司之所以不签合同，其实是在骗他，《劳动合同法》规定，建立劳动关系，应当订立书面劳动合同。而且，用人单位自用工之日起超过一个月不满一年未与劳动者签订合同，应当向劳动者每月支付两倍的工资。随后，小杨就几次找到人事经理要求签合同，都遭到拒绝。于是，小杨向本地区劳动争议调解中心递交了调解申请书，经过调解员的耐心疏导，公司最后同意和解，并与小杨签订了调解协议，协议约定公司要在一周内与小杨签订合同，并支付赔偿金 6 800 元。事后，公司领导觉得有点吃亏，尤其是赔偿金太高了，便想反悔，但是，他们不知道调解协议书的法律效力如何？

这是一个关于调解协议书效力的案例。

《劳动争议调解仲裁法》第十四条规定：“经调解达成协议的，应当制作调解协议书。调解协议书由双方当事人签名或盖章，经调解员签名并加盖调解组织印章后生效，对双方当事人具有约束力，当事人应当履行。自劳动争议调解组织收到调解申请之日起十五日内未达成调解协议的，当事人可依法申请仲裁。”这条是关于调解协议书和调解协议效力的规定，主要包含三层意思：

（一）制作调解协议书

调解协议书是劳动争议双方达成调解的书面证明。双方当事人经调解达成一致意见后，调解组织应当制作调解协议书。《劳动争议调解仲裁法》虽然没有对调解协议书的内容明确规定，但从实践中看，调解协议书应当载明双方当事人的基本情况、纠纷简要事实、争议事项及双方责任、双方当事人的权利和义务、履行协议的期限等。这里的履行期限比较重要，因为本法第十五条规定："达成调解协议后，一方当事人在协议约定期限内不履行调解协议的，另一方当事人可以依法申请仲裁。"

（二）调解协议书具有约束力

根据《劳动争议调解仲裁法》的规定，调解协议书经双方当事人签名或盖章，经调解员签名并加盖调解组织印章后生效，对双方当事人具有约束力，当事人应当履行。这里的"约束力"是一个什么样的效力？《劳动争议调解仲裁法》没有明确规定。从性质上看，调解协议是在双方自愿的基础上达成的，是双方意思表示一致的结果，相当于合同，应当具有合同的效力。但它又是在调解组织的参与下达成的，需要调解员签字和调解组织盖章后才能生效。因此，调解协议不同于一般的民事合同。参照2002年最高人民法院发布的《关于审理涉及人民调解协议的民事案件的若干规定》，其中第一条规定："经人民调解委员会调解达成的、有民事权利义务的内容，并由双方当事人签字或者盖章的调解协议，具有民事合同性质。当事人应当按照约定履行自己的义务，不得擅自变更或者解除调解协议。"由此可以理解调解协议具有劳动合同性质。因此，经过劳动争议调解组织调解所达成的具有民事权利和义务的调解协议，具有民事合同的约束力，双方当事人应当按照协议的内容来履行相应的义务，享受相应的权利。

需要指出的是，虽然调解协议具有民事合同性质，但它并不具有直接向人民法院申请强制执行的法律效力。这是因为调解是当事人自愿选择解决劳动争议的一种形式，调解协议能否得到履行，主要看调解协议的内容是否是双方真实意思的表示。如果调解协议反映了双方的真实意思和利益，协议内容公平合理，绝大多数情况下，协议是会得到履行的。如果法律直接赋予调解协议具有申请人民法院强制执行的效力，与调解作为一种柔性化的纠纷解决机制的性质不符，调解也发挥不了很好的效果，起不到缓和矛盾的作用。因此，《劳动争议调解仲裁法》规定调解协议对双方当事人具有约束力，当事人应当履行，而没有直接赋予其直接申请强制执行的效力。

不过，虽然调解协议没有申请法院强制执行的效力，但调解协议不同于一般合同，它有调解员的签名，并加盖了组织的印章，其证据效力要高于一般的合同。参照最高人民法院《关于审理涉及人民调解协议的民事案件的若干规定》第三条的规定，当事人一方起诉请求履行调解协议，对方当事人反驳的，有责任对反诉讼请求所依据的事实提供证据予以证明。当事人一方起诉请求变更或者撤销调解协议，或者请求确认调解协议无效的，有责任对自己的诉讼请求所依据的事实提供证据予以证明。这一司法解释可以作为劳动争议仲裁委员会或者人民法院处理劳动争议时的依据。

（三）十五日内未达成调解协议的，当事人可依法申请仲裁

调解不是解决劳动争议的必经程序，调解的目的是要用一种灵活、简便的机制，尽快解决劳动争议。因此，调解要讲求效率、及时。实践中，有的调解员为了尽量促成双方当事人调解解决劳动争议，调解拖的时间比较长，最后问题仍可能得不到解决，有的甚至还影响了当事人申请劳动争议仲裁的时间。因此，《劳动争议调解仲裁法》规定，自劳动争议调解组织收到调解申请之日起十五日内未达成调解协议的，当事人可以依法申请仲裁。也就是说，调解的期限是十五天，在十五天内未达成调解协议的视为调解不成，当事人任何一方都可以向劳动争议仲裁委员会申请仲裁。

现实生活中，用人单位随意反悔、借故不履行调解协议的现象时有发生。针对这一问题，《劳动争议调解仲裁法》适当地提高了调解协议的效力，规定调解协议书具有合同约束力，从而强化双方当事人的履约意识，维护调解协议的严肃性。本案中，小杨与公司所签订的调解协议，是在双方自愿的基础上达成的，其内容是双方真实意思的表达，具有民事合同的约束力。因此，除非公司能提供证据证明调解协议是无效的或可撤销的，否则公司应履行调解协议的约定。

七、不履行调解协议的后果

［**案例**］2005 年 4 月 10 日，李小姐来到某体育用品公司工作，双方签订了 3 年的劳动合同，合同中约定公司聘用李小姐为其员工，从事体育用品的销售工作。工作期间，如公司根据经营需要安排李小姐加班，应安排同等时间轮休或依法支付加班、加点工资。在随后的一个月中，为增加销售额，公司组织了几次周末促销活动，并安排李小姐加了 8 天班。加班期间，李小姐工作积极，圆满地完成了预定的工作目标。但 5 月底，李小姐在领取当月工资时，却发现工资单上少了 860 元的加班费。当她询问原因时，单位解释说，为了财务管理简便，公司的加班工资统一在年底发放，希望她能理解公司的安排。李小姐想了想，觉得在这里工作很愉快，并同意了公司的要求。此后半年内，公司先后安排李小姐加班多次，也没有支付加班费。年底时，李小姐向公司索要这一年的加班费时，公司领导却以资金紧张为理由决定延缓支付，并要求李小姐服从公司的安排。在与单位几次协商未果后，李小姐向企业劳动争议调解委员会递交了调解申请，要求公司支付拖欠的工资。调解员在听取双方的陈述和理由后，对双方进行了耐心劝导，并向公司领导讲解了相关法律政策。最后，在调解员的努力下，公司同意调解，与李小姐签订了调解协议，约定在 2008 年 1 月 20 日之前把拖欠的加班费打到李小姐的银行账户。到了 1 月 20 日，李小姐早早地来到银行检查自己的账

户，却发现账户是空的。一直等到晚上，公司也没有将加班费打到账户里。经过打听，李小姐才得知原来公司同意调解是为了拖延时间，根本就没打算履行调解协议的约定。于是，李小姐一怒之下，以公司拖欠加班工资为由向公司所在地的劳动争议仲裁委员会提出申诉。

这是一起因用人单位不履行调解协议而引发的纠纷。

《劳动争议调解仲裁法》第十五条规定："达成调解协议后，一方当事人在约定期限内不履行调解协议的，另一方当事人可以依法申请仲裁。"

调解协议是劳动争议双方达成调解的书面证明，对双方当事人有约束力，双方应当自觉履行。但调解不是强制性的程序，不能解决所有的争议问题，有些劳动争议还需要靠仲裁或诉讼解决。而且，调解协议的效力仅限于民事合同效力，不具有直接向人民法院申请强制执行的效力。因此，达成调解协议后，如果一方当事人不履行调解协议，劳动争议并没有得到解决，这就需要其他的争议解决机制发挥作用。根据《劳动争议调解仲裁法》的规定，仲裁是解决劳动争议的必经程序，如果一方当事人不履行调解协议，另一方当事人就可以依法申请仲裁，以便使劳动争议得到尽快解决。在适用这一法条时，需要明确以下两点：

一是何时可以申请劳动仲裁。本条规定，一方当事人在约定期限内不履行调解协议的，另一方当事人可以依法申请仲裁。也就是说，判断协议是否履行需要有一个时间标准，以防止另一方利用调解协议来拖延时间。因此，当事人双方应在调解协议中约定履行协议的期限，以此判断对方是否履行调解协议，从而确定申请仲裁的时间。本案例中，李小姐与公司签订的调解协议中约定，2008 年 1 月 20 日之前，公司应把拖欠的工资支付给李小姐。但是公司没有在该期限内履行义务，由此，李小姐可以在 1 月 20 日之后依法申请仲裁。

二是如何申请仲裁。达成调解协议后，一方当事人在协议约定期限内不履行调解协议的，另一方当事人既可以以原劳动争议申请仲裁，也可以以调解协议申请仲裁。当事人一方以原劳动争议申请仲裁的，对方当事人以调解协议抗辩的，应当提供调解协议书；当事人一方就调解协议申请仲裁要求另一方履行调解协议的，另一方反驳的，有责任提供不履行该调解协议的理由和证据。参照《最高人民法院关于审理涉及人民调解协议的民事案件的若干规定》（以下简称《若干规定》），不履行协议的理由只有两种，即调解协议存在无效或者可变更、可撤销的法定情形。《若干规定》第五条规定："有下列情形之一的，调解协议无效：(1) 损害国家、集体或者第三人利益；(2) 以合法形式掩盖非法目的；(3) 损害社会公共利益；(4) 违反法律、行政法规的强制性规定。另外，人民调解委员会强迫调解的，调解协议无效。"《若干规定》第六条规定："下列调解协议，当事人一方有权请求人民法院变更或者撤销：(1) 因重大误解订立的；(2) 在订立调解协议时显失公平的。另外，一方以欺诈、胁迫的手段或者乘人之危，使对方在违背真实意思的情况下订立的调解协议，受损害方有权请求人民法院变更或者撤销。"除了上述两大类情形外，当事人应履行调解协议的内容。本案例中，李小姐既可以以公司拖欠加班工资为由向公司所在地的劳动争议仲裁委员会申请仲裁，也可以以公司不履行调解协议为由申请仲裁，要求公司履行调解协议的约定。

八、支付令的申请

[案例] 南京市某饲料厂与职工签订的劳动合同中约定每月 8 日为发薪日，企业的规章制度和员工手册也有同样的规定。可是，本月都快到月底了，该厂职工也没有领到工资，于是职工们纷纷来到厂劳资科询

问。劳资科解释说，厂里打算最近购置一批空调，改善办公室条件，所以厂长通知暂时不发放这个月的工资。

职工们对此不理解，纷纷抱怨道："厂里改善办公室条件，应该使用专项资金，凭什么拖欠我们的工资啊？""领导们在办公室里吹着空调，让我们喝西北风，这算什么道理啊？"

在多次要求发放工资未果的情况下，他们便委托员工代表武某向企业劳动争议调解委员会申请调解。受理调解申请后，调解员迅速开展了劝导工作。厂领导在了解相关法律政策和员工的苦衷后，解释说厂里拖欠工资也不是有意的，主要是财务上有点紧张，并表示同意调解，最后在调解员的努力下，双方签署了调解协议书。公司允诺将在本月月底前，发放所拖欠的工资。但到了月底，厂子也没有履行调解协议的约定，发放拖欠的工资。随后，职工们多次与厂有关负责人进行交涉，但一直也没有结果……

这是一起因用人单位拖欠劳动者工资而引发的劳动争议。《劳动争议调解仲裁法》第十六条规定："因支付拖欠劳动报酬、工伤医疗费、经济补偿或者赔偿金事项达成调解协议，用人单位在协议约定期限内不履行的，劳动者可持调解协议书依法向人民法院申请支付令。人民法院应当依法发出支付令。"

支付令是人民法院根据债权人的申请，督促债务人履行债务的程序，是民事诉讼法规定的一种法律制度。在解决劳动争议中引入支付令制度，始于《劳动合同法》，该法第三十条第二款规定："用人单位拖欠或者未足额支付劳动者报酬的，劳动者可依法向当地人民法院申请支付令，人民法院应当依法发出支付令。"在劳动争议解决中引入支付令制度，主要有两点原因：一是为了尽快解决劳动争议，保护劳动者的合法权益。现实中大量发生的劳动争议主要是有关用人单位拖欠劳动报酬，侵犯劳动者的合法权益。像劳动报酬、工伤医疗费、经济补偿或者赔偿金事项，都关系劳动者的切身利益，有的对维持劳动者的生活来说非常紧迫，能够迅速解决这些争议，是对劳动者最有利的保护措施，而且这类争议一般也比较简单，标准明确，也达成了调解协议，用人单位与劳动者之间也不存在别的债务纠纷，符合《民事诉讼法》第一百九十一条关于申请支付令的条件的要求，适于通过支付令的方式解决。二是为了解决调解协议的效力问题，强化调解的作用。调解协议的效力一直是劳动争议调解仲裁立法的一个有分歧的问题，如果规定调解协议有法律效力，可以直接申请人民法院强制执行，与调解的性质不符；如果调解协议没有效力，调解制度也就失去了意义。所以本法明确调解协议对双方当事人有约束力，这里的“约束力”只能是劳动合同的约束力。劳动者就调解协议向法院申请支付令，用人单位如果提不出抗辩事由的，人民法院就可以强制执行，这样就部分地解决了调解协议的效力问题。

本案中，厂长以购买空调改善办公室条件为由拖欠职工工资，并且在达成调解协议后随意反悔，拒绝履行调解协议。因此，职工们可以携带调解协议书向当地人民法院申请支付令，要求饲料厂支付拖欠的工资。

现实生活中，用人单位无故拖欠劳动者劳动报酬、工伤医疗费、经济补偿或赔偿金的现象屡见不鲜。这一“社会恶疾”严重地影响了劳动者的日常生活，侵犯了其合法权益。《劳动争议调解仲裁法》这一规定为劳动者维护自己的合法权益提供了新的途径，在一定程度上约束了企业拖欠工资的行为，体现了法律对劳动者权益保护力度的加大。

第三章　劳动争议仲裁制度的一般规定

劳动争议仲裁是劳动争议仲裁委员会对用人单位与劳动者之间发生的劳动争议，在查明事实、明确是非、分清责任的基础上，依法做出裁决的活动。劳动争议仲裁是处理劳动争议的一种重要方式，在及时处理劳动争议，维护当事人合法权益，化解社会矛盾方面发挥着重要的作用。劳动争议仲裁制度是处理劳动争议的核心制度，是劳动争议处理的中间环节，也是《劳动争议调解仲裁法》规定的重要制度。与 1993 年颁布的《企业劳动争议处理条例》相比，《劳动争议调解仲裁法》用专章规定了劳动争议仲裁制度，包括仲裁制度的一般规定、仲裁程序等。《劳动争议调解仲裁法》对仲裁体制和制度做了重大改变，如规定了劳动争议仲裁委员会不按行政区划层层设立，提高了劳动争议仲裁员任职条件门槛，明确了仲裁委员会的性质和职能，规范了仲裁管辖范围，确立了仲裁不收费制度等。这些规定和变化是对我国劳动争议仲裁制度的创新、突破和完善，方便了当事人申请仲裁，进一步提高了劳动争议仲裁的效率和公正性。

一、劳动争议仲裁委员会的设立

［**案例**］小娟一直没有找到合适的工作，后来经朋友介绍，来到一家科技公司应聘。面试后，公司对小娟的表现很满意，决定安排她到办公室做文员，并签订了两年的劳动合同。对于这份来之不易的工作，小

娟很珍惜，并暗下决心一定要好好干。小娟每天都是早去晚归，工作非常认真，还经常帮同事办些力所能及的事，大家都很喜欢小娟，经理对她也很满意。很快到了第二年，小娟不仅在工作上有了很大收获，还怀了身孕，爱情的结晶给小娟带来了从未有过的欣喜和幸福。可是没过多久，公司以“怀孕影响工作”为由将小娟辞退。小娟不服，找公司理论，但是没有任何结果。委屈的小娟只得含着眼泪离开了公司。

小娟的丈夫肖某得知此事后，实在气不过，打算拿起法律武器保护小娟的合法权益，小娟也很支持他的想法，但同时也疑惑地问到：“本市既有劳动监察大队，又有劳动争议仲裁委员会，还有法院，咱们应该到哪里去告公司呀?”肖某听了小娟的话，心里也犯嘀咕，不知该怎么办。后来肖某的一个朋友告诉他，小娟应该到劳动争议仲裁委员会去告企业。经打听，肖某了解到本市有好几个劳动争议仲裁委员会，自己所住的郊区有一个，公司所在地的城区也有一个，除此之外，本市还有好几个劳动争议仲裁委员会，肖某此时心理更加犯了难：“究竟该到哪个劳动争议仲裁委员去告公司呢?”。

这是一起涉及劳动争议仲裁机构设置问题的案例，小娟应该向企业所在地的基层劳动争议仲裁委员会申请仲裁。根据《劳动合同法》的规定，女职工在孕期、产期、哺乳期的，企业不得与其解除劳动合同。公司因小娟怀孕而与其解除劳动合同，侵犯了小娟的权益，属于违法行为。小娟与企业的纠纷，是关于企业单方面解除劳动合同而引发的争议，属于劳动争议仲裁委员会受理案件的范围。劳动争议仲裁委员会是依法独立对劳动争议案件进行仲裁的专门机构。

《劳动争议调解仲裁法》第十七条规定：“劳动争议仲裁委员会按照统筹规划、合理布局和适应实际需要的原则设立。省、自治区人民政府可以决定在市、县设立；直辖市人民政府可以决定在区、县设立。直辖市、设区的市也可以设立一个或者若干个劳动争议仲裁委员会。劳动争议仲裁委员会不按行政区划层层设立。”这一规定明确了劳动争议仲裁委员会的设立原则、设置权限和设立方式。

（一）仲裁委员会的设立原则

统筹规划、合理布局和适应实际需要，是仲裁委员会设立的原则。统筹规划，要求仲裁委员会的设置，要考虑到城乡发展、区域发展、经济与社会发展、国内与国外发展等实际情况，在考虑到各方面因素的情况下，统一筹划仲裁委员会设立的数量与层次。统筹规划是妥当设立仲裁委员会的前提条件。合理布局，是在统筹规划的前提下，从效果的角度判断仲裁委员会的设立是否妥当的第一个标准。从省、自治区、直辖市的范围来看，仲裁委员会的设立要进行合理安排，既不能太集中，也不能太分散，太集中会造成国家和社会资源的浪费，太分散不利于当事人申请劳动仲裁。适应实际需要，要求仲裁委员会的设立要以劳动争议仲裁处理的现实需要为标准，劳动争议案件较多的地区可设多个仲裁委员会，劳动争议案件较少的地区可少设仲裁委员会，不能因仲裁委员会设立过多，导致无案件审理，或因仲裁委员会设立过少，导致案件处理负担过重。

统筹规划、合理布局和适应实际需要的设立原则，体现了精简、高效、灵活的特点。这种设立原则，方便当事人申请仲裁，利于劳动争议解决在基层，利于仲裁委员会提高仲裁效率，利于国家资源的有效利用。这种设立原则正是针对我国目前劳动争议仲裁委员会设立体制的缺陷和不足进行的调整与改进，是针对我国多年来劳动争议解决的实践经验进行的总结与创新。

（二）省、自治区和直辖市人民政府拥有仲裁委员会的设置权限

仲裁委员会的设置权限收归省、自治区、直辖市人民政府，具体设立方式为：省、自治区人民政府可以决定在市、县设立；直辖市人民政府可以决定在区、县设立。在这里，“县”应包括少数民族地区的自治县和旗；“市”应当包括县级市和地级市，少数民族地区的自治州、盟以及直辖市的区均相当于地级市，都应包括在内；直辖市是指北京、天津、上海和重庆四个城市。我国有200多个市，3 000多个县，仲裁委员会如果主要集中在市县，仲裁机构的数量将大大精简。

将仲裁委员会的设置权限收归省、自治区、直辖市人民政府，是一个非常合理的措施，并将产生以下两方面的实际效果：一是仲裁委员会将独立于县、市、市辖区地方人民政府，仲裁委员会的仲裁活动将不受地方人民政府的干涉，保证了仲裁委员会的中立性和独立性；二是省、自治区、直辖市可以根据实际情况，在其各自的管辖范围内统筹规划、合理布局仲裁委员会的设立，防止了因中央政府和法律统一规定不考虑具体情况，对仲裁委员会的设立管得过死的情况出现。

（三）仲裁委员会不按行政区划层层设立

在统筹规划、合理布局、适应实际需要的原则指导下，《劳动争议调解仲裁法》还进一步明确规定：劳动争议仲裁委员会不按行政区划层层设立。这一规定主要包含以下两方面的含义：

一是仲裁委员会不再层层设立。我国地方人民政府的设立分为县（区）、市（地）、省（区）三级。仲裁委员会将不按照行政区划在省、市、县三级层层都设立，而是仅仅在市、县、区设立。各仲裁委员会之间没有上下级隶属关系，不存在级别管辖，而是相互独立的争议处理机构。将仲裁委员会设立在市、县、区一级，其目的是建立一个广泛且完整的处理劳动争议的网络，使大量劳动争议在基层得以及时解决，以避免争议的进一步激化，发展和谐的劳动关系。

二是仲裁委员会不按行政区划设立。仲裁委员会的设立不再像过去那样，要求在每个区、县都设立仲裁委员会，仲裁委员会的设立与行政区划没有必然的一一对应的关系，而是要根据实际需要，统筹安排、合理布局仲裁委员会的数量和层次。北京等四个直辖市人民政府根据实际需要，可以决定在其所管辖的区和县分别设立仲裁委员会，也可以不按市辖区、县设立一个或若干个仲裁委员会。省级人民政府可以决定在设区的市设立一个或若干个仲裁委员会，不必在每个区都设立。若直辖市、设区的市只设立一个仲裁委员会，其辖区覆盖全市范围也是可行的。

过去，我国对仲裁委员会的体制，只做了原则性规定，明确在县、市、市辖区应当设立仲裁委员会，而且在一个县、市、市辖区的范围内，只能设立一个仲裁委员会。至于省、自治区和直辖市是否设立仲裁委员会，我国法律法规并没有具体规定，而是由其人民政府根据情况自行决定。在实践中，仲裁委员会省、市、县三级都有，一些地方成立了省级仲裁委员会并取得了良好的效果，截至 2006 年 6 月，全国共有各级仲裁委员会 3 138 个。在受理案件的分工方面，省级仲裁委员会负责管理地方劳动争议处理工作，并对业务进行指导；县、市、市辖区仲裁委员会负责具体案件的处理。但是仲裁委员会省、市、县三级层层设立的方式，并不符合我国的实际情况。由于我国幅员广阔，各地间经济增长速度、经济发展水平、市场化程度、城市化水平、劳动力供给状况等存在较大差异，使得劳动争议案件分布也不均衡。广大西部地区地域辽阔，经济发展相对落后，劳动争议案件较少，使得部分劳动争议仲裁委员会形同虚设，工作人员无所事事，造成了国家财力、人力资源的浪费；而东部、南部省市经济发展水平较高，劳动关系较复杂，劳动争议相对集中，部分地区仲裁委员会受理案件的数量相对较多，基层仲裁人员平均工作量较大，给仲裁委员会的工作带来了较大的压力。因此仲裁委员会按照行政区划层层设立、强调级别管辖的设立格局，并不符合我国的实际情况，无法适应随着劳动合同法实施后劳动争议案件将有较大增长的局面。

《劳动争议调解仲裁法》规定仲裁委员会不按行政区划层层设立，体现了精简、高效的原则，符合我国劳动争议处理工作的实际需要。省、自治区、直辖市人民政府要根据本地经济发展特点、劳动争议多少与集中分散情况及实际需要，统筹安排、合理布局本辖区的劳动争议仲裁委员会，既要尽量扩大劳动争议仲裁委员的覆盖范围，又要避免不考虑实际需要按行政区划层层设立。

二、劳动行政部门在劳动争议仲裁中的职责

[案例] 2007 年 12 月 29 日，《劳动争议调解仲裁法》经第十届全国人大常委会第三十一次会议表决通过，并于 2008 年 5 月 1 日起开始实施。为了贯彻实施这一法律，2008 年 1 月 18 日劳动和社会保障部发布了《关于做好〈劳动争议调解仲裁法〉贯彻实施工作的通知》（劳社部发〔2008〕4 号）的通知，要求各级劳动保障行政部门做好《劳动争议调解仲裁法》贯彻实施工作，抓紧完善相关配套法规和政策。通知指出，为确保《劳动争议调解仲裁法》顺利实施，劳动保障部将依法对劳动争议仲裁规则等规章进行修订，各级劳动保障部门要重点针对法律中关于劳动争议仲裁程序的新规定，特别是在受案范围、争议管辖、申请时效、仲裁裁决及办案时限等方面的规定，抓紧完善办案规则，确保劳动争议及时、有效地得到处理。

上述内容涉及了国务院劳动行政部门及各级劳动行政部门处理劳动争议的职责问题。《劳动争议调解仲裁法》第十八条规定："国务院劳动行政部门依照本法有关规定制定仲裁规则。省、自治区、直辖市人民政

府劳动行政部门对本行政区域的劳动争议仲裁工作进行指导。”这条规定明确了政府部门在劳动争议仲裁工作中的职责。政府部门在劳动争议处理中承担一定的职责，可以保证劳动争议仲裁的社会性和独立性，充分发挥政府部门在劳动争议处理和协调劳动关系三方机制中的主导作用。

（一）国务院劳动行政部门负责制定仲裁规则

国务院劳动行政部门的职责是：依照《劳动争议调解仲裁法》的有关规定制定仲裁规则。仲裁规则是劳动争议仲裁活动进行的具体程序以及此程序中相应的劳动争议仲裁法律关系的规则。与民商事仲裁规则不同，劳动争议仲裁规则不是由劳动争议仲裁委员会制定或者由当事人自行制定，而是由国务院劳动行政部门依照《劳动争议调解仲裁法》的有关规定制定。劳动争议仲裁规则要依据《劳动争议调解仲裁法》的有关规定制定，不得与现行劳动法、民事诉讼法等有关法律、法规相冲突。仲裁规则的基本内容是当事人和劳动争议仲裁委员会在仲裁程序进行过程中的权利义务，以及行使和履行这些权利义务的方式，主要包括：仲裁管辖、仲裁组织、仲裁申请和答辩、反请求程序、仲裁庭组成程序、审理程序、裁决程序，以及在相应程序中劳动争议仲裁委员会、仲裁员、当事人和其他劳动争议仲裁参加人的相关权利义务等。

《劳动争议调解仲裁法》明确规定了仲裁规则由国务院劳动行政部门负责制定，这一规定与过去的规定有所不同。1993 年《企业劳动争议处理条例》规定，仲裁委员会组织规则、办案规则由国务院劳动行政主管部门会同其他有关部门制定，而并非仅由国务院劳动行政部门制定。如 1993 年《劳动争议仲裁委员会办案规则》是由原劳动部会同全国总工会、国家经贸委等有关部门共同制定的，1993 年《劳动争议仲裁委员会组织规则》是由原劳动部制定的，这两个仲裁规则对劳动争议仲裁工作的顺利开展均发挥了重要的指导作用。为确保《劳动争议调解仲裁法》的顺利实施，国务院劳动行政部门将依法对过去的劳动争议仲裁规则等规章进行修订，或制定新的仲裁规则。

仲裁规则使劳动争议仲裁活动更加规范化，它为当事人提供了一套科学、系统、便利的解决劳动争议的具体程序，规范了当事人仲裁过程的权利义务。同时，它规定了仲裁机构的仲裁活动程序，明确了仲裁机构的权利义务，为仲裁机构履行职责提供了法律依据，也为当事人和有关部门监督仲裁机构的活动提供了依据。

（二）省、自治区、直辖市人民政府劳动行政部门负责指导地方仲裁工作

省、自治区、直辖市人民政府劳动行政部门的职责是：对本行政区域内的劳动争议仲裁工作进行指导。省、自治区、直辖市人民政府劳动行政部门根据本地实际情况，依据《劳动争议调解仲裁法》、仲裁规则及相关规定，对本管辖区域内仲裁委员会的组建、仲裁活动实施等工作进行指导，可以进一步确保劳动争议仲裁工作有效、顺利地进行。

过去，省一级劳动争议仲裁委员会的职责基本有两项：一是对一小部分疑难或有重大影响的案件进行仲裁；二是负责对地方劳动争议处理业务进行指导。由于《劳动争议调解仲裁法》第十七条明确规定了劳动争议仲裁委员会的设立原则和方式，据此省一级劳动争议仲裁委员会都将进行调整。为了保持劳动争议仲裁工作的延续性，进一步加强劳动争议仲裁工作，《劳动争议调解仲裁法》明确规定省一级人民政府负责指导地方仲裁工作。

三、劳动争议仲裁委员会的组成与职责

［**案例**］某玩具厂老板因拖欠职工工资、加班费、社会保险金等共

计60万余元后而逃匿，近百名职工为了讨回公道，集体向劳动争议仲裁委员会提起了申诉，要求用人单位支付拖欠的所有费用。原来这些职工在玩具厂工作已多年，最近为了使厂子渡过难关，大家几个月来连续加班加点，毫无怨言地努力工作，虽然几个月来都没有领到工资，但是大家相信，通过大家的共同努力，企业的状况很快就会恢复。老板也对所有职工许下了承诺，不久将会补发所有未支付的工资，希望大家能够团结一致，帮助单位渡过最困难的时期。然而令所有人都没有想到的是，企业老板竟然欺骗了大家，不仅没有实现承诺，还携款潜逃，令所有人无处讨薪。实在没有办法的职工，只得向劳动争议仲裁委员会申请仲裁，希望能够为自己讨回公道。劳动争议仲裁委员会受案审理后，仲裁庭认为此劳动争议案件涉及范围广、标的涉及金额较大、争议较复杂，于是首席仲裁员决定将此劳动争议案件提交仲裁委员会进行集体讨论，充分运用集体的智慧和力量，妥善处理此案件，以便及时、有效地化解此纠纷。

这是一个关于劳动争议仲裁委员会具有“讨论重大或者疑难的劳动争议案件”职责的案例。《劳动争议调解仲裁法》第十九条规定：“劳动争议仲裁委员会由劳动行政部门代表、工会代表和企业方面代表组成。劳动争议仲裁委员会组成人员应当是单数。劳动争议仲裁委员会依法履行下列职责：（一）聘任、解聘专职或者兼职仲裁员；（二）受理劳动争议案件；（三）讨论重大或者疑难的劳动争议案件；（四）对仲裁活动进行监督。劳动争议仲裁委员会下设办事机构，负责办理劳动争议仲裁委员会的日常工作。”这条是关于劳动争议仲裁委员会的组成、职责和办事机构的规定。

（一）仲裁委员会的组成

劳动争议仲裁委员会由以下三方共同组成：

（1）劳动行政部门代表。劳动行政部门是政府的代表，负责主管国内的劳动和社会保障事务。由于劳动行政部门最熟悉劳动管理工作，因此在劳动争议处理中具有主导地位。劳动行政部门代表是从全局上把握劳资关系，通过平衡劳动者与企业的关系、指导双方合作来协调各方面利益，保持劳动关系的协调和稳定，促进社会和经济持续、健康地发展。

（2）工会代表。工会是职工的代表，是广大职工利益的维护者。我国《工会法》《劳动法》等法律对工会组织作为职工代表的身份和地位都给予了确认。工会的性质和任务决定了它更了解企业和职工，熟悉劳动法律及相关规章政策，能够代表在劳动关系中处于弱势一方的全体职工的根本利益。工会在维护劳动者合法权益、协调劳动关系、参与民主等方面具有重要的作用。

（3）企业方面的代表。企业方面的代表，也就是维护企业和企业家利益的雇主组织，在我国主要是指各种形式的企业联合组织，主要有中国企业联合会、中国企业家协会（两会合署办公，简称中国企联）、总商会、行业协会、个体经营者协会、企业家协会等，其中中国企联被普遍认为是中国雇主组织的代表，2003 年 6 月还被国际雇主组织吸收为会员并确认该会为中国唯一的雇主组织。企业方面代表最了解用人单位的情况，在解决劳动纠纷、协调劳动关系中具有重要的作用。

我国《劳动法》和《劳动争议调解仲裁法》，都规定了劳动争议仲裁委员会由三方组成，这种组成方式体现了劳动关系的三方协商机制。劳动关系三方协商机制，也称劳动关系三方原则，是政府（通常以劳动行政部门为代表）、雇主组织和工人组织通过一定的协商机制共同处理涉及劳动关系重要问题的原则。三方原则体现了国家、企业、劳动者三方利益的平衡，是市场经济条件下处理劳动关系的通行做法和基本制度之一，是社会经济政策制定和实施中的一个重要程序和手段。遵循三方原则组成劳动争议仲裁委员会，有利于增强劳动争议当事人的公平感、可靠感及对劳动仲裁制度的信任感，有利于决策和立法机关更加全面、切实可行地制定劳动政策，有利于及时、公正地解决争议，有利于劳动关系和谐稳定和社会经济的协调发展。在仲裁工作中为了贯彻合议和少数服从多数的组织原则，故劳动争议仲裁委员的组成应当是单数。

（二）仲裁委员会的职责

1. 聘任、解聘专职或者兼职仲裁员

聘任或解聘仲裁员是仲裁委员会的职责之一。仲裁委员会可以聘任符合法定条件的人员为仲裁员。仲裁员和仲裁委员会组成人员都是仲裁委员会组织机构的组成部分，但应注意两者之间的区别：仲裁员是由劳动争议仲裁委员会聘任的，根据仲裁委员会的要求负责具体的劳动争议处理工作的人员，而仲裁委员会组成人员是依法行使聘任权的人员。《劳动争议调解仲裁法》对仲裁员的任职资格作了明确的规定，只有符合法定条件的仲裁员才能被仲裁委员会聘任，这些人员包括公道正派的曾任审判员的人员、专家学者、劳动行政部门人员、工会工作者、律师等。仲裁员包括专职仲裁员和兼职仲裁员，专职仲裁员是从劳动行政部门专职从事劳动争议处理工作的人员或者其他愿意担任专职仲裁员并符合法律规定条件的人士中聘任，他们是仲裁员的基本队伍；兼职仲裁员是从劳动行政部门非专职从事劳动争议处理工作的人员、政府其他有关部门的人员、工会工作者、专家学者和律师中聘任，负责具体劳动争议案件的仲裁工作。兼职仲裁员作为兼职人员在进行仲裁活动时，应征得原单位同意，所在单位应当给予支持。仲裁员具体的聘任人数，由仲裁委员会根据实际情况需要而决定。

仲裁委员会依法聘请仲裁员后，还应对其进行监督和管理，对于不具备相应素质和能力或具有违法行为的仲裁员予以解聘。仲裁员具有以下行为的，仲裁委员会应当依照劳动争议调解仲裁法的规定将其解聘：私自会见当事人、代理人，或者接受当事人、代理人的请客送礼的；有索贿受贿、徇私舞弊、枉法裁决行为的。具有上述行为的仲裁员已经没有资格再担任仲裁员一职，仲裁委员会应当予以解聘。

2. 受理争议案件

仲裁委员会是依法成立对劳动争议案件进行仲裁的专门机构，基本职责就是依照法定程序受理劳动争议案件，包括受理当事人直接请求仲裁的案件，受理当事人虽经调解但调解不成而申请仲裁的案件，受理调解成功但后来当事人反悔而又申请仲裁的案件。仲裁委员会决定当事人的申请是否符合受理条件，应当对以下几个方面进行审查：是否属于劳动争议；是否属于仲裁委员会的受理内容；是否属于仲裁委员会管辖；申请书及有关材料是否齐备并符合要求；申请时间是否符合申请仲裁的时效规定等。《劳动争议调解仲裁法》还明确规定，仲裁委员会在收到仲裁申请之日起五个工作日内，认为符合受理条件的，应当受理，并通知申请人；认为不符合受理条件的，应当书面通知申请人不予受理，并说明理由。对仲裁委员会不予受理或者逾期未作出决定的，申请人可以就该劳动争议事项向人民法院提起诉讼。若受理工作已由仲裁委员会授权下设办事机构，可由办事机构来负责。

3. 讨论重大或者疑难的劳动争议案件

讨论重大或者疑难的劳动争议案件也是仲裁委员会的职责之一。劳动争议重大案件，是案情错综复杂、争议标的金额较大、涉及范围广、案情处理困难并且案发后案件处理结果有重大影响的案件。劳动争议疑难案件，是案件的事实不清、处理依据不明确，法律适用问题存在争议的案件。对事实清楚、案情简单、适用法律法规明确的劳动争议案件，劳动争议仲裁委员会或授权其办事机构负责人，或交简易仲裁庭处理。而对于重大或疑难的劳动争议案件，仲裁庭可以提交劳动争议仲裁委员会进行集体讨论决定。劳动争议仲裁委员会由三方组成，对于重大或疑难案件的处理，会发挥民主协商、集体智慧的优势，通过“三方会诊、共同审理”的方式，提高办案质量与效率，及时化解群众纠纷与矛盾。妥善处理此类争议案件，有利于促进劳动关系的和谐与稳定。

4. 对仲裁活动进行监督

对仲裁活动进行监督是仲裁委员会的基本职责之一。仲裁庭、仲裁员制度是我国劳动争议仲裁的基本制度之一。劳动争议仲裁庭，是仲裁委员会处理劳动争议案件的组织形式。而仲裁员是由仲裁委员会聘任审理劳动争议案件的人员。办事机构是劳动争议仲裁委员设立的办理日常事务的机构。仲裁委员会与仲裁庭、仲裁员和办事机构存在着一种授权者与执行者的委托、指导和监督的关系。仲裁委员会对其办事机构和仲裁庭进行必要的指导和监督，通过监督，可以充分把握劳动争议处理的进程，并从大量具体的办案工作中解脱出来，集中精力处理本辖区内的重大或疑难案件，研究制定相关的政策规定，从而保证了劳动争议案件公正、公平地处理，保证了劳动争议处理工作高效、健康地发展。

（三）仲裁委员会办事机构的职责

劳动争议仲裁委员会下设办事机构，办事机构的主要职责是负责办理仲裁委员会的日常工作，包括日常接待、案件受理、仲裁准备等。根据 1993 年《劳动争议仲裁委员会组织规则》的规定，仲裁委员会下设的办事机构职责主要有：（1）承办处理劳动争议案件的日常工作，主要包括接待劳动争议当事人并对其仲裁申请进行审查，看是否属于受理范围，对不符合规定的仲裁申请书指导当事人予以修改和补充；对于经审查符合受理条件的劳动争议，填写立案审批表，并及时报告劳动争议仲裁委员会办事机构进行审批；指定劳动争议仲裁庭的书记员；处理与该案件有关的工作，如文书的制作和送达等。（2）根据仲裁委员会的授权，负责管理仲裁员，组织仲裁庭。（3）管理仲裁委员会的文书、档案、印鉴。（4）负责劳动争议及其处理方面的法律、法规及政策咨询。（5）向仲裁委员会汇报、请示工作。（6）办理仲裁委员会授权或交办的其他事项。

过去我国仲裁委员会的办事机构设在劳动行政部门内，是劳动行政部门的一个职能部门。这样做主要是因为劳动行政部门在协调劳动关系、处理劳动争议中代表政府，负有重要的指导和监督责任；同时，劳动行政部门承担着大量的劳动行政法规、劳动法律的研究、论证、起草工作和部门规章的制定工作，对劳动争议所涉及的实体法和程序法都比较熟悉，可以及时采取措施对劳动争议处理过程中遇到的难点问题加以解决。因此，由劳动行政部门的劳动争议处理机构同时担当劳动争议仲裁委员会的办事机构，就可以避免机构重叠，提高工作效率。但另一方面由于劳动行政部门行政职能与准司法职能易发生混淆，容易造成部分地方的劳动行政部门一家办案的局面，不能体现仲裁的公正性、独立性和社会性。而《劳动争议调解仲裁法》没有明确规定办事机构是否设立在劳动行政部门，这是对部分地区开始试点设立劳动仲裁院以改变办事机构双重身份的改革给与考虑，目的是保证各地劳动争议仲裁工作的延续性。

四、劳动争议仲裁员的任职条件

［**案例**］某仲裁庭内正在审理一起因工资问题而引发的劳动争议，为人正派、能力出众的小马为此次仲裁庭的首席仲裁员。小马曾经是一名优秀的律师，后来被某劳动争议仲裁委员会聘任，担任了一名专职仲

裁员。转眼间小马担任仲裁员已经有三年之久，在这三年中审理的案子不计其数，仲裁经验相当丰富。由于小马不仅具有丰富广博的法律专业知识，而且具有敏锐的思辨能力和灵活公正的解决具体案件的实践能力，加上多年的仲裁实践经验，经过小马审理的案件，不仅处理效率高，还更能得到双方当事人的信服。除了能力上的优秀，小马还是一位办事公道、作风正派的人，曾经多次有当事人给小马请客送礼，都被小马婉言回绝，不仅如此，他还晓之以理、动之以情地讲明道理、分析案件，尽最大可能帮助当事人依法争取其合法权益。在案件裁决前，小马经常能够通过疏导和教育，帮助当事人进行调解，及时缓和当事人之间的紧张关系、有效解决劳动纠纷。有时，一方当事人即使败诉，也是心服口服，没有任何怨言。由于小马出色的工作能力和业绩而被评为仲裁委员会的先进工作者，在当地很有口碑。

这是一个涉及劳动仲裁员素质和能力问题的案例。《劳动争议调解仲裁法》第二十条规定："劳动争议仲裁委员会应当设仲裁员名册。仲裁员应当公道正派并符合下列条件之一：（一）曾任审判员的；（二）从事法律研究、教学工作并具有中级以上职称的；（三）具有法律知识、从事人力资源管理或者工会等专业工作满五年的；（四）律师执业满三年的。"这条规定明确了仲裁员应具备的素质和能力。

（一）劳动争议仲裁委员会应当设仲裁员名册

仲裁员是劳动争议仲裁委员会聘任的处理劳动争议的工作人员，分为专职仲裁员和兼职仲裁员。专职仲裁员是从劳动行政部门专职从事劳动争议处理工作的人员或者其他愿意担任专职仲裁员并符合法律规定条件的人士中聘任。兼职仲裁员是从劳动行政部门非专职从事劳动争议处理工作的人员、政府其他有关部门的人员、工会工作者、专家学者和律师中聘任。仲裁委员会应当对其聘任的兼职或专职仲裁员建立仲裁员名册，以供当事人选择。仲裁员名册应记载仲裁员姓名、资格证编号、所学专业、办案专长，兼职仲裁员应记载工作单位、职称、职务、可参与办案的时间等。仲裁委员会受理劳动争议案件后，应当向双方当事人提供仲裁员名册，由双方当事人在一定期限内选定仲裁员或者委托劳动争议仲裁委员会选择仲裁员。选择仲裁员是当事人的一项重要权利，有利于增加当事人对仲裁裁决的信任，同时对仲裁员也是一种监督，督促其更好地履行职责。1993 年《劳动争议仲裁委员会组织规则》对仲裁员的职责作了具体规定，主要包括：接受仲裁委员会办事机构交办的劳动争议案件，参加仲裁庭；进行调查取证，有权向当事人及有关单位、人员进行调阅文件、档案、询问证人、现场勘察、技术鉴定等与争议事实有关的调查；根据国家的有关法律、法规、规章及政策提出处理方案；对争议当事人双方进行调解工作，促使当事人达成和解协议；审查申诉人的撤诉请求；参加仲裁庭合议，对案件提出裁决意见；案件处理终结时，填报《结案审批表》；及时做好调解、仲裁的文书工作及案卷的整理归档工作；宣传劳动法律、法规、规章、政策；对案件涉及的秘密和个人隐私应当保密。

（二）仲裁员应具备的素质和能力

要成为一名劳动仲裁员，需兼具道德素养和业务素质两个方面的条件。

1. 仲裁员的道德素养

道德素养条件要求仲裁员应该公道正派。仲裁员只有做到办事公道、作风正派、秉公执法、不偏不倚，才能保证仲裁的公正裁决，才能维护仲裁的公信力。仲裁员还应该坚持原则、秉公执法、作风正派、勤政廉洁，拥护党的路线、方针、政策。

2. 仲裁员的业务素质

仲裁员除了要公道正派外，还应当具备以下专业条件之一：

（1）曾任审判员的。审判员是人民法院中担任审判工作的法官，是行使国家审判权的审判人员，一般都经过严格的法律理论培养与法律职业训练，具有较高的法律专业素质和审理纠纷的经验，由其担任劳动争议仲裁员能够有效地解决劳动纠纷。由于人民法院的现职审判员不能同时担任或兼任仲裁员，现职审判员只有离职后才能被聘任。曾任审判员这一条件鼓励了各级人民法院曾任过审判员的退休人员广泛地参与到劳动争议仲裁工作中，从而充实基层仲裁员的队伍，切实提高仲裁员队伍的业务素质。

（2）从事法律研究、教学工作并具有中级以上职称的。这里指的是在高等院校和科研机构从事法律专业的研究和教学，并且获得讲师及以上职称的法律研究与教学人员，如讲师、副教授、教授、副研究员与研究员等。从事法律研究、教学工作并具有中级以上职称的专家和学者，都是在法律这个专业领域从事了多年的研究和教学工作，具有丰富扎实的理论知识和专业背景，聘任其担任仲裁员，可以充分发挥其理论和专业的优势，有效地解决实际中复杂的劳动争议案件。

（3）具有法律知识、从事人力资源管理或者工会等专业工作满五年的。具有法律知识并从事人力资源管理或者工会等专业工作满五年的人员，可以被聘为仲裁员。由于此类人员在多年的工作中都能涉及劳动纠纷的处理，在法律、劳动关系、人力资源管理等领域具备一定的知识和能力，具有丰富的处理劳动纠纷的实践经验和解决能力，聘任其为仲裁员，也可以有效地解决实际中的劳动纠纷。

（4）律师执业满三年的。若从事律师工作，首先需要通过国家统一组织的司法考试，获得司法职业资格证书，然后要在律师事务所实习一年之后（即实习律师），才能获得正式的职业资格，最终成为一名正式的律师。而律师执业满三年的，不仅具有丰富广博的法律专业知识，而且具有敏锐的思辨能力和灵活公正地解决具体案件的实践能力，因此聘任职业满三年的律师为仲裁员，不仅能够有效地解决实际的劳动纠纷案件，还提高了仲裁员队伍的专业素质和业务水平。仲裁员除了具备上述法定资格条件外，在实践中通常还要通过省级以上劳动行政主管部门的专业培训与考核，被认定具有劳动争议仲裁员资格，并取得国家统一颁发的仲裁员资格证书后，根据各级劳动仲裁委员会的实际需要，才能被选聘为专职或兼职仲裁员。

《劳动争议调解仲裁法》明确规定仲裁员应具备相应的道德素质和能力，顺应了劳动争议仲裁社会化的趋势，将大大提高劳动争议仲裁员队伍的整体素质水平，提高劳动争议仲裁工作的效率和质量。随着我国经济结构调整力度的不断加大和企业改革、改制步伐的进一步加快，劳动用工形式、就业形式和分配方式发生了深刻的变化，劳动关系双方的利益冲突不断加深，历史遗留的潜在争议也呈显性化，各类劳动争议案件急剧上升。据《中国统计年鉴》资料显示，1996 年仲裁委员会案件受理量为 47 951 件，到 2004 年为 260 471 件，同比翻 4.5 倍；截至 2005 年底，仲裁委员会受理的案件量为 313 773 件，年增长 20.4%，但仲裁员队伍的规模和素质并未相应增加，仍以劳动行政部门的行政人员担任专职仲裁员，地方仲裁机构“人员少、案件多”的矛盾突出，一些地区甚至年人均办案达到百件以上，给仲裁委员会带来很大压力。只有提高劳动争议仲裁员队伍的规模和整体素质，才能适应当今劳动争议仲裁工作的实际发展需要，提高劳动争议仲裁工作的效率、质量和公信力。

五、劳动争议仲裁的管辖

[案例] 林某大学毕业后，北京一家合资企业将其录用，并派其到

深圳办事处工作。双方签订了两年的劳动合同，并约定北京公司将林某每月的工资由北京寄往深圳。半年后北京的公司强行关闭了深圳办事处，林某因此无业在家，11月的工资也未发放。林某向公司询问有关情况，可是公司又未给任何明确回答。由于又到了房贷的还款期限，林某的生活立即陷入了困境。实在没有办法的林某只得向深圳办事处所在地的劳动争议仲裁委委员会提起申诉，要求公司进行经济补偿、办理退工手续并赔偿迟延退工期间的损失。

仲裁庭受理之后，在答辩期间，北京公司提出了管辖权异议，认为林某是与北京公司而非深圳办事处签订的劳动合同，公司所在地在北京，因此应属北京的劳动仲裁委员会管辖，要求仲裁委员会撤销林某的请求。仲裁庭认为，根据《劳动争议调解仲裁法》第二十一条的规定："劳动争议由劳动合同履行地或者用人单位所在地的劳动争议仲裁委员会管辖。双方当事人分别向劳动合同履行地和用人单位所在地的劳动争议仲裁委员会申请仲裁的，由劳动合同履行地的劳动争议仲裁委员会管辖。"林某的劳动合同履行地是深圳办事处，对于双方间的劳动争议，深圳办事处所在地的劳动争议仲裁委员有权管辖。即使公司再向北京仲裁委员会提起申诉，劳动争议也应由深圳办事处所在地的仲裁委员会受理。据此，仲裁庭最终驳回了北京公司提出的管辖异议，最终裁决支持了林某的请求。

这是一个因劳动争议仲裁委员会管辖范围而引发争议的案例。深圳是林某劳动合同的履行地，北京是林某用人单位所在地，林某既可以向深圳也可以向北京的仲裁委员会申请仲裁。若双方分别向两地申请仲裁的，劳动争议应由劳动合同履行地的深圳仲裁委员会管辖。

《劳动争议调解仲裁法》第二十一条规定："劳动争议仲裁委员会负责管辖本区域内发生的劳动争议。劳动争议由劳动合同履行地或者用人单位所在地的劳动争议仲裁委员会管辖。双方当事人分别向劳动合同履行地和用人单位所在地的劳动争议仲裁委员会申请仲裁的，由劳动合同履行地的劳动争议仲裁委员会管辖。”这条规定明确了仲裁委员会的管辖范围。

（一）仲裁委员会负责管辖本区域内发生的劳动争议

劳动争议仲裁管辖就是各个仲裁委员会受理劳动争议仲裁案件的具体分工和权限，明确了劳动争议案件应由哪一个仲裁委员会受理，或是申请仲裁的当事人应到哪一个仲裁委员会提出申请。劳动争议仲裁管辖的确定对于当事人申请仲裁至关重要，因为当事人需向有管辖权的仲裁委员会提起申诉。因此在确定仲裁管辖时，应当采用原则规定与灵活规定相结合的方式，尽量减轻当事人的维权成本，便于当事人申请仲裁，便于劳动争议仲裁委员会审理案件，利于劳动争议仲裁权的公正、有效行使。

过去，我国对管辖范围的划分是以“地域管辖为主，级别管辖为辅”的原则来进行的。我国过去劳动争议仲裁管辖形式主要有以下几种：

（1）地域管辖。地域管辖是同级仲裁委员会按照劳动争议案件的地点不同来划分的管辖范围。地域管辖又分为一般地域管辖和特殊地域管辖。一般地域管辖，又称普通管辖，是劳动争议的一种最基本的管辖，是按案件发生地来划分的。特殊地域管辖，是劳动争议案件依其特定标志来确定由某一仲裁委员会管辖，它是在采用一般管辖办法，既不方便当事人进行申诉又不便于劳动争议仲裁委员会进行仲裁的情况下采用的一种明确管辖权的制度，如涉外案件的管辖等。

（2）级别管辖。级别管辖是各级劳动争议仲裁委员会受理劳动争议案件的分工和权限。划分劳动争议案件的级别管辖，主要是根据案件的性质类别、影响范围和繁简程度、企业性质等因素来确定。过去我国各地普遍形成了省、市、县三级劳动争议仲裁委员会的格局，不同级别具有不同的管辖范围，上下级之间存在隶属关系，这也带来了级别管辖的问题，即上下级劳动争议仲裁委员会之间受理劳动争议案件的分工和权限不明确，影响了劳动争议仲裁工作的公正与效率。

（3）移送管辖。移送管辖是劳动争议仲裁委员会将受理的自己无管辖权或不便于管辖的劳动争议案件，依法移送有管辖权或便于审理此案的劳动争议仲裁委员会审理，以使案件得到及时、公正地处理。如在仲裁实践中，当仲裁委员会发现劳动争议不属于自己管辖范围内，可以将其移送至有管辖权的劳动争议仲裁委员会审理。

（4）指定管辖。指定管辖是劳动行政主管部门根据法律、法规的规定，将管辖权发生争议的劳动争议案件指定某一仲裁委员会管辖。这种情况通常是仲裁委员会之间因管辖问题发生争议而产生的，若双方不能协商解决，或劳动争议案件较复杂，需要劳动行政部门指定管辖，以使劳动争议得到及时处理。

《劳动争议调解仲裁法》第十七条明确规定了劳动争议仲裁委员会不按行政区划层层设立，据此劳动争议仲裁管辖与行政区划不再一一对应，也不存在级别管辖。一个仲裁委员会可能同时管辖好几个市辖区，也可能只管辖一个县或者市辖区内的劳动争议案件。劳动争议仲裁委员会之间相互独立，没有隶属关系，不存在上级仲裁委员会可以变更或者撤销下级仲裁委员会仲裁裁决的问题。

（二）劳动争议管辖区域范围的确定

劳动争议仲裁委员会负责管辖本区域内发生的劳动争议，但如何确定劳动争议是否发生在本管辖区域内呢？具体的确定方式有两种：

（1）劳动争议由劳动合同履行地或者用人单位所在地的劳动争议仲

裁委员会管辖。这就是看劳动合同履行地或者用人单位所在地是否在仲裁委员会的管辖范围内。在实践中劳动合同履行地通常是履行劳动合同义务的实际固定工作地点。用人单位所在地，一般是用人单位的注册地，用人单位注册地与经常营业地不一致的，用人单位所在地就是指用人单位经常营业地。实践中，大多数情况下劳动合同履行地与用人单位所在地是一致的，当不一致时，申请仲裁的当事人既可以选择劳动合同履行地的劳动争议仲裁委员会，也可以选择用人单位所在地的劳动争议仲裁委员会，这样既方便劳动者和用人单位参加仲裁活动，又方便劳动争议仲裁委员会对仲裁案件进行审理。一旦仲裁裁决发生法律效力，当事人向人民法院申请强制执行时，还便于人民法院进行强制执行。

（2）当劳动合同履行地与用人单位所在地不一致，发生劳动争议的双方当事人又分别向劳动合同履行地和用人单位所在地的劳动争议仲裁委员会申请仲裁时，由劳动合同履行地的劳动争议仲裁委员会管辖。这样主要是为方便劳动者申请仲裁，减少劳动者维权的成本。

由此可以看出，《劳动争议调解仲裁法》实施后，我国的劳动争议仲裁将实行的是特殊地域管辖，明确了只能是劳动者合同履行地或用人单位所在地的劳动争议仲裁委员会管辖。当管辖权发生争议时，由劳动合同履行地的仲裁委员会管辖，这也基本上避免了指定管辖的情形。劳动争议不能由双方当事人协商选择劳动合同履行地或用人单位所在地之外的仲裁委员会进行管辖，若出现了这种情况，仲裁委员会会将劳动争议案件移送到有管辖权的仲裁委员会，因此劳动争议仲裁管辖仍存在移送管辖的情形。

六、劳动争议仲裁的当事人

［案例］某人才派遣机构在报纸上刊登广告，为某外企公司招聘一

名英语水平较高、交流表达能力较强的办公室员工。前去某人才派遣机构应聘的有上百人，刚从外语学院毕业的卫某以一口流利的英语和出色的文字能力被某人才派遣机构推荐到某外企公司。经某外企公司负责人亲自面试后，卫某被正式录用。卫某被录用后，某人才派遣机构与卫某签订了劳动合同，并开始到某外企公司工作。卫某上班后发现，自己不仅每个月可以从人才派遣机构领到一份工资，外企公司也发给她一份工资，且数额较某人才派遣机构的工资要多。卫某感到这份工作找对了，因而工作起来认真负责，任劳任怨，得到了某外企公司经理的赏识。

工作近一年时，卫某刚参加工作时的那种新鲜劲头过去之后，开始认识到自己虽然拿着两份工资，但自己所担负的工作量也大，不仅每天要加班，星期六、星期天得不到休息也是常事。而且，与其他同学相比，她却从未拿到过加班工资。

又过了半年，卫某看到某外企公司在支付加班工资方面仍然没有任何表示，实在忍不住了，就向公司领导提出，应当按照法律规定，按她加班的时间向她支付加班工资。公司领导断然拒绝了她的要求，并告诉她，公司没有向她支付加班工资的义务，如果她感到不能胜任这份办公室的工作，公司可以请某人才派遣机构另派一人代替她。卫某还不甘心，又找到某人才派遣机构，以双方签订劳动合同为由，要求某人才派遣机构向她支付加班工资。某人才派遣机构答复是：我们双方签订的劳动合同只是明确的劳动关系，我们向你支付的工资是正常工作情况下的工资，并不包括加班工资在内；你是给某外企公司加班的，你的加班工资应该找某外企公司去要。

在双方相互推诿的情况下，卫某也搞不清楚到底应该由谁来支付她的加班工资。这时，她想到了劳动争议仲裁，想通过提起劳动争议仲裁来维护自己的应得权益。但是，应当告谁呢？是应该告某外企公司，还是应该告某人才派遣机构？如果自己是申诉人，谁是被诉人呢？于是，卫某咨询了本市的劳动行政部门，到底应当告谁。劳动行政部门给她的答复是：某人才派遣机构和某外企公司为共同被诉人。[①]

这个案例涉及了在劳务派遣争议中，除劳动者一方，应当如何确定另一方当事人的问题。在劳务派遣争议中，当劳动者权益受到侵害打算向仲裁委员会提起申诉时，究竟该将谁作为另一方当事人呢，是用工单位，还是劳务派遣机构？《劳动争议调解仲裁法》第二十二条规定："发生劳动争议的劳动者和用人单位为劳动争议仲裁案件的双方当事人。劳务派遣单位或者用工单位与劳动者发生劳动争议的，劳务派遣单位和用工单位为共同当事人。"这对劳动争议仲裁当事人作了明确的规定。

（一）劳动者和用人单位为劳动争议仲裁案件的双方当事人

劳动争议仲裁当事人，是因劳动权利义务关系发生争议，以自己的名义向劳动争议仲裁委员会提起仲裁程序，参加仲裁活动，并受劳动争议仲裁委员会裁决约束的利害关系人。劳动争议仲裁当事人包括申诉人和被诉人。申诉人是以自己的名义，为保护自己的合法权益，向劳动争议仲裁委员会申请，提起仲裁程序的人，既可以是劳动者也可以是用人单位。被诉人是被提起仲裁程序，经劳动争议仲裁委员会通知其应诉的人。被诉人可能侵害了申诉人的合法权益，也可能没有侵害，只是申诉人的主观认为。但可以肯定，双方发生了争议，需要劳动争议仲裁委员会仲裁。

劳动争议仲裁当事人具有以下特点：

（1）当事人是特定的。一方是用人单位，另一方是用人单位的劳动者。劳动争议双方当事人既不可能是两个法人，也不可能是两个自然

① 资料改编自：谢良敏等．劳动维权案例评析．北京：法律出版社，2007．306

人。在集体争议中，当事人劳动者一方由工会作为当事人代表。用人单位是非法人组织的，由其主要负责人参加劳动争议仲裁活动。用人单位作为当事人的，有时应注意认定其资格的复杂性：用人单位发生变更的，应以变更后的用人单位作为当事人；若用人单位分立为若干单位后，对承受劳动权利义务的单位不明确的，分立后的单位均为当事人；用人单位终止的，应区分情况以用人单位的主管部门、开办单位或者依法成立的清算组作为当事人；劳动者在其用人单位与其他平等主体之间的承包经营期间，无论与谁发生劳动争议，发包方和承包方为劳动争议的共同当事人。

（2）当事人必须以自己的名义参加劳动争议仲裁活动。劳动者必须以自己名义参加劳动争议仲裁活动，而仲裁代理人不是劳动争议仲裁当事人；对于用人单位来说，法定代表人不是以个人的名义，而是以本企业单位的名义参加仲裁活动。

（3）当事人必须是为维护自己利益并受劳动争议仲裁机构裁决约束的利害关系人。若当事人是以自己的名义参加劳动争议仲裁活动而不受劳动争议仲裁机构裁决约束的无利害关系人，如中证人、鉴定人等都不能成为劳动争议仲裁当事人。对于劳动争议仲裁当事人来说，劳动争议仲裁结果应当或是维护了其利益，或是需其承担一定法律责任。

（4）当事人具有参加劳动争议仲裁活动的权利能力和行为能力。一般来讲，用人单位是以法人身份作为劳动争议仲裁当事人，其在仲裁活动中的行为能力和权利能力是一致的，二者同时开始，同时消灭。但劳动者作为劳动争议仲裁当事人，其在劳动争议仲裁中的权利能力和行为能力不一定二者兼有。比如精神病职工，无法表达自己的真实意愿，属于有权利能力但没有行为能力者；未成年童工，虽能表达一些自己的意愿，从事一些活动，但属于限制行为能力者。对劳动争议仲裁活动中无行为能力和限制行为能力的劳动者，法规为维护他们的主体权利，仍赋予当事人资格，但是申诉、应诉都由其法定代理人代理。无法定代理人的，由劳动争议仲裁委员会为其指定代理人。劳动者死亡的，由其近亲属或者代理人参加仲裁活动。

劳动争议仲裁当事人确定后，在参加仲裁活动中，既享有充分的权利，也承担着相应的义务。根据有关劳动争议仲裁的法律、法规、规章的规定，当事人在劳动争议仲裁中的权利主要有：有权提出仲裁申请、撤销仲裁申请及变更仲裁申请；有权委托代理人；有权参加开庭；有权申请回避；有权要求或拒绝调解及达成调解协议；有权提供证据、要求调查、勘验和鉴定；有权要求延期审理；有权向人民法院提起诉讼；有权对已生效的调解书和裁决书申请人民法院强制执行，等等。劳动争议仲裁当事人的义务主要有：尊重对方当事人及其他劳动争议仲裁参加人的权利；遵守劳动争议仲裁活动程序和仲裁纪律；对案情实事求是；认真履行发生法律效力的仲裁文书等。

（二）劳务派遣单位和用工单位为共同当事人

劳务派遣单位或者用工单位与劳动者发生劳动争议的，劳务派遣单位和用工单位为共同当事人。劳务派遣是劳务派遣机构根据要派单位（实际用工单位）的要求，与要派单位签订派遣协议，将与之建立劳动合同关系的劳动者派往要派单位，受派劳动者在要派单位的管理下提供劳动，派遣机构从要派单位获取派遣费，并向派遣劳动者支付劳动报酬的一种特殊劳动关系。在劳务派遣关系中，存在派遣单位与被派遣劳动者和实际用工单位与被派遣劳动者两层劳动关系，以及派遣单位与用工单位之间以劳动人事管理服务为内容的劳务关系。在实践中，这种特殊的用工形式，一方面有效解决了一部分就业问题，另一方面也带来了很多负面问题。用工单位为了降低成本而借用劳务派遣规避责任风险，劳务派遣单位通过派遣劳动者谋求自身利益，双方在各自利益的驱使下，很容易出现共同损害劳动者利益的情形。为了最大限度地保护劳动者，《劳动合同法》第九十二条规定："劳务派遣单位违反本法规，给被派遣劳动者造成损害的，劳务派遣单位和用工单位承担连带赔偿责任。"《劳动争议调解仲裁法》第二十一条第二款也明确规定："劳务派遣单位或者用工单位与劳动者发生劳动争议的，劳务派遣单位和用工单位为共同当事人。"在劳务派遣问题上，《劳动争议调解仲裁法》与《劳动合同法》相互衔接，有效防止了劳务派遣单位与用工单位相互推诿侵害劳动者合法权益的情况出现，保证了劳动争议能够得到及时公正处理。

七、劳动争议仲裁中的第三人

[**案例**] 李某是某民营科技公司的一名研究员，与该公司签订了四年期限的劳动合同。工作到第三年时，李某听说在某德国科技公司工作的研究员，每月月薪是自己目前工资的四倍，而且福利好，年终奖也非常丰厚。相比之下，李某感觉自己的工资待遇实在是太低了，于是与原单位没有打任何招呼的情况下，就去了那家德国公司上班。

李某的不辞而别，给原公司造成了较大的经济损失。原公司认为，李某在未与公司解除劳动合同的情况下，就离开公司到德国公司上班，是违反法律规定的，于是原公司向劳动仲裁委员会提起申诉，要求乔某承担相应的赔偿责任。根据最高人民法院《关于审理劳动争议案件适用法律若干问题的解释》第 11 条规定："用人单位招用尚未解除劳动合同的劳动者，原用人单位与劳动者发生的劳动争议，可以列新的用人单位为第三人。"此外，根据《劳动法》第九十九条规定："用人单位招用尚未解除劳动合同的劳动者，对原用人单位造成经济损失的，该用人单位应当依法承担连带赔偿责任。"据此，仲裁庭视本案的情况，将与本案处理结果有利害关系的德国公司作为仲裁第三人，并通知其参加仲裁活动。

这个案例涉及了劳动争议仲裁委员会通知第三人参加仲裁活动的问题。在本案中，劳动争议仲裁的当事人分别为李某和某民营科技公司，而德国科技公司则是与案件处理结果有利害关系的第三人。《劳动争议调解仲裁法》第二十三条规定："与劳动争议案件的处理结果有利害关系的第三人，可以申请参加仲裁活动或者由劳动争议仲裁委员会通知其参加仲裁活动。"这条是关于劳动争议仲裁第三人的规定。

（一）劳动争议仲裁中的第三人

劳动争议仲裁第三人，并非是劳动争议当事人，而是与劳动争议案件处理结果有利害关系而参加当事人之间已进行的劳动争议仲裁活动的人。这种利害关系是法律上的利害关系，也就是权利义务关系，即仲裁委员会对劳动争议的处理结果，影响到第三人的权利得失或义务增减，所以该第三人不仅关心仲裁结果，还希望参加到仲裁程序中。如果案件的处理结果对其不产生权利义务的影响，则不能成为第三人。第三人参加仲裁活动是为了保护自己的合法权益。第三人在仲裁中以自己的名义参加仲裁，其请求可能与申诉人或被诉人相似，也可能都相反，具有独立的法律地位，最终目的是为了维护自己的合法权益。

一般来说，劳动争议必须有两方当事人，申请人和被申请人，但在个别情况下，也可能出现第三人参加劳动争议仲裁活动。如借调职工与借调单位发生工伤事故致残或者死亡，涉及原工作单位和借用单位对职工工伤待遇给付问题；工伤争议中涉及未成年子女抚养问题；劳动者在执行职务过程中受到第三方的侵害致残或者死亡，侵权第三方与其案件的处理具有法律上的利害关系，涉及如何区分劳动者所在单位与侵权第三方的法律责任承担问题；用人单位招用尚未解除或者终止劳动合同的劳动者，原用人单位与劳动者发生劳动争议的，可以列新的用人单位为第三人。在上述诸多情况下都会涉及劳动争议仲裁的第三人。

（二）第三人参加仲裁活动

第三人参加仲裁活动有两种方式：一是由第三人自己申请，仲裁机构批准参加。第三人为了避免自己利益的损失或减少，可能会主动参加仲裁活动，为自己的利益辩护或为与其有法律关系的一方提供证据等。第三人自愿参加必须向仲裁机关申请并经批准；二是由仲裁机构根据案件的情况，通知其参加仲裁活动。从实际工作看，采用第二种方式参加仲裁活动的居多。

第三人参加仲裁活动应当注意以下一些问题：（1）参加劳动争议仲裁活动的时间，应是在他人仲裁活动已经开始，而劳动争议仲裁庭尚未作出裁决之前。如果他人之间的仲裁活动尚未开始，或申请人撤诉、双方和解及仲裁机关裁决而终结，就不存在第三人参加仲裁活动的问题；（2）参加劳动争议仲裁活动的依据，应是案件的处理结果与其有着法律上的利害关系，也就是法定的权利义务关系；（3）参加劳动争议仲裁活动的目的，必须是为了维护自己的合法权益，并且是以自己的名义参加仲裁活动。正因为案件的处理结果与第三人有利害关系，这就意味着因此使自己的权益得以维护和减少。为了使裁决的结果不让自己的权益受损失，才主动或愿意参加他人已开始的仲裁活动。

参加仲裁活动的第三人同样享有相应的权利和义务。第三人在仲裁活动中享有的权利包括：有权了解申请人和被申请人的答辩的事实和理由，并向劳动争议仲裁委员会递交陈述意见书，陈述自己对该争议的意见；有权参加劳动争议仲裁审理活动，并在庭审中陈述意见、提供证据、进行申辩；有权聘请律师或其他代理人代理其参加仲裁活动；就劳动争议仲裁裁决结果不服的，有权依法向人民法院提起诉讼。第三人在仲裁活动中应承担的义务包括：按时到庭参加仲裁，遵守仲裁活动的程序和纪律，提供真实情况，不作虚假陈述，自觉履行已生效的仲裁调解书和裁决书中规定的义务等。值得注意的是，在劳动争议仲裁调解中涉及第三人的义务时，必须有第三人参加调解活动并与当事人共同达成协议，方能在劳动争议仲裁调解书中规定第三人的义务。此外，第三人也无权处分当事人之间的权利，也就是不能请求变更或者放弃申诉请求，也不得申请撤诉。劳动争议仲裁活动第三人未参加仲裁活动，仲裁裁决对其不发生法律效力。

《劳动争议调解仲裁法》规定第三人制度，有利于仲裁委员会及时查清事实，保证案件的处理质量；有利于简化程序，减少不必要的仲裁，节省办案时间和费用；有利于仲裁机构的公正处理和案件仲裁结果的执行。

八、当事人委托代理人参加仲裁活动

[案例] 杨某是某建筑公司的一名员工，由于工伤待遇问题与用人单位发生了争议，经多次协商未果，向公司所在地的劳动争议仲裁委员会提起申诉。四日后杨先生就收到了仲裁委员会的受理通知书，并附有一份授权委托书。通知书中提到当事人可以委托代理人参加仲裁，但应在规定时间内向仲裁委员会提交授权委托书。杨先生收到通知书很高兴，没想到仲裁委员会这么快就作出了受理决定。但是对于仲裁通知书中提到的委托代理人问题不是很清楚，不知道应该有哪些程序，或代理人应具备哪些条件。想到自己性格内向，表达能力不强，法律知识也很欠缺，如若能委托代理人代自己参加仲裁，那将能为自己争取到最大利益。杨某的堂姐是研究生，学问比自己高，不知道可不可以请她作为自己的代理人。一连串的问号在杨某的脑海里浮现，为了弄清楚问题，杨

某打电话向仲裁委员会咨询。仲裁委员会办事人员了解到杨某的困惑后，非常耐心地向他说明了情况，杨某的堂姐作为其近亲属可以代理杨某参加仲裁活动，但委托他人参加仲裁活动，应在受理通知书中规定的期限内向仲裁委员会提交授权委托书，委托书应当具体写明委托事项和权限，如有无代为提出、承认、放弃和变更申诉请求、代为进行和解权利等内容，并由杨某签名或盖章。仲裁委员会收到委托书后，经审查认为合格的，其堂姐才有资格代理杨先生参加仲裁活动。情况了解清楚后，韩先生征询了堂姐的意见，唐姐愿意作为杨某的代理人参加仲裁活动，为堂弟争取合法利益。于是杨某认真填写了授权委托书，最后签上了自己的名字，将其提交到了仲裁委员会。

这是一个关于劳动争议仲裁当事人委托代理人参加仲裁活动的案例。《劳动争议调解仲裁法》第二十四条规定："当事人可以委托代理人参加仲裁活动。委托他人参加仲裁活动，应当向劳动争议仲裁委员会提交有委托人签名或者盖章的委托书，委托书应当载明委托事项和权限。"这条是关于劳动争议仲裁中委托代理的规定。

（一）劳动争议仲裁代理人

劳动争议仲裁代理，是代理人（受委托人）以被代理人（委托人）的名义，在法律规定与被代理人授予的权限范围内为被代理的劳动争议当事人行使劳动争议仲裁活动中的权利，承担劳动争议仲裁活动中的义务，进行劳动争议仲裁活动的行为。实施这种行为的权利，称为代理权；行使这种代理权的人就是劳动争议仲裁代理人。仲裁代理人是在劳动争议仲裁法律关系中，具有独立地位的参加人。根据产生的原因不同，劳动争议仲裁代理人可分为法定代理人、指定代理人和委托代理人。法定仲裁代理人是根据法律规定行使代理权的人，由于法定代理权的基础是监护权，故法定仲裁代理人即为仲裁当事人的监护人；指定代理人是因无法定代理人或利害关系人不明确而被指定行使代理权的人；委托代理人是受委托人委托行使代理权的人。

劳动争议仲裁代理人具有以下特点：

（1）只能以被代理的当事人的名义参加仲裁活动，而不能以自己的名义参加仲裁活动。这是代理人的最基本的特征，这一特征决定了代理人的地位与当事人的地位相似，因此，代理人属于仲裁参与人，而不属于仲裁参加人。需要注意的是，代理人只能代理一方当事人，只能以一方当事人的名义进行仲裁，不能同时做两方或多方代理人。

（2）必须在代理权限范围内进行仲裁活动。代理人的代理权限取决于法律的规定或当事人的授予，代理人必须按照规定或授权的范围行使权利，履行职责，不能随意放弃，也不能超越权限。

（3）仲裁代理人参加仲裁的目的是为了维护被代理人的权益，自己本身与纠纷无利害关系。仲裁代理人在代理权限内的行为，其法律后果归属于被代理人。代理行为是帮助当事人实施的行为，目的是保护当事人的权益，而非代理人自己的利益，因而法律后果应当由被代理人承担。但如果代理行为超越代理权限，代理人应承担相应的责任。

（4）授权委托书应当载明委托事项和权限，如果当事人提交的书面授权委托书中，授权仲裁人进行一般代理的，该代理权限包括申请仲裁，进行答辩，申请回避，调查证据，参加仲裁开庭并进行陈述和辩论等；如果由委托代理人代为承认、放弃、变更仲裁请求，进行和解，提出反请求，应当有代理人的特别授权；代理权限若有变更或者解除，委托人应当书面告知仲裁委员会或者仲裁庭，由仲裁委员会或者仲裁庭通知当事人。

（二）当事人享有委托代理权

《劳动争议调解仲裁法》第二十四条中规定，当事人可以委托代理人参加仲裁活动。这一规定明确了劳动争议仲裁当事人享有委托代理权。委托代理权是劳动争议仲裁当事人享有的重要权利之一。这种权利的产生，既不是由法律直接规定，也不是由劳动争议仲裁委员会指定，而是委托人的意思表示，是委托人授权的结果。委托代理是在仲裁活动中为当事人提供方便、维护其合法权益的一种代理制度，也是劳动争议仲裁活动中比较常见且为劳动仲裁当事人普遍采用的一种代理形式，具有以下特点：

（1）委托代理人的代理权限取决于委托授权书的规定，既可以是全权代理，也可以是特别代理，代理人只能在委托人授权的范围内代理委托人进行法律行为。委托代理人在授权范围内的行为视为被代理人的行为，因此，产生的法律后果由被代理人承担。委托代理人超出代理权限所做的代理行为，对被代理人不发生法律效力，法律后果由委托代理人自己承受。

（2）仲裁代理事项和仲裁代理权限，除法律有特别规定外，一般由委托人自己决定。委托人让仲裁代理人代理哪些事项，仲裁代理人就只能代理哪些事项；委托人让仲裁代理人在什么权限范围内代理这些事项，仲裁代理人就只能在这种权限范围内代理这些事项。

（3）代理人和被代理人有仲裁行为能力。委托仲裁代理是建立在被代理人授权委托基础之上的，因此，被代理人必须具有仲裁行为能力。否则，被代理人便无法进行授权委托，自然就不存在委托仲裁代理。对于无民事行为能力、限制民事行为能力或者可能损害被代理人利益的人，都不能作为劳动争议仲裁代理人。

在劳动仲裁活动中，当事人、法定代表人、法定代理人、指定代理人及第三人，都可以按照自己的意志自由决定委托代理人代为参加劳动仲裁活动。当事人选择委托代理人的范围十分广泛，可包括劳动者的近亲属、律师、社会团体和当事人所在单位推荐的人、经劳动争议仲裁委员会许可的其他公民。当事人可以根据自己的情况来进行选择，无需得到劳动争议仲裁委员会的事先批准。在实践中，当事人由于教育水平低、表达能力差、身体不便、不懂法律等原因，需要委托代理人代为参加仲裁，给予其法律上的帮助，这样既能更好地维护当事人的合法权益，还进一步保证了仲裁委员会及时、有效地处理劳动争议。

（三）当事人应向劳动争议仲裁委员会提交委托书

委托他人参加仲裁活动，应当向劳动争议仲裁委员会提交有委托人签名或者盖章的委托书。当事人委托代理人代为参加仲裁活动的，在仲裁活动前应向仲裁委员会提交委托书，委托书必须由委托人签名或盖章。劳动争议仲裁委员收到委托书后，会对代理人资格进行审查。审查合格后，委托代理人方能代理当事人进行劳动争议仲裁活动。对于不符合有关规定的，仲裁委员会有权取消其代理资格。

委托书应当载明委托事项和权限。授权委托书既是表明受委托人取得参加仲裁活动的代理资格的证明文书，同时也是对受委托人在仲裁活动中所能够实施其代理行为的权限范围的一种划定。授权委托书除需委托人签名或盖章外，还应当载明委托事项和权限，这样当事人与委托代理人的委托代理关系才能最后形成。根据被代理人的授权不同，可以将劳动争议仲裁中的委托代理分为全权委托和部分委托。无论是哪种委托，都应在授权委托书上明确载明委托事项和代理权限。这样可以明确委托代理人的代理内容和权限，也可成为代理权发生争议后，委托代理人和被代理人划分责任的依据。委托代理书中，不能只记载“全权代理”“部分代理”或“给予法律上的帮助”等含义不明、过于笼统的词句。对于放弃仲裁请求、承认对方当事人仲裁请求，与对方当事人和解、转委托他人代理、不服裁决向法院提起诉讼等，都必须在委托书中特别记明，否则，委托代理人无权行使这些权利。

委托代理人的代理权，出现下列情况之一即告消灭：（1）仲裁程序终结；（2）委托代理人死亡或者丧失行为能力；（3）委托人解除委托或者代理人辞去委托。

九、法定代理

［案例］于某是某建筑公司的一名建筑工人，工作吃苦耐劳，一直表现都很积极，多次受到工段的表扬。3月初，工段有关领导发现，于某工作中有时精神恍惚，心不在焉。经领导询问，得知于某因感情问题受到了刺激，变得郁郁寡欢，还时常自言自语。为防止事故，工段领导将于某调到地面工作。5月，于某在工地工作中，精神病突然发作，险些造成伤亡事故。6月在于某住院治疗期间，于某收到了单位单方解除劳动合同的通知书。最初接到这个解除合同的通知后，于某母亲由于害怕儿子患上精神病的消息传出去难听，加之缺乏相关法律知识和维权意识淡薄，因此她及家人并没有到儿子单位理论。然而，一个月后，于某的父亲也因心脏病突发去世，这一切变故使其家庭生活陷入了困境，于某的病更是无钱再进行医治。于某的母亲觉得儿子单位对其儿子作出的处理很不合适，但自己的儿子尚在治疗中，病情还未稳定，无法为自己维权，于某的母亲也不知道自己是否能够替儿子维权，该到哪里去维护儿子的权益。于是于某的母亲向律师咨询，律师听了于某母亲的叙述后，提出建议："1. 根据《劳动合同法》第四十二条规定，劳动者患病或者负伤的，在规定的医疗期内，用人单位不得与其解除劳动合同。而建筑公司在于某患病医疗期内将于某辞退，显然是违法的，因此于某可以向劳动争议仲裁委员会提起申诉，维护其合法权益。2. 根据《劳动争议调解仲裁法》第二十五条的规定，丧失或者部分丧失民事行为能力

的劳动者，由其法定代理人代为参加仲裁活动。于某由于患有精神病，病情尚未稳定，于某母亲作为于某的监护人可以以法定代表人的身份代其参加劳动仲裁活动。”听完律师的建议后，于某的母亲心情很激动，为了给自己的儿子讨回公道，很快向当地劳动争议仲裁委员会提出了仲裁申请。

这是一起涉及法定代理人代理当事人参加仲裁活动的案例。《劳动争议调解仲裁法》第二十五条中规定：“丧失或者部分丧失民事行为能力的劳动者，由其法定代理人代为参加仲裁活动。”这一条款是关于劳动仲裁中法定代理人的规定。

（一）丧失或者部分丧失民事行为能力的劳动者的含义

“丧失或者部分丧失民事行为能力的劳动者”，主要是指已达到法定劳动年龄但由于身体、精神伤害等原因成为限制民事行为能力或者无民事行为能力的劳动者。民事行为能力，是自然人可以独立进行民事活动，以自己的行为行使民事权利，履行民事义务，并且对自己的违法行为承担民事责任的能力或资格。自然人的民事行为能力与民事权利能力是不同的。自然人自出生时就具有平等的民事权利能力，但自然人并非自出生时就具有民事行为能力。受年龄、身体条件、精神状态等所限，许多人不具有正确识别或判断事物的能力，如未成年人和精神病患者就没有独立的意思能力，他们对自己的行为性质或后果没有清晰的认识，他们的独立活动容易产生不利于自身利益或不利于他人的结果。一个人只有在能对自己的行为作出正确判断和自由选择的情况下，才能正确地实施民事行为，对其行为的后果承担责任也才是公平合理的。我国民法通则根据公民的年龄、智力状态等因素，把公民的民事行为能力分为：完全民事行为能力、限制民事行为能力和无民事行为能力。《民法通则》第 11 条是关于完全民事行为能力的规定：“18 周岁以上的公民是成年人，具有完全民事行为能力，可以独立进行民事活动，是完全民事行为能力人。16 周岁以上不满 18 周岁的公民，以自己的劳动收入为主要生活来源的，视为完全民事行为能力人。”我国《民法通则》第 12 条和第 13 条分别是关于未成年人和精神病人的民事行为能力的规定，其中将限制行为能力人和无民事行为能力人各自分为两种。限制行为能力人包括：（1）10 周岁以上的未成年人是限制民事行为能力人，可以进行与他的年龄，智力相适应的民事活动；其他民事活动由他的法定代理人代理，或者征得他的法定代理人的同意。（2）不能完全辨认自己行为的精神病人是限制民事行为能力人，可以进行与他的精神健康状况相适应的民事活动；其他民事活动由他的法定代理人代理，或者征得他的法定代理人的同意。无民事行为能力人包括：（1）不满 10 周岁的未成年人是无民事行为能力人，由他的法定代理人代理民事活动；（2）不能辨认自己行为的精神病人是无民事行为能力人，由他的法定代理人代理民事活动。据此，劳动争议仲裁中的法定代理适用于被代理人虽为成年人但因疾病、伤害等情况丧失或部分丧失民事行为能力的人。

（二）法定代理人

劳动争议仲裁活动中的法定代理人，是基于法律规定和亲权关系直接取得代理权限的仲裁代理人，对于丧失或者部分丧失民事行为能力的劳动者，由其法定代理人代为参加仲裁活动。设立法定代理人制度，是为无仲裁行为能力的劳动者提供帮助，以维护其合法权益。

法定代理人具有如下特征：

（1）法定代理人的代理权由法律直接规定。法定代理人的代理权，既不是代理人的意志决定的，也不是被代理人的意志决定的，而是法律直接规定的。因为丧失和部分丧失民事行为能力及死亡的劳动者，不能正确表达自己的意思，没有能力委托代理人。作为法定代理人，对丧失和部分丧失民事行为能力及死亡的劳动者负有义不容辞的代理义务，不以个人意志为转移。法定代理人必须对被代理人、劳动仲裁委员会和社会负责。如遇两个以上法定代理人相互推诿、拒绝代理，劳动争议仲裁委员会有权指定其中一人代理，被指定的法定代理人必须承担代理义务，代理其参加劳动争议仲裁活动。

（2）法定代理人无需办理代理手续。由于法定代理人的代理权是由法律直接规定的，因此法定代理人只要向劳动争议仲裁委员会说明本人与被代理人的亲属关系，并经该仲裁委员会查核后，即可代理被代理人参加仲裁活动，无需另行办理代理手续。

（3）法定代理人与当事人有同等的仲裁地位。由于丧失和部分丧失民事行为能力及死亡的劳动者，不能正确表达或根本无法表达自己的意思，没有能力委托代理人，法定代理人的意志就是被代理人的意志，他们处于同等的仲裁地位，被代理人的权利由法定代理人行使，被代理人的义务由法定代理人承担。

（4）法定代理都是无偿的。法定代理人与被代理人之间往往存在某种特定的血缘或亲缘关系，这种特定的关系正是法定代理产生的基础。由于法定代理权的基础是监护权，故法定仲裁代理人即为仲裁当事人的监护人。我国民法通则第十七条规定："无民事行为能力或者限制民事行为能力的精神病人，由下列人员担任监护人：①配偶；②父母；③成年子女；④其他近亲属；⑤关系密切的其他亲属、朋友愿意承担监护责任，经精神病人的所在单位或者住所地的居民委员会、村民委员会同意的。对担任监护人有争议的，由精神病人的所在单位或者住所地的居民委员会、村民委员会在近亲属中指定。对指定不服提起诉讼的，由人民法院裁决。没有第一款规定的监护人的，由精神病人的所在单位或者住所地的居民委员会、村民委员会或者民政部门担任监护人。"

法定代理人如果出现下列情形，代理权即消灭：一是被代理人取得或者恢复了行为能力；二是法定代理人死亡或者丧失行为能力；三是法定代理人失去对被代理人的亲权或者监护权。

十、指定代理

［案例］小玲从技校毕业后，在学校的推荐下，来到某机械公司上班，从事操作工工作。然而不幸的是，在工作期间小玲患上了精神分裂症，并住进了医院治疗。吴姐是小玲的老乡，听说小玲患病，经常来医院探望。小玲住院还不到一个月，公司便向小玲发出了解除劳动合同的通知书，并随即将相关离职手续材料邮寄给小玲。由于小玲病情比较严重，对于公司的决定并没有任何反应。但吴姐知道此事后，很是气愤，认为公司在小玲神志不清、患病住院期间与其解除劳动合同，不仅是趁人之危，还违反了《劳动合同法》的规定。为了给小玲讨回公道，吴姐帮助小玲提起劳动争议仲裁，要求公司恢复与小玲的劳动关系。

由于小玲患有精神分裂症，病情仍很严重，完全不能辨认自己的行为，无法独立参加仲裁活动。小玲从小便父母双亡，除了两个姐姐就没有其他任何亲人。仲裁委员会了解情况后，希望两个姐姐能有一位作为小玲的法定代理人代其参加仲裁活动，但是两个姐姐均以工作忙、没时间为由推脱代理责任。为了保证仲裁活动的顺利进行，最终仲裁庭指定其大姐作为小玲的指定代理人代为参加仲裁活动，并向其大姐发出了指定代理人通知书。

这是一起关于劳动争议仲裁委员会为丧失民事行为能力的劳动者指定代理人参加仲裁活动的案例。《劳动争议调解仲裁法》第二十五条规定："丧失或者部分丧失民事行为能力的劳动者，无法定代理人的，由劳动争议仲裁委员会为其指定代理人代为参加仲裁活动。"

指定代理人，是基于劳动争议仲裁委员会的指定，代表丧失或部分丧失民事行为能力的劳动者参加仲裁活动的人。与法定代理人一样，指定代理人，也是为丧失或部分丧失民事行为能力的劳动者设定的，是对法定代理人制度的补充。指定代理人有以下两种情况：（1）有法定代理人，但法定代理人消极履行职责，互相推诿，此时由仲裁机构指定代理人，由于指定的代理人仍然是法定的，所以代理权限为全权代理；这种指定代理只是为了尽量明确责任，消除冲突；（2）指定代理人以外的人，如没有法定代理人或法定代理人因故不能行使代理权的，代理权限由仲裁委员会确定。但要注意的是，此时，代理人的权限不是全权代理，涉及当事人一些重要的实体权利，如放弃或变更仲裁请求、和解结案等，指定代理人不能代为行使。在仲裁活动中，若丧失或部分丧失民事行为能力的劳动者恢复行为能力，或法定代理人能够行使代理权，指定代理的原因消失，代理权也即行终止，但终止前的代理行为依然有效。

《劳动争议调解仲裁法》规定了劳动争议仲裁委员会可以指定代理人，主要是为了保护当事人的利益及仲裁活动的需要，以避免因丧失或部分丧失民事行为能力的劳动者因无法定代理人或法定代理人相互推诿而无法按时申请仲裁、维护自己权益的情况出现。

十一、劳动者死亡，由其近亲属或代理人参加仲裁活动

[案例] 郭某是某化工企业的一名锅炉工人，但却未与用人单位签订劳动合同，也未参加社会保险。在单位工作的第三年，郭某被诊断为肝癌晚期，不久便不幸病逝。但该企业以未签订劳动合同为由，拒绝支付医药费、丧葬费等费用。郭某的妻子宋某曾多次找公司理论，但却没有任何结果。郭某的妻子很是无奈，如今丈夫郭某已经病逝，自己实在

不知道该如何为丈夫维护权益。

后来宋某向律师咨询，律师告诉宋某：郭某与企业的纠纷属于劳动争议的范围，可以向仲裁委员会提起仲裁，但郭某已经病逝，不能主张自己的劳动仲裁权利，根据《劳动争议调解仲裁法》的规定，劳动者死亡的，由其近亲属或者代理人参加仲裁活动。宋某作为郭某的近亲属，可依法参加仲裁活动。宋某听完律师的建议后，很快向仲裁委员会提出仲裁申请，要求该企业依法支付其丈夫郭某的医药费、丧葬费、遗属补助等费用。

这是一个关于劳动者死亡的，由谁代理参加仲裁活动的案例。《劳动争议调解仲裁法》第二十五条中规定，劳动者死亡的，由其近亲属或者代理人参加仲裁活动。这里，近亲属是指与当事人血缘关系较近的亲属，包括配偶、父母、子女、兄弟姐妹等；代理人虽然没有明确是何种类型，但应当是指当事人生前委托的代理人或死后其近亲属委托的代理人。劳动者死亡后，虽然其民事权利能力和行为能力均已消失，不能参加仲裁活动，但可由其近亲属或者代理人参加仲裁活动，以保障劳动者及其利害关系人的合法权益。所以，本案中，虽然郭某已经死亡，但是其妻子作为近亲属，可以代为参加仲裁活动。

劳动者死亡后的劳动争议主要有两种形式：一是因劳动者死亡引起的劳动争议，如劳动者因工死亡，其利害关系人追索丧葬费和抚恤金而与用人单位发生劳动争议的，此时死亡劳动者的近亲属或者其近亲属委托的代理人可代为参加仲裁活动；第二种情况是在仲裁程序进行中劳动者死亡的。对这种情况，如果死亡的劳动者没有利害关系人，其争议的事项也不涉及经济利益，仲裁委员会可以撤销该案件的处理。如果该劳动者有利害关系人或争议涉及经济利益的，应当由死亡劳动者的近亲属或生前委托的代理人参加仲裁活动。但死亡劳动者的利害关系人放弃其权利的，仲裁委员会可终结该案件的处理程序。

十二、劳动争议仲裁公开制度

［案例］2007 年 5 月 8 日，东航武汉公司 7 名飞行员因“在很多问题上与公司达不成一致”而提出辞职。5 月 18 日，又有 6 名飞行员向公司提交了辞职报告。但是，他们的辞职申请并没有得到东航的准许。一个月后，这 13 名飞行员集体向湖北省劳动仲裁委员会提出劳动仲裁申请，请求确认解除劳动合同，并同时停止了飞行。此后，东航武汉公司向省劳动争议仲裁委员会提出反诉，要求这 13 名飞行员共同赔偿理论学习、带飞、复训等各类培训费用，公司直接经济损失及合同违约金共 1.05 亿元。

此案涉及的标的金额达亿元之多，在当地引起巨大震动，各媒体也都纷纷进行跟踪报道。由于在仲裁庭审过程中，会涉及东航公司的商业秘密，为了保护公司的利益，避免商业秘密泄露，东航武汉公司向仲裁委员会提出了仲裁不公开进行的申请。经仲裁委员会批准后，该案件进行不公开仲裁，记者及其他人均不能进入仲裁庭旁听。为了及时了解案件进展情况，很多记者只得焦急地守在仲裁庭门口。当双方当事人前来参加开庭，或庭审休息期间，记者才能趁机采访飞行员或东航公司的代理律师等有关人员，以进一步了解案件进展情况。

2007 年 8 月，有记者从辞职飞行员代理人白女士处了解到，8 月 13 日，湖北省劳动仲裁庭给出了仲裁结果：13 名飞行员应向东航武汉公司支付总计约 929 万元的赔偿金，其中赔偿金额最高的是 98.52 万元，最低为 49.98 万元。①

---

① 资料改编于：法制日报. 2007-07-12，2007-08-16

这是一个关于劳动争议仲裁案件涉及企业商业秘密，仲裁不公开进行的案例。《劳动争议调解仲裁法》第二十六条规定："劳动争议仲裁公开进行，但当事人协议不公开进行或者涉及国家秘密、商业秘密和个人隐私的除外。"这一条对劳动争议仲裁是否公开进行作了明确的规定。

（一）劳动争议仲裁公开进行

劳动争议仲裁公开进行，就是劳动争议仲裁委员会在对劳动争议仲裁案件的仲裁过程和裁决结果向群众、社会公开的制度。劳动仲裁公开制度是劳动争议仲裁的一项重要制度，具有两方面的内容：一是向群众公开，允许群众参加旁听劳动仲裁庭的开庭审理活动；二是向社会公开，允许大众传媒对案件的审理活动进行依法采访和报道。公开仲裁的劳动争议案件，除仲裁庭内部的评议和讨论不公开外，整个仲裁过程都应当公开，即使对不公开仲裁的案件，裁决结果也应该公开。为了便于群众和社会监督，仲裁庭应当在开庭前公告当事人的姓名、案由和开庭的时间与地点等。实行劳动争议仲裁公开进行，具有重要的意义：一是有利于促进我国劳动争议仲裁活动的公正性。公开仲裁制度将劳动争议仲裁委员会的仲裁活动置于社会的监督之下，增强了劳动仲裁活动的透明度，能够促使劳动争议仲裁委员会依法公正处理劳动争议，防止因不公开而造成的暗箱操作或者其他不公现象；二是仲裁公开制度对劳动争议仲裁当事人及其他参加人有约束作用，促使他们遵守法律程序，认真配合劳动争议案件仲裁活动的进行；三是有利于法律法规的宣传和教育，不仅可以有效促使劳动者及其他群众受到深刻的法制教育，加强守法意识和维护自身合法权益的积极性，还可以促进用人单位遵守法律法规及建立和谐的劳动关系。

（二）劳动争议仲裁可以不公开进行的情形

并非所有的劳动争议案件都公开进行，对于一些特殊的案件，若公开进行，非但不利于保护当事人的合法权益，还会给社会带来消极影响，甚至给国家利益和社会利益造成巨大损失。因此，《劳动争议调解仲裁法》还规定了以下四种仲裁不公开的情形：

一是当事人协议不公开进行的。仲裁作为解决劳动争议的一种重要方式，具有尊重当事人双方意思自治的特点，因此双方当事人达成协议的，仲裁不公开进行。

二是涉及国家秘密的，仲裁不公开进行。国家秘密，是关系国家的安全和利益，依照法定程序确定，在一定时间内只限一定范围的人员知悉的事项。根据我国《保密法》及其他相关法律、法规的规定，国家秘密具体包括：国家事务的重大决策中的秘密事项；国家建设和武装力量活动中的秘密事项；外交和外事活动中的秘密事项以及对外承担保密义务的事项；国民经济和社会发展中的秘密事项；科学技术中的秘密事项；维护国家安全活动和追查刑事犯罪中的秘密事项；其他经国家保密工作部门确定应当保守的国家秘密事项。符合以上规定的，属于国家秘密。政党的秘密事项中有符合以上规定的，属于国家秘密。国家秘密的密级分为“绝密”“机密”“秘密”三级。“绝密”是最重要的国家秘密，泄露会使国家的安全和利益遭受特别严重的损害。“机密”是重要的国家秘密，泄露会使国家的安全和利益遭受严重的损害。“秘密”是指一般的国家秘密，泄露会使国家的安全和利益受到损害。因此，若劳动争议仲裁审理涉及国家秘密的，应当不公开进行审理，以维护国家的安全和利益。

三是涉及商业秘密的，仲裁不公开进行。商业秘密是不为公众所知悉、能为权利人带来经济利益，具有实用性并经权利人采取保密措施的技术和经营信息。商业秘密的构成必须具备以下几个要件：一是不为公众所知悉，也就是信息不能通过公开渠道直接获取；二是权利人采取了保密措施，使他人无法通过正常的渠道获得该秘密；三是具有实用性，也就是商业秘密能为权利人带来显性的或者潜在的经济利益或者竞争优势，并且商业秘密的权利人能够界定商业秘密的具体内容；四是具有经济性，也就是商业秘密能够为权利人带来经济利益。为了维护企业的合法权益，保护其市场竞争力，避免其商业秘密泄露，对涉及商业秘密的劳动争议案件，经当事人提出不公开开庭审理的，不进行公开审理。

四是涉及个人隐私的，仲裁不公开进行。个人隐私是个人不愿公开或不愿让他人知悉的个人秘密。个人隐私包括通信秘密和个人生活秘密。通信秘密是有关公民信件、电报、电话等的秘密；个人生活秘密是有关个人生活的财产状况、生活经历、个人资料等私人信息。个人隐私是公民个人的私人信息，对维护公民的人格权有着重要意义。公民享有隐私权，任何人都有尊重他人隐私权，不得泄露他人隐私的义务。对于涉及个人隐私的劳动争议案件，经当事人提出申请，不进行公开审理，以保护当事人的权益。

十三、劳动争议仲裁不收费

［**案例**］出生在农村的李小英，初中毕业后就辍学在家。后来跟随舅舅到城里打工，经过熟人介绍来到一家饭店做服务生，每月的工资为600元，并且管吃管住。对于这份来之不易的工作，小英心理非常珍惜，虽然工资不高，但是相对于农村来说，待遇已经是非常不错了，更何况还管吃管住，不用付出太大的生活成本。小英工作非常勤快，对待顾客也很热情，老板也很喜欢她。尽管每天工作很辛苦，有时连休息日都没有，但是小娟毫无怨言。时间过得很快，后来小英发现与自己一起出来的姐妹不仅挣得多，每周还都能至少休息一天，小英心理非常不平

衡。后来在聊天中才知道，每天工作时间不超过八小时，每周至少休息一天都是《劳动法》规定的。于是小英与老板理论，要求支付加班费，并要求每周至少休息一天，结果被拒绝。小英很气愤，也很委屈，不知如何是好。

小英将自己的苦衷说给姐妹们听，其中一个姐妹建议她到劳动争议仲裁委员会去告公司，可是小英却很犹豫，"打官司，肯定是要花很多钱的，自己每月工资才几百块钱，自己哪里打得起官司呢？更何况为了这点加班费花这么大的精力和金钱也不值啊！"其中一个姐妹回答到："前几天我听说，《劳动争议调解仲裁法》有了新规定，2008 年 5 月 1 日以后申请仲裁不收任何费用！""真的吗，真有这么好的事情吗？"小英似乎看到了一丝希望。

《劳动争议调解仲裁法》第五十三条规定："劳动争议仲裁不收费。劳动争议仲裁委员会的经费由财政予以保障。"这一条款明确规定劳动争议仲裁不收费，但本规定适用于 2008 年 5 月 1 日《劳动争议调解仲裁法》施行后。

过去，劳动争议当事人申请仲裁，应当向劳动争议仲裁委员会交纳仲裁费，费用标准主要依据的是《劳动部转发国家物价局、财政部〈关于发布中央管理的劳动部门行政事业收费项目和标准的通知〉的通知》（劳办字［1992］22 号）及两个附件，附件一为《国家物价局、财政部关于发布中央管理的劳动部门行政事业性收费项目和标准的通知》（［1992］价费字 266 号文件），附件二为原国家物价局、财政部制定的《劳动合同鉴证和劳动争议仲裁收费管理办法》（［1992］价费字 268 号文件）。仲裁费包括案件受理费和处理费两部分，处理费主要内容包括鉴定费、勘验费、差旅费以及证人误工补助等。对于案件受理费，各地一般遵照执行《劳动合同鉴证和劳动争议仲裁收费管理办法》规定的收费标准：申诉人数为 3 人以下的，每件 20 元；申诉人数为 4～9 人的，每件 30 元；申诉人数为 10 人以上的集体劳动争议案件，每件 50 元。对于案件处理费，《劳动合同鉴证和劳动争议仲裁收费管理办法》并没有明确规定，只是规定“按实际开支收费”，因此各地劳动争议仲裁委员会收费标准并不完全一致，没有争议金额的案件，一般按固定标准收取数百元的费用，有争议金额的案件，一般则实行累加收费。以山东为例，根据山东《劳动争议仲裁收费标准》（鲁价费发［2005］63 号）规定，没有争议金额的案件，每件最高不超过 400 元；有争议金额的案件，按下列标准计算收取费用：争议标的额为 10 000 元以内的 500 元；10 001～50 000 元的部分按 3%收取；50 001～100 000 元的部分按 2%收取；100 001～200 000 元的部分按 1.5%收取；200 001 元以上的部分按 1%收取。

按照过去的做法，劳动者提起仲裁，交纳的受理费和仲裁费少则几百元，多则上千元，而人民法院受理劳动争议案件最多收费不超过 50 元。人民法院与仲裁机构在收费上之所以存在差距，主要原因是两部门的性质不同：人民法院属于国家审判机关，一切经费由财政拨款；而劳动争议仲裁委员会是由劳动关系三方代表组成的机构，在仲裁活动中，所有经费开支政府没有任何补贴，全靠收取仲裁费用解决，以缓解办案、取证、调查经费的不足。

2008 年 5 月 1 日《劳动争议调解仲裁法》实施后，劳动争议仲裁委员会的经费将由财政予以保障，无论是劳动者还是用人单位，申请仲裁将不需负担任何费用。仲裁收费，对于在劳动争议中处于弱势群体的劳动者来说，无疑是一个不小的负担。这不仅会使很多劳动者因经济困难交不起仲裁费而放弃维权，无法维护自身的合法权益，同时也严重影响了劳动争议仲裁委员会的形象与社会公信力，对于缓解劳资矛盾、促进干群关系极为不利。仲裁不收费，使劳动争议当事人申诉更为便利，不仅大大降低了劳动者的维权成本，更好地维护了弱势群体的合法权益，同时也使广大劳动者更加认同劳动仲裁制度，促使劳动仲裁制度在劳动争议处理中发挥更加重要的作用。

第四章　劳动争议仲裁程序

劳动争议仲裁程序是劳动争议仲裁委员会处理劳动争议案件的法定步骤和方式，主要包括申请、受理、开庭和裁决等阶段。与过去的法律法规相比，《劳动争议调解仲裁法》在很多方面都发生了重大变化，进一步完善和规范了劳动争议仲裁程序，如延长了申请劳动争议仲裁时效期间，缩短了仲裁处理期限，更加合理地确定了举证责任的分配，对部分案件实行有条件的一裁终局，对部分事实已经清楚的案件可先行裁决，以及劳动者申请先予执行的案件，无需提供担保等。劳动争议仲裁程序的进一步完善和规范，提高了劳动争议仲裁处理的效率和质量，保障了仲裁的公正性、及时性、权威性和法律效力，有利于高效发挥劳动争议仲裁制度的作用，有利于更好地维护劳动争议当事人的合法权益。

一、劳动争议仲裁时效

［案例］吴某大学毕业后，被某鞋业公司聘用为技术员，并与公司签订了三年的劳动合同。刚进入公司时，正值公司的产品适销对路，又恰逢市场需求旺季，所以吴某的奖金很高，工作也比较忙，吴某对工作非常满意。到了第三年二月份，因该公司准备不足、抢占市场失利，以及错误地估计了当年的流行趋势，导致设计的凉鞋滞销。该公司因资金周转困难，奖金已停发2个月，工资发放也成问题，吴某也整日无事可做。于是公司与吴某协商，希望能够提前解除劳动合同，以免耽误吴某

的大好前程。吴某自己盘算着：公司说的也对，自己刚刚大学毕业，有的是机会，在这呆着也是耗时间，没什么发展。于是吴某同意与公司解除合同，但他提出：根据法律规定，公司应该支付经济补偿金。公司回复说："我们都是讲道理的人。咱们是协商一致解除劳动合同，且解除合同的原因是客观、正当的，公司没有必要给你补偿。再说目前公司的情况，你又不是不清楚，公司也没钱给你啊!"吴某虽然知道自己应得到经济补偿金，但是想到公司现在的困境，也就没有继续纠缠。

半年后，吴某与原公司同事张某一起喝酒，提起此事，得知公司支付了其余几个同事的经济补偿。王某越想越气："这不是明摆着欺负我吗？明天我就找公司说理去!"第二天，吴某来到鞋业公司，要求补发经济补偿，被公司拒绝。吴某很是气愤，为了讨回公道，打算向劳动争议仲裁委员会申请仲裁，可是吴某心中也有些疑问："事情都过去半年多了，我还能申请仲裁吗?"

这是一个关于劳动争议仲裁时效的案例。《劳动争议调解仲裁法》第二十七条第一款规定："劳动争议申请仲裁的时效期间为一年。仲裁时效期间从当事人知道或者应当知道其权利被侵害之日起计算。"在本案中，从吴某知道自己权利被侵害之日起到申请仲裁的时间并未超过仲裁时效期间一年，因此可以向仲裁委员会申请仲裁。关于劳动争议仲裁时效应当注意以下几方面问题：

(一) 劳动争议申请仲裁的时效期间为一年

劳动争议申请仲裁的时效期间为一年。时效，是法律规定的某种事实状态经过法定时间而产生一定法律后果的法律制度。劳动争议仲裁时效，是当事人因劳动纠纷要求保护其合法权益，在法定期间内向劳动争议仲裁委员会提出仲裁申请，否则，法律规定消灭其申请仲裁权利的一种时效制度。当事人若在法定期间内没有行使权利，即丧失提请仲裁保护其权益的权利。因此当事人在一年内不申请仲裁的，则丧失仲裁申请权。

过去，我国《劳动法》规定仲裁时效为60天，这样规定主要是为了及时地解决劳动争议。但在实践中，由于法律知识欠缺或客观条件限制，许多劳动者不能在60日内申请仲裁，丧失了获得司法救济的机会，合法权益无法得到保障。例如，由于克扣工资、被迫超长时间加班、严重工伤等引发的劳动纠纷及有些比较复杂的劳动争议案件，使得很多劳动者往往无法在60天内及时提出仲裁申请，导致无法进入仲裁程序，也无法获得司法救济。再如，由于我国劳动力供大于求，使处于弱势地位的劳动者不敢申请仲裁，为了保持与用人单位的劳动关系，即使发生了劳动争议也不会立即申请仲裁维护自己合法权益。而当迫不得已想主张自己的权利时，却已超过了法定时效。因此《劳动争议调解仲裁法》将仲裁时效延长为一年，就是为了更好地保护劳动争议当事人特别是劳动者的合法权益。

（二）统一明确了仲裁时效的起算点

从何时开始计算时效对于劳动者申请仲裁权的行使有着决定性的意义。《劳动争议调解仲裁法》第二十七条第一款规定："仲裁时效期间从当事人知道或者应当知道其权利被侵害之日起计算。""知道或应当知道其权利被侵害之日"，是当事人请求劳动争议仲裁委员会保护其权利的基础，是劳动争议仲裁申诉时效的开始。知道其权利被侵害，是当事人现实地于主观上已认识到自己的权利被侵害事实的发生，如拖欠工资等；应当知道权利遭受侵害，是当事人尽管主观上不了解其权利已被侵害的事实，但根据他所处的环境，有理由认为他已经了解了被侵害的事实，他对侵害的不知情，出于对自己的权利未尽到必要的注意或将其作为推延仲裁时效期间起算点借口的情况。也就是说，当事人之所以不知道权利被侵害不是出于客观原因，而是自己主观的懈怠、疏忽等原因所导致。

仲裁时效的起算，以权利人权利客观上受到了侵害且主观上已知晓权利被侵害的事实为构成要件。权利人主观上认为自己的权利受到了侵害，而事实上其权利并未受到侵害的，不能使仲裁时效期间开始计算。

（三）不受一年仲裁时效期间限制的特殊情形

《劳动争议调解仲裁法》第二十七条第四款规定："劳动关系存续期间因拖欠劳动报酬发生争议的，劳动者申请仲裁不受本条第一款规定的仲裁时效期间的限制；但是，劳动关系终止的，应当自劳动关系终止之日起一年内提出。"尽管劳动争议申请仲裁的时效期间延长为一年，但在有些情况下，一年的时间也不足以保护劳动者的合法权益。如近年来，尤其是建筑行业，拖欠农民工工资问题比较严重，许多农民工辛辛苦苦工作了几年都拿不到工资；再如用人单位一直拖欠工资，而劳动者为了不丢掉饭碗一直不敢主张自己权利等情形。对劳动关系存续期间劳动者追索劳动报酬争议的仲裁时效作出特别规定，就是为了更好地维护劳动者的合法权益。但若劳动者与用人单位已解除或终止劳动合同，因追索劳动报酬发生争议的，劳动者应当在劳动关系终止之日起一年内提出申请仲裁，超过一年的时间，仲裁委员会将不予受理。

二、劳动争议仲裁时效的中断

［案例］宋先生在深圳某食品有限公司工作，与公司签有5年期的劳动合同。工作到第三年，宋先生由于工作能力突出，被公司安排到北京一所著名高校攻读EMBA，以进一步提升其管理水平。对于这部分学习的费用公司承担70%共计15万元，公司与宋先生签订培训协议，

学费先由宋先生垫付，待学成后公司再将学费支付给宋先生。一年后宋先生完成了 EMBA 的学习，可这时正赶上企业改制，随后公司与宋先生解除了劳动关系。宋先生拿到了经济补偿，但是对于其已经垫付的学费，公司一直没有提及。于是宋先生向公司发了一份书面的材料，要求按培训协议的约定支付其已垫付的学习费用。但这之后，公司一直没有回应此事。韩先生多次找到公司领导讨要，但公司总以资金困难为由拖延支付。很快一年就过去了，一年的追讨没有任何结果，宋先生仍没有得到公司应支付的学习费用，看来公司根本没有支付的意思。宋先生很气愤，最后非常无奈地向公司领导发出最后通牒：要是公司再不支付学习费用，将向劳动争议仲裁委员会提起申诉。谁知公司领导回复到：宋先生申请仲裁的时效已超过一年，仲裁委员不会受理其申请，公司也决定不再支付其学习的费用。难道宋先生向公司要求支付垫付的学费真的已经超过时效了吗，其权利还能得到保护吗?

这个案例涉及了劳动争议仲裁时效中断的问题。《劳动争议调解仲裁法》第二十七条第二款规定：“前款规定的仲裁时效，因当事人一方向对方当事人主张权利，或者向有关部门请求权利救济，或者对方当事人同意履行义务而中断。从中断时起，仲裁时效期间重新计算。”劳动争议仲裁时效中断，是指在仲裁时效进行期间，因发生一定的法定事由，使已经经过的仲裁时效期间统归无效，待使时效期间中断的事由消失后，仲裁时效期间重新计算的一种时效制度。在本案中，仲裁时效因宋先生向用人单位主张权利要求支付其学习费用而中断，宋先生因主张权利而已经进行的时效期间统归无效，仲裁时效从中断时起，也就是公司明确表明不支付其学习费用之日起重新计算。因此宋先生申请仲裁时并未超过仲裁时效期间一年。对于仲裁时效的中断，还应注意以下两个问题：

(一) 仲裁时效中断的法定情形

只有符合法定情形时，仲裁时效才能发生中断。《劳动争议调解仲裁法》第二十七条第二款规定了以下三种仲裁时效中断的情形：

1. 向对方当事人主张权利的

向对方当事人主张权利的，仲裁时效中断。向对方当事人主张权利，是在发生劳动争议后，一方当事人积极向另一方当事人提出异议或者要求，并相互接触，寻求解决方式和途径。如用人单位非法解除劳动合同与劳动者产生的争议，因劳动者向用人单位提出异议或者要求支付经济补偿金而发生仲裁时效中断；用人单位拖欠劳动者劳动报酬，因劳动者向用人单位要求支付而发生中断，等等。

2. 向有关部门请求权利救济的

向有关部门请求权利救济的，仲裁时效中断。劳动者与用人单位发生劳动争议后，当事人向调解委员会申请调解、向政府机关反映情况、向劳动监察部门求助以及向政协、人大、法院、检察院等部门反映等，都可视为“向有关部门请求权利救济”，仲裁时效因此而中断。

3. 对方当事人同意履行义务的

对方当事人同意履行义务的，仲裁时效中断。对方当事人同意履行义务，是对方当事人对发生的争议没有异议，同意履行相关的义务。同意履行义务，既包括即时履行，也包括承认有履行义务但要求缓期履行、减缓履行或者提供担保等。如劳动者向用人单位讨要拖欠的经济补偿金，用人单位同意在一定期限内支付的。至于同意履行义务的形式，鉴于《劳动争议调解仲裁法》没有作出明确规定，因此，既可以是口头同意，也可以是书面同意。

需要注意的是，请求仲裁时效中断的当事人应当提供具备以上三种条件之一的证据，仲裁时效中断才能被认定。因此，当事人请求仲裁时效中断，应当具备证据意识，保留好证据资料。

（二）仲裁时效中断的法律后果

仲裁时效中断的法律后果是：从中断时起，仲裁时效期间重新计算。发生仲裁时效中断时，已经进行的仲裁时效期间统归无效，重新开始计算时效期间。“从中断时起”，是从仲裁时效中断的法定事由消除之日起。如劳动者向用人单位讨要工资，自用人单位明确决定不给付拖欠劳动者工资之日起；如经调解达成协议，义务人在义务履行期限内不履行义务的，自义务人履行义务期限届满之日起；再如有关部门作出处理决定或明确表示不予处理时起等。

在《劳动争议调解仲裁法》没有颁布之前，还没有法律对劳动争议仲裁时效中断作出明确规定，在实践中，劳动争议仲裁时效不能因当事人主张权利或义务人同意履行义务而中断，致使仲裁期限在劳动者反复与用人单位磋商或请求及轻信用人单位的保证或搪塞过程中转眼即逝，劳动者的合法权益不能得到真正的实现。《劳动争议调解仲裁法》对仲裁时效中断作出明确规定，在一定程度上有效地保护了劳动者的权益。

三、劳动争议仲裁时效的中止

［案例］王女士和其丈夫张某都在武汉市某中外合资企业工作。王女士是公司人事部的培训主管；张某是销售部经理。两个人工作认真负责，公司对两个人的工作都非常满意。尤其是张某工作业绩非常好，经常有单位来“挖墙脚”。上个月，经朋友介绍，某知名国企希望张某到公司工作，并且提供了非常好的待遇。经过王女士和张某的再三商量，张某决定跳槽到该国企工作。

张某向原外资企业提出 30 天后解除合同，并提交了《解除合同通知书》。公司一直努力争取张某能够留下来，但是都没有成功。张某离职后，公司随即给王女士下发了停发工资的通知书，决定从其丈夫离职那天起，停发王女士的工资。王女士认为公司的行为非常无理，多次与公司协商，要求及时足额支付工资，均遭到公司拒绝。公司认为：当初与王女士续签劳动合同，是为了能够留住其丈夫。现在张某“不仁”，公司也就“不义”了。此后王女士继续工作的3个月，公司果然没有发放工资，王女士很气愤，向公司提出了辞职，很快在另外一家外企找到了一份满意的工作。

来到新公司工作6个月后，王女士想起了原单位克扣工资的事，于是打算向仲裁委员会申请仲裁。可是第二天王女士就因急性肺炎住进了医院，没来得及申请仲裁。经过两个月后的治疗，王女士出院。但由于身体状况还没有完全恢复，丈夫张某希望王女士能辞掉工作，安心在家休养。王女士听从了丈夫的建议，辞掉了工作。在家休养期间，王女士想起了申请仲裁的事，可是一算时间，从与原外资企业解除劳动合同到现在，时间已经整整过了一年，已经超过了仲裁时效。王女士很沮丧，后悔自己没有及时维护自己的合法权益。晚上吃饭时，王女士向丈夫提及了此事，丈夫听后赶紧安慰王女士：“你先别着急，按照《劳动争议调解仲裁法》的规定，你患病住院无法申请仲裁属于仲裁时效中止的情形，住院治疗的两个月不算在仲裁时效期间内，因此现在还没有超过一年的仲裁时效，今天晚上我帮你起草一份仲裁申请书，明天就交到仲裁委员会去。”

这个案例涉及了劳动争议仲裁时效中止的问题。劳动争议仲裁时效的中止，是劳动争议仲裁的一方当事人在法定的仲裁申请期限内，因不可抗力或其他正当理由阻碍权利人行使请求权，仲裁程序依法暂时停止，待法定事由消灭之日起，再继续计算仲裁时效期间的一种时效制度。《劳动争议调解仲裁法》第二十七条第三款规定：“因不可抗力或者有其他正当理由，当事人不能在本条第一款规定的仲裁时效期间申请仲裁的，仲裁时效中止。从中止时效的原因消除之日起，仲裁时效期间继续计算。”这一条款明确规定了仲裁时效中止的法定情形及法律后果：

1. 仲裁时效中止的法定情形

仲裁时效中止的法定事由有以下两种情形：

一是不可抗力。不可抗力，是不能预见、不能避免和不能克服的客观情况，例如因地震、海啸、水灾，或者因战争、交通中断，当事人无法完成在仲裁时效内应当完成的行为。发生不可抗力，权利人虽然主观上要行使请求权，但客观上却无法行使，仲裁时效应该中止。

二是其他正当理由。其他正当理由是除不可抗力外，使权利人无法行使请求权的客观情况，根据《劳动法》以及相关的配套规定，可归纳为以下两种情形：一是因当事人自身因素造成的法定允许中止的障碍，如被侵害权利的劳动者丧失或者部分丧失民事行为能力；没有法定代理人；法定代理人死亡；法定代理人丧失或者部分丧失民事行为能力而失去代理资格；指定代理人死亡；指定代理人丧失或者部分丧失民事行为能力而失去代理资格；当事人患病确实未能参加活动的；当事人向企业调解委员会申请调解在规定期间内的；当事人一方不在本地区或外出不能及时参加仲裁活动而法定允许的，等等。二是仲裁机构本身的因素，如：本案必须以另一案的审理结果作为依据而另一案又尚未审理终结的；因复杂情况难于界定应否列入受理范围，待定、待批、待复期间；仲裁庭在审理劳动争议案件过程中遇到与有关部门有关联请示待复的；仲裁委员会之间因案情需要委托调查的；进行案件相关事实认定与鉴定需要等待而使仲裁活动未能继续的。当事人有其他正当理由，不能在法定仲裁时效内申请仲裁的，仲裁时效中止。

2. 仲裁时效中止的法律后果

仲裁时效中止的法律后果是：从中止时效的原因消除之日起，仲裁时效期间继续计算。仲裁时效中止的时间不计入仲裁时效，而将仲裁时效中止前后的时效时间合并计算为仲裁时效期间。

四、劳动争议仲裁申请书的内容

［案例］陈某大学毕业后，应聘到某大型超市财务部任会计，并与单位签订了两年的劳动合同，劳动合同约定的岗位为：财务部会计。一年之后的某一天，陈某与财务部经理因业务问题发生争执，令经理非常难堪，于是经理怀恨在心，后来便向超市领导建议将李某调离财务部。不久后，人事部通知他去担任收银员。陈某对此十分不满，便与超市领导交涉，但是没有任何结果。气愤至极的陈某决定向劳动争议仲裁委员会提起申诉。

尽管陈某知道若与用人单位发生争议，可以去劳动争议仲裁委员会申请仲裁。可事情一旦真的落到自己头上，着手办起来还真不知道具体该如何申请、应该准备哪些材料。于是陈某来到仲裁委员会咨询，仲裁委员会的办事人员告诉陈某，申请仲裁需先向仲裁委员会提交仲裁申请书，经仲裁委员会审查后会尽快通知陈某是否受理。关于如何写仲裁申请书，办事人员也非常清晰、具体地告诉了陈某，其中仲裁申请书应包含的用人单位住所和法定代理人的内容，陈某不太清楚。仲裁委员会办事人员建议陈某先回去查清信息后再提交申请书。

这是一个关于劳动者权益被侵害该如何向仲裁委员会提出仲裁申请的案例。根据《劳动合同法》第三十五条的规定："用人单位与劳动者协商一致，可以变更劳动合同约定的内容。"而超市未与陈某协商就单方面变更劳动合同的内容，显然属于违法行为。尽管很多劳动者都知道，自己权益被侵害，可以到劳动争议仲裁委员会申请仲裁，但是具体该以什么方式申请仲裁，仲裁申请书该如何写，很多劳动者还不是很清楚，案例中的陈某就是遇到了类似的问题。

《劳动争议调解仲裁法》第二十八条规定："申请人申请仲裁应当提交书面仲裁申请，并按照被申请人人数提交副本。仲裁申请书应当载明下列事项：（一）劳动者的姓名、性别、年龄、职业、工作单位和住所，用人单位的名称、住所和法定代表人或者主要负责人的姓名、职务；（二）仲裁请求和所根据的事实、理由；（三）证据和证据来源、证人姓名和住所。书写仲裁申请确有困难的，可以口头申请，由劳动争议仲裁委员会记入笔录，并告知对方当事人。"这条对仲裁申请书作了明确的规定。

（一）以书面形式申请仲裁

当事人申请仲裁应当采用书面形式。以书面形式申请仲裁具有明确性、条理化和稳定性的优点，有利于申请人明确表达自己申请仲裁的理由和根据，有利于仲裁委员会进行审查，确定是否受理，以及在受理后向被申请人转达原告的仲裁请求及其依据，方便被申请人行使答辩的权利，有利于仲裁活动的顺利进行。当事人以书面形式申请仲裁，应当向仲裁委员会提交仲裁申请书。仲裁申请书是劳动争议的一方当事人为维护自己合法权益，依法向劳动争议仲裁委员提出申请要求对争议事项进行仲裁审理的书面文书。仲裁申请书是重要的法律文书，是当事人向仲裁机构申请解决劳动争议的书面凭证，是仲裁委员会受理并处理案件的依据。仲裁申请书包括正本和副本，申请人除向仲裁委员会提交一份正本仲裁申请书外，还应按照被申请人人数提交副本，副本由仲裁委员会送达被申请人。

（二）仲裁申请书的法定内容

对仲裁申请书的内容进行规范，有利于申请人清晰地表达事实的根据和申请理由，有利于被申请人知晓仲裁事由，有利于仲裁委员会全面了解案情并尽快审查是否受理，以此更好地促进仲裁活动高效、顺利地展开。仲裁申请书应当具备以下法定内容：

一是劳动者的姓名、性别、年龄、职业、工作单位和住所，用人单位的名称、住所和法定代表人或者主要负责人的姓名、职务。申请书应当按申请人和被申请人分别列明上述基本情况。申请人有法定代理人或委托代理人代理仲裁的，还应写明法定代理人或委托代理人的基本情况。代理人若是律师的，只写明其所属律师事务所的名称即可。写明当事人的基本情况，有利于仲裁委员会对当事人的主体资格进行审核、认定，便于仲裁委员会与当事人进行联络，及时解决劳动争议。

二是仲裁请求和所根据的事实、理由。这是仲裁申请书的核心内容，要求实事求是，有理有据，简明扼要。仲裁请求，是申请人通过仲裁委员会向被申请人提出的具体实体权利请求，是申请人希望仲裁委员会通过裁决要求被申请人应该履行的义务，是申请人通过劳动争议仲裁程序想要达到的目的。仲裁请求是仲裁申请书的重要内容，仲裁请求要求简明扼要、一目了然，切忌含糊不清，模棱两可。写明仲裁请求的同时，还要求写明提出仲裁请求所依据的事实和理由，这样仲裁委员会才能明确仲裁案件的依据和具体原因，在此基础上对案件进行受理和裁决。仲裁请求所根据的事实，要如实陈述、具体清楚、实事求是、有理有据，尽量详尽地提供有关争议发生的时间和起因、争议过程、争议的焦点和主要内容、对方应承担的责任、争议协商或调解的结果以及希望通过仲裁而达到的目的等内容。仲裁请求所根据的理由，是在事实陈述清楚之后，提出仲裁请求的依据、理由和适用的法律等，以论证仲裁请求的合理性和合法性。

三是证据和证据来源、证人姓名和住所。申请人提出仲裁申请必须要有事实根据，而事实必须要有证据支持。申请人有责任对自己主张的事实提供证据予以证明，证明所提出的事实和理由是否合理。申请人举证时要注意列举证据名称、内容及证明的对象，说明证据的来源和可靠程度，有证人的，写明证人的姓名、住所，提交证据原件或复印件。

一份完整的仲裁申请书，除上述法定的内容外，首部还包括标题“劳动争议仲裁申请书”，尾部还包括所要申请的仲裁委员会全称、申请人本人签名或盖章、申请时间，所附的副本、物证、书证的份数等内容。下面是仲裁申请书的一般格式，以供参考。

劳动争议仲裁申请书

（以劳动者申请为例）

申请人	被申请人
姓名	单位名称
性别	单位地址
年龄	法定代表人姓名：
职业	或主要负责人性别：
工作单位	年龄：
住所	职务：
电话	电话
邮编	邮编
委托代理人	委托代理人
××律师事务所律师××	××律师事务所律师××

请求事项：

事实和理由：

证据和证据来源、证人姓名和住所：

此致

××劳动争议仲裁委员会

申请人：（签名或盖章）

年　　月　　日

附：1. 副本____份；

2. 物证____件；

3. 书证____件。

注：1. 申诉书应用钢笔、毛笔书写或印制；

2. 请求事项应简明扼要地写明具体要求；

3. 事实和理由部分空格不够用时，可用同样大小纸续加中页；

4. 申请书副本份数，应按被申请人数提交。

（三）书写仲裁申请确有困难的，可以口头申请

一般情况下，申请人应当以书面形式向仲裁委员会提出申请，并提交仲裁申请书。这样申请人可以详述申诉请求，说明劳动争议的事实和理由，也便于仲裁委员会进行审查。可在有些情况下，由于申请人文化水平低、法律知识欠缺或其他特殊情况造成自行书写仲裁申请书确有困难，在这种情形下，申请人可以进行口头申请。但应注意的是，只有遇到申请人“书写仲裁申请书确有困难”的情形时，才能以口头的形式申请仲裁，通常状况下都应当以书面形式提出申请。申请人以口头的方式申请仲裁，仲裁委员会应当为其记入笔录，并告知申请人，由申请人签名或盖章，口述笔录与书面申请具有同等效力。

五、劳动争议仲裁申请的受理与不予受理

[**案例**] 张某、徐某是某外贸有限公司的员工，该公司是港资企业。自1月到3月，公司无故拖欠张某工资2 800元和期间8个休息日的加班工资。同样，自1月到3月，公司无故拖欠徐某工资2 500元。二人多次向公司追要，但相关负责人一直借故拖延支付。经过多次索要未果，5月8日星期四那天，二人向市劳动争议仲裁委员会提起了申诉，要求公司支付拖欠的工资及加班费。递交申请书那天，张某向仲裁委员会人员咨询何时可以立案。仲裁委员会的办事人员告诉张某二人，先回去等消息，仲裁委员会首先将对申请书进行审查，看是否符合受理条件，无论是否符合受理条件，5日内会给通知。听了仲裁委员会人员的一番话，二人放心地离开了。5天很快过去了，到了13号那天，二人并没收到仲裁委员会的任何通知，于是二人又来到仲裁委员会询问究竟。仲裁委员会人员说正在审查二人的仲裁申请，"5天"指的是工作日，10、11号周末两天不算在内，最迟15号那天仲裁委员会会发出是否受理的通知书。15号那天，二人果然收到了仲裁委员会的通知书，可是收到的不是受理通知书，却是不予受理通知书。二人很纳闷，看了内容才知道，二人申请的劳动争议并不属于市仲裁委员会的管辖范围，而是属于用人单位所在地即区仲裁委员会管辖。知道事情的缘由后，二人又及时地向区仲裁委员会申请了仲裁。

这是一个关于仲裁委员会对劳动争议案件作出受理与不受理决定的案例。《劳动争议调解仲裁法》第二十九条规定："劳动争议仲裁委员会

收到仲裁申请之日起五日内，认为符合受理条件的，应当受理，并通知申请人；认为不符合受理条件的，应当书面通知申请人不予受理，并说明理由。对劳动争议仲裁委员会不予受理或者逾期未作出决定的，申请人可以就该劳动争议事项向人民法院提起诉讼。”这条是关于仲裁申请受理与不受理的规定。

（一）劳动争议仲裁申请的受理

仲裁受理是劳动争议仲裁委员会对当事人提出的申请进行审查后，确定其符合受理条件，并决定立案，开始仲裁程序的行为。只有符合仲裁受理条件的劳动争议仲裁申请，才能给予受理。对于不符合劳动争议仲裁受理范围的劳动争议案件，仲裁委员会将不予受理，仲裁程序也因此不能发生。因此，仲裁受理是仲裁程序的开始。具体如何处理劳动仲裁案件的受理，应当注意以下两方面的内容。

1. 仲裁审查内容

仲裁委员会收到申请书后，将对以下几方面进行审查，判断其是否符合受理条件：

一是审查双方发生的争议事项是否属于劳动争议，若不属于劳动争议的范围，仲裁委员会将不予受理。《劳动争议调解仲裁法》第二条对劳动争议的范围作了明确的规定，范围主要包括：因确认劳动关系发生的争议；因订立、履行、变更、解除和终止劳动合同发生的争议；因除名、辞退和辞职、离职发生的争议；因工作时间、休息休假、社会保险、福利、培训以及劳动保护发生的争议；因劳动报酬、工伤医疗费、经济补偿或者赔偿金等发生的争议；法律、法规规定的其他劳动争议。

二是审查双方发生的劳动争议是否在仲裁委员会的管辖范围内。《劳动争议调解仲裁法》第二十一条对仲裁委员会的管辖作了明确的规定：“劳动争议仲裁委员会负责管辖本区域内发生的劳动争议。劳动争议由劳动合同履行地或者用人单位所在地的劳动争议仲裁委员会管辖。双方当事人分别向劳动合同履行地和用人单位所在地的劳动争议仲裁委员会申请仲裁的，由劳动合同履行地的劳动争议仲裁委员会管辖。”因此，劳动争议仲裁委员会对申请人提交的申请书进行审查，确定其是否符合本仲裁委员会的管辖范围。若不属于本仲裁委员会的管辖，应当移送有管辖权的仲裁委员会。

三是审查劳动争议双方主体是否具备当事人资格。申请人应当以自己的名义申请仲裁，与案件有直接的利害关系，并且受劳动争议仲裁委员会仲裁裁决的约束。被申请人要承担仲裁的法律后果，申请人应当明确被申请人是谁，明确到底是与谁发生的争议。

四是审查仲裁请求和所根据的事实和理由。仲裁请求是请求劳动争议仲裁委员会解决劳动争议纠纷的具体事项，是申请人通过劳动争议仲裁程序想达到的要求和目的。仲裁请求所根据的事实，指双方劳动争议的实施或被申请人侵权的事实及其证据，包括争议发生的时间和起因、争议过程、争议的焦点和主要内容、对方应承担的责任、争议的协商或调解的结果以及希望通过仲裁而达到的目的等内容；仲裁请求所根据的理由，是在事实陈述清楚之后，提出仲裁依据、理由和适用的法律等，以论证仲裁请求的合理性和合法性。

2. 仲裁受理时限

劳动争议仲裁委员会决定是否受理的时限为：仲裁委员会收到仲裁申请之日起五日内。这里的“五日”指的是工作日，不包含双休日和法定节假日。如果这期间还包括双休日和法定节假日，那么仲裁委员会则很难在一两天时间内完成劳动争议案件仲裁受理所必需的一些前期准备工作，这将给劳动争议处理工作造成被动局面。例如，申请人于8月10日星期四提出劳动争议仲裁申请，仲裁委员会认为申请不符合受理条件的，则应在五个工作日内作出不予受理的决定，并书面告知申请人。仲裁委员会作出不予受理决定的期限为8月11日到17日，其中除去了周六周日两个公休日，包括五个工作日。仲裁委员会是否受理申请人的仲裁申请，要在对仲裁申请进行审查后才能作出决定。认为符合受理条件的应当受理，并通知申请人。

（二）劳动仲裁案件的不予受理

1. 书面通知不予受理，并说明理由

申请仲裁，是申请人的一项重要权利，也是处理劳动争议案件的必经程序，如果仲裁委员会在收到仲裁申请之日起五日内决定不予受理，应当以书面形式通知申请人，并向申请人说明理由。申请人若向人民法院提起诉讼，必须证明其已经经历了申请仲裁的程序，以书面形式通知，当事人可及时以不予受理通知书为依据向人民法院提起诉讼，便于申请人寻求司法救济。仲裁委员会不予受理，通常是申请人的仲裁申请经审查后，并不符合受理条件，比如说不属于劳动争议案件范围等情形。仲裁委员会应当向申请人说明不予受理的理由，以便当事人能够尽快争取时间及时寻求其他途径维护自身的权益。

2. 不予受理或逾期未作出决定，申请人可向人民法院起诉

按照过去的相关规定，劳动者的仲裁申请若不被受理或逾期未被受理，将无法获得司法救济。因此，过去经常会出现劳动者“告状无门”的情况。在实际的劳动争议纠纷中，申请人若收到仲裁部门一纸不予受理的通知书，或者遇到仲裁部门逾期不做出是否受理决定的情形，申请人将无法通过司法救济的最终渠道维护自身利益。仲裁委员会逾期不做出仲裁裁决或者做出不予受理的决定，劳动争议双方的关系很可能会因时间的拖延，变得更加紧张，这将不利于劳动争议案件的处理，并损害当事人的合法权益。

而《劳动争议调解仲裁法》第二十九条针对以上问题做出了新的规定："对劳动争议仲裁委员会不予受理或者逾期未作出决定的，申请人可以就该劳动争议向人民法院提起诉讼。"仲裁委员会对申请人提出的申请，不予受理或逾期未做出受理决定的，申请人可以寻求司法救济，就该劳动争议事项向人民法院提起诉讼，由人民法院审理劳动争议案件。因此，在仲裁委员会既不受理也不出具不予受理书面通知书的两种情况下，申请人都可以直接向人民法院提起诉讼，通过司法渠道维护自身的合法权益，不会再像过去那样面临"告状无门"的窘境。但是《劳动争议调解仲裁法》没有对不予受理或者逾期未作出是否受理决定的情况下，申请人向法院提出诉讼的期间进行规定，实践中可以参照民事诉讼时效的规定。

六、劳动争议仲裁准备工作

[**案例**] 一天，某广告公司主要负责人高某收到了劳动争议仲裁委员会寄来的一份申请书副本，对此高某并不奇怪，似乎预料了这一天的到来。原来前些日子，职员小张无故 5 个工作日不到岗，严重违反了公司的规章制度，公司决定提前与其解除劳动合同。小张对此很是不满，找到公司负责人高某，理直气壮地说："劳动合同法规定了，你们不能随便与劳动者解除劳动合同！你们辞退我，是违法的！"高某看小张情绪比较激动，便耐心地解释到："因为你严重违反了企业的规章制度，所以公司是可以提前与你解除劳动合同的，鉴于你以前对公司的贡献，公司不计较这么多，并打算额外支付你 5 000 元作为补偿，感谢你一直以来对公司的信任和支持，希望你以后工作顺利！""什么？才 5 000 元，我在公司工作已经 5 年了，才给这么点经济补偿吗？"负责人高某看小张的情绪更加激动了，赶快安抚道："按说，公司没有理由支付你

经济补偿，但是看在……”高某还没有说完，小张一气之下甩头走了，嘴里还大声说道：“你们等着，我会去告你们的！”

高某拿到小张的申请书副本，心理并不慌张，因为根据劳动合同法的规定，劳动者严重违反规章制度的，用人单位可以提前与其解除劳动合同。更何况公司的规章制度是严格按照劳动合同法的程序制定出来的，对于小张严重违反规章制度的行为，企业也有充分的证据证明。于是公司让律师认真写了答辩书，对小张的申请书进行了反驳和辩解，6天后将答辩书递交到了仲裁委员会。

这个案例涉及了劳动争议仲裁委员会受理仲裁申请后的相关准备工作，如仲裁委员会送达申请书副本，被申请人提交答辩书等。《劳动争议调解仲裁法》第三十条规定：“劳动争议仲裁委员会受理仲裁申请后，应当在五日内将仲裁申请书副本送达被申请人。被申请人收到仲裁申请书副本后，应当在十日内向劳动争议仲裁委员会提交答辩书。劳动争议仲裁委员会收到答辩书后，应当在五日内将答辩书副本送达申请人。被申请人未提交答辩书的，不影响仲裁程序的进行。”这条是关于受理后仲裁准备工作的规定。

（一）将申请书副本送达被申请人

申请人在申请仲裁时，需向劳动争议仲裁委员会提交仲裁申请书。申请书包括正本和副本，正本由仲裁委员会保留，副本由仲裁委员会受理仲裁申请后，在五日内将其送达被申请人。申请人提交仲裁申请，是由于申请人主观上认为自己已处于劳动纠纷中，认为自己的权益被侵害，要求通过劳动仲裁程序维护自己的合法权益，这必然将涉及另一当事人，即被申请人。将申请书副本送达被申请人，目的就是使被申请人了解申请书的内容，以便及时对申请人的仲裁请求和事实、理由提出答辩，维护自己的合法权益。应当注意的是，仲裁委员会应当在立案次日起五日内将申请书副本送达被申请人。

（二）被申请人提交答辩书

被申请人收到仲裁申请书副本后，应当在十日内向劳动争议仲裁委员会提交答辩书。仲裁答辩书，是被申请人对申请人在仲裁申请书中提出的请求、所依据的事实和理由加以回答、抗辩或反驳，阐明自己的主张和见解，并可以提出反请求的一种非常重要的仲裁文书。提交答辩书是被申请人享有的一项重要的权利，被申请人提交答辩书，有利于维护自身辩护的权利、有利于维护自己的合法权益。同时，仲裁庭也可针对双方陈述的内容查明事实真相，公正作出裁决，以维护当事人的合法权益。被申请人也可以选择不提交答辩书，但若放弃，将失去为自身辩护的权利，更谈不上维护自己的合法权益。有很多被申请人开庭时才进行答辩，这样提出的答辩理由、证据经常得不到申请人的当庭认可，需要延长庭审时间，本来一次开庭可以解决的问题则需要二次、三次开庭，不利于快捷地解决争议。因此，被申请人应当在法定期限“十日内”内提交仲裁答辩书，以更好地维护自身的合法权益。此外，不提交答辩书并不意味着无法参加仲裁，即使被申请人不提交答辩书，也不影响劳动争议仲裁委员会对案件的审理和仲裁程序的进行，从而保证了仲裁的顺利进行。

仲裁答辩书的内容主要由首部、正文和结尾三个部分组成：（1）首部。首部主要包括标题和当事人的基本情况，有委托代理人的，也应写明委托代理人的基本情况。（2）正文。正文包括案由、答辩意见和反请求。案由是被申请人针对具体仲裁案件进行答辩。答辩意见，是被申请人针对申请人在申诉书中提出的事实和理由进行答辩，并可提出相反的事实、证据和理由。在申辩时，要抓住双方争议的关键性问题，针对申请书中无理或违背事实的主要问题有理有据地进行驳斥，以便维护自身的合法权益。反请求，是被申请人提出各项反请求的内容及所依据的事实证据和理由。（3）结尾。结尾包括劳动争议仲裁委员会的全称，答辩人的姓名、法定代表人，签字盖章和日期，以及所附的副本和相关证明材料的份数等。

（三）将答辩书副本送达申请人

劳动争议仲裁委员会收到答辩书后，应当在五日内将答辩书副本送达申请人。被申请人提交的仲裁答辩书也包括正本和副本，正本交由仲裁委员会，副本由仲裁委员会收到答辩书后，于五日内将答辩书副本送达申请人。将答辩书副本送达被申请人，是为了让申请人了解被申请人的答辩内容，以便在开庭前针对被申请人的辩解做好相关的应对准备工作。

仲裁委员会将答辩书副本与申请书副本分别送达申请人与被申请人，主要目的是使双方当事人及时了解对方申请或答辩的理由，及时做好庭审准备工作，有效地维护自身的合法权益。同时也有助于劳动争议仲裁委员会掌握双方争议的焦点，从而查明事实真相，分清是非责任，公正合理地作出裁决，提高仲裁工作的效率。

七、劳动争议仲裁庭制度

［**案例**］20岁的小亮是某小镇水泥厂的一名工人。去年5月18日，在代理律师和家人的陪同下，小亮走进位于镇劳动保障服务站二楼的劳动争议仲裁庭。5月9日，他向区劳动保障局递交了劳动争议仲裁申请书，区劳动争议仲裁院派出法庭开庭审理此案。这是区劳保局在乡镇设立劳动争议仲裁庭以来的首次开庭。

在仲裁庭内，小亮看到前面共有三位仲裁员，位于中间的是首席仲裁员，两边分别有一位仲裁员，此外还有书记员进行现场记录，显得格外威严。经过仲裁庭调查、辩论，首席仲裁员和两名仲裁员在商议后认为本案事实清楚，是非责任基本明确。依照《劳动争议调解仲裁法》的规定，仲裁庭处理劳动争议应当本着自愿、合法的原则先行调解。为此，首席仲裁员征询双方当事人的意见。在双方均表示同意调解后，仲裁庭开始了双方背靠背调解，最终双方当事人达成和解。仲裁庭当场起草了调解书，上午11：10，双方当事人在调解书上签了字。

这是一个关于劳动争议案件由仲裁庭进行裁决的案例。《劳动争议调解仲裁法》第三十一条规定："劳动争议仲裁委员会裁决劳动争议案件实行仲裁庭制。仲裁庭由三名仲裁员组成，设首席仲裁员。简单劳动争议案件可以由一名仲裁员独任仲裁。"这条是关于劳动争议案件实行仲裁庭制的规定。

（一）裁决劳动争议案件实行仲裁庭制

仲裁庭制是劳动争议仲裁的基本制度之一，是劳动争议仲裁委员会处理劳动争议案件的组织形式。劳动争议仲裁委员并不是对每一个劳动争议案件进行审理，而是由临时组成的仲裁庭对劳动争议案件进行审理。

仲裁庭按照"一案一庭"的原则（即一件劳动争议案件，由一个仲裁庭审理），组成仲裁庭，审理劳动争议案件。根据案情的不同，劳动争议仲裁委员会从其聘任的仲裁员中，有针对性地选取一名或三名组成仲裁庭，代表劳动争议仲裁委员会行使劳动争议案件处理权，因此仲裁庭是一个非常设立的临时性机构。仲裁庭制体现了劳动争议仲裁委员会严肃执法和独立办案的精神，具有按时、保质、保量地完成劳动争议仲裁任务的特点。

（二）仲裁庭的组成

法律对仲裁庭的组成作了严格的规定，以保证仲裁裁决的公正、合理，促进仲裁活动的顺利进行，有效维护当事人的合法权益。仲裁庭的组织形式包括合议制仲裁庭与独任制仲裁庭两种。

1. 合议制仲裁庭

合议制仲裁庭，也称合议庭，由劳动争议仲裁委员会指定三名仲裁员共同审理仲裁，三名仲裁员中设一名首席仲裁员。除简单劳动争议案件外，均应组成合议庭进行仲裁。合议庭制是常见的仲裁庭的组织形式。对于案情复杂、涉及面较广的案件，采用合议庭制，有利于仲裁庭集思广益、发挥集体智慧优势，有利于对劳动争议案件及时、民主、公正地处理，有利于维护当事人的合法权益。合议庭由三人单数组成，遵循了少数服从多数的原则，避免了仲裁庭内部出现意见不统一而拖延审理时间的弊端，便于及时作出裁决。

2. 独任制仲裁庭

独任制仲裁庭，简称独任庭，由一名仲裁员独任审理仲裁。独任庭适用于事实清楚、情节认定容易、适用法律法规明确、无其他事实或法律上分歧的劳动争议案件。对于这些简单的劳动争议案件，不必要组成合议庭，否则不仅会造成人力资源和时间的浪费，也使劳动争议仲裁失去了自身应有的迅捷、经济、高效的特性。因此，对于简单的劳动争议案件，由劳动争议仲裁委员会指定一名仲裁员独任处理，在职责、权限、程序上与三名仲裁员组成的仲裁庭基本一致。

八、劳动争议仲裁庭组成情况的通知

［案例］某制衣有限公司的小姜是一名销售人员，曾就企业拖欠奖金一事多次与公司协商，但公司总是借故推脱，最后小姜看公司根本没有支付的意思，于是来到劳动争议仲裁委员会提起申诉。仲裁委员会经审查后受理了此案，小姜很是高兴。虽然如此，小姜还是有点担心，因

为不知道仲裁委员会能否为自己主持公道。直到两天后，仲裁委员会将一份仲裁庭人员组成情况的通知书寄来，小姜心理的疑虑才算解开。小姜认真看了通知书后才知道，案件将由仲裁庭来进行审理，而且仲裁庭的三位办案仲裁员的基本情况，通知书上都详细进行了介绍。小张觉得这三个人很值得信赖，一定能够为自己讨回公道，于是安安心心地等待开庭的日子。

这是一个涉及劳动争议仲裁委员会将仲裁庭组成情况通知当事人的案例。《劳动争议调解仲裁法》第三十条规定："劳动争议仲裁委员会应当在受理仲裁申请之日起五日内将仲裁庭的组成情况书面通知当事人。"这条是关于仲裁庭的组成应书面通知当事人的规定。

（一）以书面形式通知当事人仲裁庭组成情况

劳动争议仲裁庭的产生方式，与民商事仲裁庭的产生方式不同，它是由劳动争议仲裁委员会指定组成的，而不能由当事人选择共同约定组成。因此，劳动争议仲裁庭的组成情况当事人并不清楚。为了保证仲裁活动的公正性，便于当事人对仲裁活动进行监督，增加当事人对仲裁庭及裁决的认可与信任，劳动争议仲裁委员会应当将仲裁庭的组成情况通知当事人。

劳动争议仲裁委员会应当将仲裁庭的组成情况书面通知当事人。由于仲裁庭只是一个对劳动争议案件进行仲裁的临时性组织，因此通知仍以仲裁委员会的名义发出。书面通知形式，包括电报、传真、邮件、信件等任何其他以文字表述的通知形式。以书面形式通知可以清晰、明确地将仲裁庭组成情况通知当事人，避免因通知方式、内容、时间通知不清而发生争议的情况出现。仲裁委员会将仲裁庭组成情况通知当事人，有利于当事人了解仲裁员的背景情况，增加当事人对仲裁庭及裁决的认可和信任，便于当事人行使回避申请权，有利于对仲裁活动进行监督，促进仲裁活动的顺利进行，保障当事人的合法权利。

（二）通知期限

劳动争议仲裁委员会应当在受理仲裁申请之日起五日内将仲裁庭的组成情况书面通知当事人。仲裁委员会在受理期限内若决定受理申请人的仲裁申请，应当在作出受理决定之日起五日内，将仲裁庭的组成情况书面通知当事人。《劳动争议调解仲裁法》对仲裁活动的期限做了严格的限制，其中从申请人提出仲裁申请到收到仲裁庭组成情况的书面通知，前后时间不超过十天，确保了劳动争议案件的及时解决。将通知期限定为五日，是从实际情况出发，不仅为双方当事人尽量缩短了解决劳动争议的时间，也为劳动争议仲裁委员会提供了宽裕的时间根据规定的程序组成仲裁庭。

九、劳动争议仲裁回避制度

［案例］刘刚是上海某机械厂一名操作工，已有三年的工龄，在厂里算是有资历的老员工了。在一次例行的操作中，由于操作不慎，刘刚发生工伤事故。在治疗期间，刘刚接到厂里的《解除合同通知书》。刘刚认为自己属于工伤，且现在还在法定医疗期内，机械厂提出解除合同是违法的。刘刚不服，向当地劳动争议仲裁委员会提出申诉，要求撤销机械厂与他解除劳动合同的决定。

劳动争议仲裁委员会依法受理了该案，按照相关规定组成了仲裁庭，并将仲裁庭的组成人员告知了争议双方当事人。刘刚后来打听到，其中一个仲裁员李某是机械厂厂长的侄子。于是刘刚向仲裁委员会提出回避申请，要求仲裁员李某回避，以保证案件得到公正的审理。劳动争议仲裁委员会接到申请后，经调查确认情况属实。于是仲裁委员会主任作出决定，李某回避对本案的处理，由其他仲裁员代替李某参加本案的仲裁。

这是一个关于当事人可以申请仲裁员回避的案例。仲裁员李某与刘刚用人单位主要负责人存在一定的关系，可能影响公正裁决，这种情况属于仲裁员回避的法定情形，小陈可以向仲裁委员会提出回避申请。《劳动争议调解仲裁法》第三十三条规定："仲裁员有下列情形之一，应当回避，当事人也有权以口头或者书面方式提出回避申请：（一）是本案当事人或者当事人、代理人的近亲属的；（二）与本案有利害关系的；（三）与本案当事人、代理人有其他关系，可能影响公正裁决的；（四）私自会见当事人、代理人，或者接受当事人、代理人的请客送礼的。劳动争议仲裁委员会对回避申请应当及时作出决定，并以口头或者书面方式通知当事人。"这一条款是关于仲裁员回避制度的规定。

（一）仲裁员回避的方式

仲裁员回避，是劳动争议仲裁员不参加与自己有利害关系或其他关系的劳动争议案件仲裁活动的法律行为。仲裁员回避主要包括两种方式：自行回避与申请回避。自行回避，是仲裁员知道自己具有应当回避的情形，向仲裁委员会提出回避申请，并说明情况，主动不参加对案件审理或任务执行。申请回避，是仲裁员并未主动提出回避申请，但当事人认为仲裁员存在回避情形，可能影响公正处理，向仲裁委员会提出申请要求该仲裁员退出仲裁活动并即时更换人员。提出回避是当事人的一项重要权利，当事人认为有必要提出回避申请的，可以以口头或书面两种方式提出。

仲裁员回避是劳动争议仲裁的一项法律制度，也是劳动争议当事人监督仲裁员的一项权利。实行回避制度，可防止仲裁员利用职权偏袒一方、营私舞弊，有利于增强仲裁的公信力，增强当事人对仲裁的信心，保护当事人的合法权益，保障案件得到公正、合理的裁决。

（二）回避的法定情形

仲裁员有下列情形之一，应当回避：

1. 是本案当事人或者当事人、代理人的近亲属的

若仲裁员是本案的当事人，或是本案当事人的近亲属，或是本案代理人的近亲属，应当回避。近亲属，是与当事人、代理人血缘关系较近的亲属。我国民事诉讼中所指的“近亲属”包括配偶、父母、子女、兄弟姐妹、祖父母、外祖父母、孙子女、外孙子女；我国刑事诉讼中所指的“近亲属”是指与当事人有直系血亲、三代以内旁系血亲及姻亲关系的人员，包括配偶、父母、子女、同胞兄弟姊妹。这里的“近亲属”应与民事诉讼中所指的“近亲属”相同。仲裁员若是劳动仲裁案件的当事人或者当事人、代理人的近亲属，由于血缘亲情的关系，有可能容易从维护自身或者其近亲属的不正当利益出发，歪曲事实、曲解法律，从而不公正地处理案件，或者容易使人们对其是否能够公正裁决产生怀疑，影响仲裁程序和裁决结果的公正性，损害另一方当事人的合法权益，因此应当回避。

2. 与本案有利害关系的

与本案有利害关系，是指审理本案的仲裁员虽然不是劳动争议的当事人或当事人的近亲属，但与本案有某种利害关系，处理结果会涉及他们的某些利益。如仲裁员或其近亲属与当事人有恋爱关系等。若仲裁员与本案有某种利害关系，就有可能从个人私利出发而不能客观、公正地履行职责和处理案件，从而影响仲裁裁决结果的公正性。

3. 与本案当事人、代理人有其他关系，可能影响公正裁决的

这里的“其他关系”，是除上述情形外可能影响公正裁决的其他关系，如仲裁员与当事人或代理人是朋友、同学、亲戚、同事、师生等关系，或者曾经与当事人或代理人有过恩怨、借贷关系等，应当回避。应

当注意的是，有“其他关系”并不一定要回避，仲裁员与本案当事人、代理人有其他关系，只有在“可能影响公正裁决的”的条件下，才适用回避。比如，仲裁员是当事人的近亲属，应当无条件回避，但如果仲裁员与当事人是远亲，则要看其是否可能影响公正裁决才能决定其回避与否。

4. 私自会见当事人、代理人，或者接受当事人、代理人的请客送礼的

仲裁员私自会见当事人、代理人，或者接受当事人、代理人的请客送礼的应当回避，主要是防止仲裁员利用职权徇私舞弊、践踏法律的情况出现，以更好地维护当事人的合法权益，保证仲裁的公正性。

（三）回避的程序

回避的程序主要包括：回避的提出和回避的决定。

1. 回避的提出

如果仲裁员属于回避范围的人员，有法定回避情形的，应自行回避；当事人或代理人也可提出回避申请。无论是自行回避，还是申请回避，都可以以口头或书面的形式提出。回避申请是当事人的一项重要的权利，劳动争议仲裁委员会应当告知当事人这种权利，任何人都不能剥夺当事人及其代理人申请回避的权利。关于申请回避的时间，《劳动争议调解仲裁法》没有作出明确规定，在实践中分为两种：一是首次开庭前提出，另一种是在最后一次开庭前的任何时间提出。但如果仲裁庭开庭审理已经结束，进入评议阶段或者已作出裁决，则不能再行提出回避申请。

2. 回避的决定

回避申请由劳动争议仲裁委员会审查后作出是否回避的决定。《劳动争议调解仲裁法》没有对仲裁员回避的具体决定程序加以规定，可参

照1993年的《劳动争议委员会办案规则》规定："仲裁委员会主任的回避，由仲裁委员会决定；仲裁委员会其他成员、仲裁员和其他人员的回避由仲裁委员会主任决定。"对于作出回避申请决定的时限，《劳动争议调解仲裁法》也没有明确规定，只是规定了应当及时作出决定。1993年的《劳动争议委员会办案规则》第十九条规定："仲裁委员会或仲裁委员会主任对回避申请应在七日内作出决定。"

十、仲裁员的法律责任

［**案例**］郑某两年前被某劳动争议仲裁委员会聘任为专职仲裁员，最近正在负责办理一起因工伤问题而引发的劳动争议案件。当事人一方某制造公司的李经理最近多次寻找机会约郑某出来吃饭，都被郑某一口拒绝。一天郑某在回家的路上，迎面遇到了李经理，郑某心里很清楚，李经理是专门来这里等自己的。李经理非常热情地与郑某寒暄，并再三请求其能赏光吃顿饭。由于郑某是审理此劳动争议案件的仲裁员，不便与当事人见面，再一次拒绝了李经理的要求。李经理当即拿出两万元钱交给郑某，嘱咐道，如果郑某能在这次案件中帮点忙，会再给郑某一万块钱以表示谢意。由于意志薄弱，郑某没有经得起诱惑，犹豫再三还是收下了李经理的好处。在案件审理过程中，郑某也刻意地偏向制造公司一方，并作出了不公的裁决。后来有人将郑某受贿一事反映出来，劳动争议仲裁委员会经过调查，认为情况属实，立即将郑某解聘。此外郑某由于索贿受贿也将依法承担相应的法律责任。

这是一个关于劳动争议仲裁委员会因仲裁员索贿受贿而将其解聘的案例。《劳动争议调解仲裁法》第三十四条规定："仲裁员有本法第三十三条第四项规定情形，或者有索贿受贿、徇私舞弊、枉法裁决行为的，应当依法承担法律责任。劳动争议仲裁委员会应当将其解聘。"这条是关于仲裁员法律责任的规定。

仲裁员有下列情形的，应当依法承担法律责任，劳动争议仲裁委员会应当将其解聘：(1)“本法第三十三条第四项规定情形”，即私自会见当事人、代理人，或者接受当事人、代理人的请客送礼的；(2)有索贿受贿、徇私舞弊、枉法裁决行为的。索贿受贿，是仲裁员在仲裁案件的过程中非法索要或非法接受当事人财物或其他不正当利益的行为。徇私舞弊，是仲裁员为了谋取私利或为了报答一方当事人已经或承诺给予自己的某种利益，在仲裁案件时弄虚作假的行为。枉法裁决，是仲裁员在仲裁案件时玩忽职守，无原则迁就一方当事人，颠倒是非，曲解法律甚至故意错误适用法律的行为。仲裁员发生上述行为，不仅有损劳动仲裁的公正、公开原则，侵害当事人的合法权益，而且会直接损害劳动仲裁的权威性，劳动争议仲裁委员会应当将其解聘。《劳动争议调解仲裁法》还规定了仲裁员的法律责任，但是对于仲裁员是否应当承担法律责任，国内外有着不同理论与实践：

(一) 国外关于仲裁员责任的理论与实践

对于仲裁员的责任，学者们进行了广泛研究，但一直未有定论。在立法、司法和仲裁实践中，各国以及各仲裁机构也有不同或不尽相同的规定和具体做法。关于仲裁员责任的理论和实践，主要有以下三种：

1. 仲裁员责任论

持“仲裁员责任论”观点的主要是一些大陆法系国家的学者。他们主张仲裁员应承担责任，其倾向性的理论基础是契约论，承担责任的形式为专业小心（professional care）责任和公正责任。在实践中，作出此类规定的国家又分两种情形，有些国家规定仲裁员应承担完全的民事责任，如奥地利、秘鲁、澳大利亚、丹麦、南非、意大利等；另一些国家仅规定仲裁员承担有限度的民事责任，如德国、挪威、瑞士等。

2. 仲裁豁免论

持“仲裁豁免论”观点的主要是英美法系国家的学者。此理论源自司法豁免论的仲裁豁免论，其主要内容是：仲裁员的仲裁行为豁免于民事责任，仲裁员对因其过失或其他情况而导致的不公正裁决及给一方当事人带来的损失不承担任何个人责任。在英美国家，这种观点还认为，不但仲裁员可以享有仲裁豁免权，仲裁豁免权还延伸至仲裁机构。在实践中，美国是法律规定仲裁员完全免责最为典型的国家，而对国际商事仲裁的免责尤为彻底。在英国，情况与此相似。另外，新西兰、印度等国和我国香港地区的仲裁立法中也有类似规定。

3. 仲裁员责任有限豁免论

为了调和“仲裁责任论”与“仲裁豁免论”这两种完全不同的主张，兼收并蓄二者之长，人们提出了仲裁员责任有限豁免论。这种折中观点认为，仲裁员在一定范围内可以享受豁免，但超出一定范围则不免除其责任，且以承担过错责任为限度。

此外在实践中，关于仲裁员的责任问题，也存在立法上无规定，实践上无案例、理论上无讨论的情形。存在此种情况的国家主要有朝鲜和捷克等。但事实上，在这些国家中，仲裁员也是免责的。关于仲裁责任问题，联合国国际贸易法委员会《国际商事仲裁示范法》也未作明确规定。

(二) 我国目前有关仲裁员责任的理论与实践

1. 我国有关仲裁员责任的理论

在我国《仲裁法》颁布实施前，有关仲裁的法律对仲裁员的责任未作明确规定，实践中也未出现仲裁员承担责任的案例。理论上对仲裁员责任问题的研究，观点也不尽一致，主要表现为两个方面：其一主张有限豁免论，认为在一定程度上，一定范围内承认仲裁员的民事责任是应予肯定的；其二主张在中国实行豁免论，认为应维持中国目前的现状，即使将来制定有关仲裁员责任方面的法律，也不宜改变现状而刻意要求仲裁员承担责任。

2. 我国有关仲裁员责任的实践

仲裁是解决民商事争议的一种重要手段，它具有独立、快捷、平和、保密、费用低廉等优点。为了充分有效地发挥仲裁的优势，在仲裁员承担责任与免除责任之间必须求得一种适当的平衡，即一方面要给仲裁员施加一定的责任，使其不至有意或不加注意地滥用权力，这在一裁终局的情况下尤为必要；另一方面，又必须充分保障仲裁员独立履行职责，不必担心受到不当的攻击。在仲裁日益普及的今天，确立仲裁责任机制，有利于仲裁员或仲裁机构保持勤勉、公正，有利于人们对仲裁树立信心，有利于维护那些优秀的仲裁员的名声，有利于维护仲裁的权威性和公信力。

《劳动争议调解仲裁法》对仲裁员法律责任的行为作出范围上和程度上的限制，较好地体现了仲裁员承担责任与免除责任的适当平衡。法律责任分为民事责任、刑事责任、行政责任和违宪责任，目前我国劳动争议案件仲裁员承担的法律责任主要是刑事责任。我国 2006 年的刑法修正案，对仲裁员作出了有关刑事责任的规定："依法承担仲裁职责的人员，在仲裁活动中故意违背事实和法律作枉法裁决，情节严重的，处三年以下有期徒刑或者拘役；情节特别严重的，处三年以上七年以下有期徒刑。"刑事责任是最为严厉的法律责任，是仲裁责任的特殊情形。

十一、仲裁庭开庭及延期开庭

[案例] 小吴与用人单位因工伤保险问题发生了争议，协商未果，遂到劳动争议仲裁委员会申请仲裁。仲裁委员会经审查决定受理此案

件，不久小吴收到了开庭通知书，通知书详细说明了开庭的时间和地点。收到开庭通知书的第二天，小吴因突发胃病住进了医院，经医院检查后告知小吴需要做手术。可是四天后仲裁庭就要开庭了，自己参加不了，就不能为自己更好地申辩，维护自己的合法利益。小吴一边忍受着病痛，一边想着开庭的事，不知该如何是好，小吴立刻让自己的父亲到仲裁委员会咨询，看能否延期开庭。仲裁委员会了解情况后，经过认真考虑，认为当事人小吴确有正当理由无法按时到庭，而小吴是否到庭会直接影响案件的审理，因此最终裁定案件延期开庭。

这是一个关于当事人有正当理由向仲裁委员会请求延期开庭的案例。《劳动争议调解仲裁法》第三十五条规定："仲裁庭应当在开庭五日前，将开庭日期、地点书面通知双方当事人。当事人有正当理由的，可以在开庭三日前请求延期开庭。是否延期，由劳动争议仲裁委员会决定。"这条是关于仲裁庭开庭日期的规定。

（一）书面通知当事人开庭日期

仲裁庭应当在开庭五日前，将开庭日期、地点书面通知双方当事人。仲裁庭成员应当做好开庭前的准备工作，认真审阅申请书、答辩书等资料，并调查收集相关证据，查明争议事实，合理确定开庭日期。确定开庭日期后，仲裁庭应当提前将开庭日期与地点通知当事人。将开庭时间与地点提前通知当事人，是为了使双方当事人能够有宽裕的时间为开庭做好准备，收集有关证据、资料等；另外，也便于当事人安排好个人事务，保证按时出庭，体现了人性化的特点。关于通知方式，应当以书面形式通知，以便当事人准确无误地获知开庭的时间和地点。

（二）延期开庭

延期开庭，是仲裁庭确定开庭日期之后并在开庭三日前，由于出现法定事由，导致仲裁审理程序无法按期进行时，仲裁庭根据当事人的请求，将仲裁审理推延到另一日期的行为。关于延期开庭，应注意以下三方面内容：

1. 延期开庭应有正当理由

当事人请求延期开庭应当有正当理由。《劳动争议调解仲裁法》没有对延期开庭的正当理由做出具体化规定。《民事诉讼法》第一百三十二条规定："有下列情形之一的，可以延期开庭审理：（一）必须到庭的当事人和其他诉讼参与人有正当理由没有到庭的；（二）当事人临时提出回避申请的；（三）需要通知新的证人到庭，调取新的证据，重新鉴定、勘验，或者需要补充调查的；（四）其他应当延期的情形。"其中正当理由，可以包括不可抗力的情形如重大自然灾害、战争等，及其他特殊情况如当事人突患疾病等情况不能按时到庭的。

2. 提出延期开庭请求的时间要求

当事人有正当理由请求延期开庭的，应在开庭三日前提出。这个时间的确定，也是从实际出发，经多方面权衡确定的。延期开庭将给仲裁员和另一方当事人带来诸多不便，对延期开庭的请求时间做出适当的限制，是为了维护仲裁庭正常的工作秩序，确保案件的及时处理。

3. 劳动争议仲裁委员会决定是否延期开庭

是否延期开庭，由劳动争议仲裁委员会决定，而非由仲裁庭作出决定。当事人提出延期开庭的请求后，并不一定会导致延期开庭，劳动争议仲裁委员会将对当事人申请延期开庭的理由进行判断，认为属于正当理由的，才作出延期开庭的决定。

十二、当事人不到庭或中途退庭的处理

[案例] 孙军是某电气公司的工程师，与公司签订了五年的劳动合同。如今已经在公司工作了三年。三月份，由于孙军工作劳累，患上了

流行性感冒，发烧 38℃。一开始孙军并没有在意，随便找了些感冒药应付，带病继续工作。由于没有及时治疗，病情越来越严重。到医院检查得知，由于持续发烧，感冒已经转成了肺炎，不得已孙军住进了医院。为了保证工作的正常进行，公司又重新招聘了新的工程师来代替孙军，同时向孙军下达了解除合同通知书。孙军认为公司在医疗期内与自己解除劳动合同属于违法行为，于是向当地仲裁提起申诉，要求公司继续履行合同。

劳动争议仲裁委员会经审查受理了孙军的仲裁请求，不久孙军的用人单位法定代表人柴经理收到了仲裁委员会的开庭通知书。柴经理收到通知书后，不屑一顾，心想我不参加仲裁，看仲裁庭还怎么开庭。开庭当天，柴经理的确没有到庭，但是仲裁委员会仍作出了裁决，支持了孙军的请求，要求公司继续履行与孙军的劳动合同。①

这是一个关于被申请人无正当理由拒不到庭，仲裁委员会可以缺席裁决的案例。《劳动争议调解仲裁法》第三十六条规定："申请人收到书面通知，无正当理由拒不到庭或者未经仲裁庭同意中途退庭的，可以视为撤回仲裁申请。被申请人收到书面通知，无正当理由拒不到庭或者未经仲裁庭同意中途退庭的，可以缺席裁决。"这一条是关于双方当事人拒不到庭或中途退庭应如何处理的规定。

（一）申请人缺席，视为撤回仲裁申请

撤回仲裁申请，是劳动争议仲裁委员会受理当事人提出的仲裁申请后，在仲裁庭作出仲裁裁决之前，仲裁申请人撤回自己的仲裁申请，不再请求仲裁庭对该争议案件进行审理并作出仲裁裁决的行为。撤回仲裁申请是当事人享有的重要权利，当事人撤回仲裁申请后，仲裁庭将不再

① 程延园．劳动合同新规则之 HR 应对．北京：中国法制出版社，2007．73～74

继续对该案进行审理和裁决，仲裁程序结束。当事人若申请撤回仲裁申请，应当具备以下条件：撤回仲裁申请必须由仲裁申请人及其法定代理人或者经过特别授权的委托代理人提出；撤回仲裁申请需采取书面形式；撤回仲裁申请的时间，须在仲裁委员会受理争议案件后，仲裁庭尚未作出仲裁裁决或者制作调解书之前；提出撤回仲裁申请需当事人自愿。符合上述条件，申请人才能撤回仲裁申请。

视为撤回仲裁申请，是当事人虽然未主动提出撤回仲裁的申请，但当事人出现法定情形时，仲裁庭可以视为当事人申请撤回仲裁，从而终结对争议案件审理的行为。视为撤回仲裁申请与当事人撤回仲裁申请具有同等的法律效力。《劳动争议调解仲裁法》第三十六条第一款规定："申请人收到书面通知，无正当理由拒不到庭或者未经仲裁庭同意中途退庭的，可以视为撤回仲裁申请。"这一条款对"视为撤回仲裁申请"的情形规定了两种：一是申请人无正当理由拒不到庭；二是申请人未经仲裁庭同意中途退庭。申请人必须是收到了书面通知书，并又发生上述情形之一的，才视为撤回仲裁申请。否则，可能会导致延期开庭，而不是视为撤回仲裁申请。

（二）被申请人缺席，可缺席裁决

缺席裁决，是仲裁庭在被申请人无正当理由不到庭或未经许可中途退庭情况下作出的裁决。《劳动争议调解仲裁法》第三十六条第二款规定："被申请人收到书面通知，无正当理由拒不到庭或者未经仲裁庭同意中途退庭的，可以缺席裁决。"若被申请人在仲裁庭审理过程中，经仲裁庭同意而中途退庭的，则不能缺席裁决，而应延期审理。

《劳动争议调解仲裁法》对申请人和被申请人拒不到庭和中途退庭情形有不同的处理。由于劳动争议仲裁是由申请人向仲裁委员会提出的，而不是仲裁委员会主动受理，所以如果没有申请人到庭，案件就无法处理，只能视为申诉人撤诉。被申请人经通知无正当理由拒不到庭，视为其放弃自己的权利，但应承担的义务却不会免除，因此对被申请人则按照缺席裁决处理。

十三、鉴定机构的选择及鉴定人出庭

［案例］从农村来的刘秀晴由于没有考上大学，来到城市打工。后来被某灯具公司录用，但是双方没有签订劳动合同。刚来到公司工作的时候，有的工友为了方便都称呼她刘晴，刘秀晴自己也觉得“刘晴”这个名字比较好听，便索性直接用了这个化名，连平时签到、领取工资都用“刘晴”这个名字。工作半年后的一天，她在上班的路上发生了车祸，不幸意外受伤，一脊椎骨被压缩，当时下肢失去知觉，住院治疗了三个多月。出院后，她向劳动部门提出工伤认定申请，但公司表示根本没有“刘晴”这个人。后来劳动部门终止了工伤认定。刘秀晴无奈向劳动争议仲裁委员会提出申诉，要求确认她与公司间的劳动关系。

经仲裁庭查明，刘秀晴在这家灯具公司劳动，并以该名签到、签领工资，受伤被抢救时也以“刘晴”的名义办理住院登记，那么“刘秀晴”与“刘晴”到底是否是同一人呢，为了进一步查清事实．仲裁庭认为有必要对刘晴的签名笔迹进行鉴定。因此仲裁庭告知双方当事人，希望双方能够共同约定一个鉴定机构，对公司资料中记载的“刘晴”这个名字进行笔迹鉴定，看是否为刘秀晴本人的签名。但是由于公司方面的不配合，双方无法就同一个鉴定机构达成一致意见。最终仲裁庭指定了某鉴定机构进行笔迹鉴定。

这个案例涉及了仲裁庭对专门性问题认为需要鉴定的，应如何选择鉴定机构的问题。本案中，仲裁庭认为有必要进行笔迹鉴定，首先交由当事人双方刘秀晴与用人单位共同约定鉴定机构，在双方无法就同一鉴定机构达成一致意见时，由仲裁庭指定的鉴定机构进行鉴定。《劳动争议调解仲裁法》第三十七条规定："仲裁庭对专门性问题认为需要鉴定的，可以交由当事人约定的鉴定机构鉴定；当事人没有约定或者无法达成约定的，由仲裁庭指定的鉴定机构鉴定。根据当事人的请求或者仲裁庭的要求，鉴定机构应当派鉴定人参加开庭。当事人经仲裁庭许可，可以向鉴定人提问。"这条是关于劳动争议仲裁中鉴定问题的规定，主要包含以下几层含义：

（一）鉴定程序的启动

在某些劳动纠纷中，需要专家进行鉴定，才能明确或澄清事实。民事诉讼中的鉴定结论通常有医学鉴定、会计鉴定、事故鉴定、产品质量鉴定等。而劳动争议案件经常涉及的鉴定包括劳动能力鉴定、职业病鉴定等。仲裁庭对专门性问题认为需要鉴定，便可以启动鉴定程序。这里"仲裁庭认为需要鉴定"是指经当事人申请提出鉴定，仲裁庭认为需要鉴定的；当事人未提出鉴定申请，但仲裁庭认为需要鉴定的。无论哪种情况，只要仲裁庭认为需要鉴定，便可启动鉴定程序。

（二）确定鉴定机构

鉴定机构可通过以下方式确定：（1）当事人共同约定。仲裁庭对专门性问题认为需要鉴定的，可以交由当事人约定的鉴定机构鉴定。（2）仲裁庭指定。当事人没有约定或者无法达成约定的，由仲裁庭指定的鉴定机构鉴定。无论是指定还是约定鉴定机构，鉴定机构应当取得相应资格。

（三）当事人有权向出庭的鉴定人提问

根据当事人的请求或者仲裁庭的要求，鉴定机构应当派鉴定人参加开庭。当事人经仲裁庭许可，可以向鉴定人提问。鉴定人在国外被称为"专家证人"或"法官的助手"，无论那种称呼，在法律上都被视为"特殊的证人”，其所做的鉴定都是一种证明方式。鉴定人有义务出庭作证，回答当事人的提问。但当事人是否可以向鉴定人提问，需经仲裁庭的许可。

《劳动争议调解法》只对劳动争议仲裁中的鉴定问题作了原则性规定，而未对申请鉴定的期限、申请重新鉴定的条件等内容作出具体规定。根据《最高人民法院关于民事诉讼证据的若干规定》的规定，当事人申请鉴定，应当在举证期限内提出。当事人对人民法院委托的鉴定部门作出的鉴定结论有异议申请重新鉴定，提出证据证明存在下列情形之一的，人民法院应予准许：（一）鉴定机构或者鉴定人员不具备相关的鉴定资格的；（二）鉴定程序严重违法的；（三）鉴定结论明显依据不足的；（四）经过质证认定不能作为证据使用的其他情形。对有缺陷的鉴定结论，可以通过补充鉴定、重新质证或者补充质证等方法解决的，不予重新鉴定。另外，一方当事人自行委托有关部门作出鉴定的，另一方当事人有证据足以反驳并申请重新鉴定的，人民法院应予准许。

十四、当事人的质证和辩论权

［案例］湖北省十堰市经营汽车配件的富通公司发生了一起集体跳槽事件，上至总经理、下至公司一批中层干部和营销骨干一共12人几乎同时离去，导致公司经营管理陷入困境，于是申请劳动仲裁。在十堰市劳动仲裁法庭对此案进行审理的过程中，双方在两个问题上展开了激烈的辩论。

首先一个问题是，陈东本人到底该不该承担违约金和赔偿责任。因为作为富通公司总经理，陈东当时没有与公司签订劳动合同，为了证明他与富通公司之间存在劳动关系，富通公司方面拿出了当初的那份聘任书，但陈东的代理律师却在聘任书上发现了一处疏漏。

陈东等人的代理律师王应鸟："这个文件当时没有给陈东任期，没有任期，只是聘任为总经理，对于一个聘任没有任期的聘任书，我可以随时辞去我的职务。"

富通公司代理律师张建明："这个话不能这样说，因为第一次任命他为总经理是没有任期的，但是他在单位的目标责任管理办法里面，他是有年限的。对单位给他安排的任务、目标、责任和期限，他是以领取工资的实际行为表示同意的，而且也实实在在地履行了他的职务。"

……

双方辩论的第二个问题是，跳槽的这些人该不该赔偿富通公司那么多钱。抛开违约金不说，光是富通公司提出的经济损失这一块儿就要求赔偿404万元，除了12名职工的培训费用之外，绝大部分为12个人集体跳槽以及同业竞争给富通公司造成的经营损失，陈东等人则认为，这样的要求根本没有道理。

张建明："你要是正当地走，不要说你在上海工作，你现在到西安去办汽配，我可能不会让你赔，你到美国去办我更不会让你赔，你就是因为用我的市场，我培养了你，建立了市场，疏通了渠道，你现在就用我原来的关系，用我原来开发出来的市场，办你那边的事，给我造成了损失，当然应该赔偿。"

王应鸟："富通公司主张的是，他说我今年要赚100万元利润，我赚不到，那你一定要赔钱，富通公司那么多职工，走了这些职工，其他人也可以赚钱啊，你怎么可以说损失多少利润呢？"

张建明："他不是个一般的人员，他是一个总经理，而带走的又是我们的部门经理，所以他们一离开，我们的公司就停止工作了，那么我们这个公司所出现的损失，也就是我们要求赔偿的损失。"

王应鸟："一个公司，它每个年度是否赚钱，赚多少钱，不光是上下年度比较，它还（取决于）市场．还有你的资金，你说我要赚多少钱，我可能就赚多少钱，没有这个依据。”

……

辩论结束后，首席仲裁员征询了当事人的最后意见。

10月25日，十堰市劳动仲裁法庭对富通公司和陈东等12人劳动纠纷一案做出裁决，由陈东等12人共同承担富通公司经济损失136万元的20%，共计27万余元。[①]

这个案例涉及了当事人在劳动仲裁中进行辩论的问题，辩论是当事人的一项重要的权利。《劳动争议调解仲裁法》第三十八条规定：“当事人在仲裁过程中有权进行质证和辩论。质证和辩论终结时，首席仲裁员或者独任仲裁员应当征询当事人的最后意见。”这条是关于劳动仲裁活动中质证和辩论问题的规定。

（一）当事人在仲裁过程中有权进行质证

质证是双方当事人之间对提供的证据就其真实性、合法性、关联性以及证明力有无、大小进行说明和质辩。真实性是证明所反映的内容应当是真实的、客观存在的；关联性，是证据与案件事实之间存在客观联系；合法性，是证明案件真实情况的证据必须符合法律规定的要求。质证是仲裁当事人的一项重要权利，以维护自己的主张，保护自己的利益。质证也是仲裁庭审理过程中的一项重要内容，是查明事实、分清责任、公正仲裁的重要环节。在仲裁案件审理过程中，仲裁庭可以通过当事人之间互相质证审查判断证据是否真实、可靠，从而查清案件事实，准确及时地解决纠纷。

质证的顺序一般是：申请人出示证据，被申请人进行质证；被申请

① 资料来源：央视国际网．集体跳槽引发劳动纠纷．2003-05-10

人出示证据，申请人进行质证；第三人出示证据，申请人、被申请人对第三人出示的证据进行质证；第三人对申请人或被申请人出示的证据进行质证。案件有两个以上独立请求的，可以要求当事人逐项陈述事实和理由，逐个出示证据并分别进行调查和质证。对当事人无争议的事实，无须举证、质证。经仲裁庭准许，当事人及其代理人可以就证据问题相互发问，也可以向证人、鉴定人或者勘验人发问。发问的内容应当与案件事实有关联，不得采用引诱、威胁、侮辱等语言或者方式。

对书证、物证、视听资料进行质证时，当事人有权要求出示证据的原件或者原物。但有下列情况之一的除外："出示原件或者原物确有困难并经人民法院准许出示复制件或者复制品的；原件或者原物已不存在，但有证据证明复制件、复制品与原件或原物一致的。"视听资料应当当庭播放或者显示，并由当事人进行质证。应当注意的是，对于涉及国家秘密、商业秘密和个人隐私或者法律规定的其他应当保密的证据，不得在开庭时公开质证。质证的方法，根据证据的不同而采用不同的方法。实践中，如书证可以从制作主体、制作时间、制作内容、是否原件等方面进行质证；证人证言则可以从证人行为能力、是否了解案情，证言是否真实等方面提出质疑。

证人应当出庭作证，接受当事人的质询。证人出庭作证时，应当出示证明其身份的证件。仲裁庭应当告知其诚实作证的法律义务和作伪证的法律责任。出庭作证的证人不得旁听案件的审理。仲裁庭询问证人时，其他证人不得在场，但组织证人对质的除外。若"证人确有困难不能出庭"的，如年迈体弱或者行动不便无法出庭的；特殊岗位确实无法离开的；路途特别遥远，交通不便难以出庭的；因自然灾害等不可抗力的原因无法出庭的；其他无法出庭的特殊情况。经仲裁庭许可，证人可以提交书面证言或者视听资料或者通过双向视听传输技术手段作证。

（二）当事人在仲裁过程中有权进行辩论

仲裁庭辩论，是在庭审调查事实的基础上，双方当事人对案件事实的认定、各自的责任和适用法律等提出自己的主张。辩论是开庭审理的必经程序，也是当事人行使辩论权的重要阶段。辩论开始前，由首席仲裁员提示双方当事人不要重复事实．辩论的重点应着重在责任的分析和适用法律上。

仲裁庭辩论顺序可参照民事诉讼的顺序：申请人及其代理人发言；被申请人及其代理人发言；第三人及其代理人发言；互相辩论。双方经过几轮辩论后，如果没有新的辩论意见，首席仲裁员或独任件裁员应宣布终止辩论，并按照申请人、被申请人、第三人的顺序征询双方当事人的最后意见，终结辩论程序。

仲裁庭主持辩论时需注意，辩论应围绕案件事实是否清楚、责任是否分明以及如何适用法律等进行。如在辩论中当事人又提出新的事实或仲裁认为庭审调查时尚未查清的，应终止辩论程序，恢复庭审调查程序。待查清案件事实后，再恢复辩论程序。如果案件事实在庭审中暂时不能查清，应宣布休庭，待当事人举证或仲裁庭获取证据后，再继续开庭。待事实查清后，再恢复辩论阶段。仲裁庭辩论时还需注意辩论是当事人间的辩论，仲裁庭应认真听取当事人的辩论理由和主张，引导辩论向纵深发展，不得参与辩论或支持一方当事人的辩论理由，以保持公正。当事人如有侮辱、谩骂、讽刺、挖苦语言等互相进行人身攻击的行为的，仲裁庭应及时制止并予以警告。

（三）质证和辩论终结时，应当征询当事人的最后意见

为充分保证当事人发表意见的权利，质证和辩论终结时，首席仲裁员或者独任仲裁员应当征询当事人的最后意见。

十五、举证责任的承担

［案例］小江大学毕业后，被某计算机公司招至旗下，并签订了3年的劳动合同。由于公司刚刚创建不久，因此对人才十分重视，给予了小江丰厚的报酬。刚进入公司时，小江非常感激公司，工作积极，成绩突出。后来，了解到自己那些进入外企和大型企业的同学们收入比自己要高很多，于是小江打算寻找机会跳槽。此后，小江工作变得散漫起来，公司领导多次找他谈话，小江不仅不吸取教训，还变本加厉，工作期间打网游、网上聊天。公司对小江的行为非常不满，实在忍无可忍的情况下，以“严重违反企业规章制度为由”单方面将小江辞退。小江不服，于是向劳动争议仲裁委员会提起申诉，要求撤回企业解除劳动合同的决定。

仲裁委员会受案后进行了审理，小江称公司并没有证据证明自己严重违反了企业规章制度，因此企业不应该与自己解除劳动关系。而公司认为公司的规章制度明确规定上班期间打电脑游戏、网上聊天属于“禁止行为”，小江的行为已经严重违反了企业的规章制度。仲裁庭调查审理后认为，禁止行为是否属于严重违纪行为，单位的规章制度中并没有说明，单位对此也举不出证据，因此最终裁决撤销了公司与小江解除劳动合同的决定。

这是一个关于在劳动争议案件中，由于用人单位不能提供证据证明劳动者严重违反了企业规章制度，而最终承担不利后果的案例。《劳动争议调解仲裁法》第三十九条规定：“当事人提供的证据经查证属实的，仲裁庭应当将其作为认定事实的根据。劳动者无法提供由用人单位掌握管理的与仲裁请求有关的证据，仲裁庭可以要求用人单位在指定期限内提供。用人单位在指定期限内不提供的，应当承担不利后果。”这条是关于劳动争议仲裁中证据问题的规定。

（一）证据经查证属实的，仲裁庭应当将其作为认定事实的根据

1. 证据是否属实的依据

劳动争议仲裁证据，是仲裁员依照法定程序收集的能够证明劳动争议案件真实情况的一切事实材料。证据有三个最基本的特征，即客观真实性、关联性和合法性。客观真实性，是指证据所反映的内容应当是真实的，客观存在的；关联性，是指证据与案件事实之间存在客观联系；合法性，是指证明案件真实情况的证据必须符合法律规定的要求，即证据必须是依法收集的、具备合法的形式、具有合法的来源。以上三个特征是从劳动争议仲裁证据的不同侧面加以剖析的，三者互相联系，缺一不可。当事人提供的证据经查证属实的，仲裁庭应当将其作为认定事实的根据。

仲裁庭根据案件的具体情况，可以从以下方面审查证据的合法性：是否符合法定形式；证据的取得是否符合法律、法规和规章的要求；是否有影响证据效力的其他违法情形。仲裁庭可以从以下方面审查证据的真实性：证据形成的原因；证据来源的客观环境；证据是否为原件、原物，复制件、复制品与原件、原物是否相符；提供证据的人或者证人与当事人是否具有利害、利益关系；影响证据真实性的其他因素。一般来说，对于众所周知的事实、自然规律及定理、按照法律规定推定的事实、已经依法证明的事实、根据日常生活经验法则推定的事实，仲裁庭可以直接认定。

根据相关法律规定，下列证据材料不能作为定案依据：违反法定程序收集的证据材料；以侵害他人合法权益为手段获取的证据材料；以利诱、欺诈、胁迫、暴力等不正当手段获取的证据材料；当事人无正当事由超出举证期限提供的证据材料；在中华人民共和国领域以外或者在中华人民共和国香港特别行政区、澳门特别行政区和台湾地区形成的未办理法定证明手续的证据材料；当事人无正当理由拒不提供原件、原物，又无其他证据印证，且对方当事人不予认可的证据的复制件或者复制品；被当事人或者他人进行技术处理而无法辨明真伪的证据材料；不能正确表达意志的证人提供的证言；不具备合法性和真实性的其他证据材料。

2. 证据的种类及效力

以我国民事诉讼证据的表现形式为准，证据可以分为书证、物证、视听资料、证人证言、当事人陈述、鉴定结论、勘验笔录七种。（1）书证，是以文字、符号、图形等所记载的内容或表达的思想来证明案件真实的证据。这种物品之所以称为书证，不仅因它的外观呈书面形式，而更重要的是它记载或表示的内容能够证明案件事实。书证在劳动争议仲裁中是普遍被应用的一种证据，具有非常重要的作用。（2）物证，是以其存在的形状、质量、规格、特征等来证明案件事实的证据。物证是通过其外部特征和自身所体现的属性来证明案件的真实情况，它不受人们主观因素的影响和制约。因此，物证也是劳动争议仲裁中重要的证据之一。（3）视听资料，是利用录音、录像、电子计算机储存的资料和数据等来证明案件事实的一种证据。它包括录相带、录音片、传真资料、电影胶卷、微型胶卷、电话录音、雷达扫描资料和电脑储存数据和资料等。视听资料虽然具有生动逼真、便于使用、易于保管等特点，但也不能由此认为其是绝对可靠的证据，原因在于视听资料是可以通过剪接手段伪造变换的。因此，对视听资料需进行全面审查，具体分析。（4）证人证言，是不参加仲裁活动但知晓案件事实并应当事人和仲裁庭的要求到庭作证的证人，就案件事实向仲裁庭所作的陈述。由于证人的证言受主观和客观两方面的影响，对证人证言分析判断时，应综合案件的全部情况及其他证据，加以全面地分析、认真研究，只有这样才能确定证言的真伪及其效力的大小。(5) 当事人陈述，是当事人就与本案有关的事实，向仲裁庭作出的陈述和说明。由于当事人与裁决结果有着直接的利害关系，决定了当事人陈述具有真实与虚假并存的特点。因此在运用这一证据时应注意防止将虚假的证据作为认定案件事实的根据，对于当事人的陈述应结合本案的其他证据进行审查核实，以确定作为认定案件事实的根据。(6) 鉴定结论，是鉴定人运用专业知识、专门技术对案件中的专门性问题进行分析、鉴别、判断后作出的结论。劳动争议仲裁案件经常涉及的鉴定结论包括劳动能力鉴定结论、职业病鉴定结论等。(7) 勘验笔录，是在仲裁过程中，为了查明一定的事实，对与案件争议有关的现场、物品或物体亲自进行或指定有关人员进行查验、拍照、测量，并对查验的情况与结果制成的笔录。勘验笔录是一种独立的证据，也是一种固定和保全证据的方法。

仲裁庭应当对经过庭审质证的证据和无需质证的证据进行逐一审查，并对全部证据综合审查，依据法律规定，遵循仲裁员职业道德，运用逻辑推理和日常生活经验，进行全面、客观和公正的分析判断，排除不具有关联性的证据材料，确定证据材料与案件事实之间的证明关系，准确认定案件事实。

证明同一事实的数个证据，其证明效力一般可以按照下列情形分别认定：国家机关以及其他职能部门依职权制作的公文文书优于其他书证；鉴定结论、现场笔录、勘验笔录、档案材料以及经过公证或者登记的书证优于其他书证、视听资料和证人证言；原件、原物优于复制件、复制品；法定鉴定部门的鉴定结论优于其他鉴定部门的鉴定结论；仲裁庭主持勘验所制作的勘验笔录优于其他部门主持勘验所制作的勘验笔录；原始证据优于传来证据；其他证人证言优于与当事人有亲属关系或者其他密切关系的证人提供的对该当事人有利的证言；出庭作证的证人证言优于未出庭作证的证人证言；数个种类不同、内容一致的证据优于一个孤立的证据。

（二）用人单位承担更多举证责任

《劳动争议调解仲裁法》除了对“谁主张、谁举证”这一一般举证原则作出规定外，还规定在用人单位拒不提供由其掌握的与争议事项有关的证据时，仲裁机构可以作出对其不利的推定。推定是法律直接认可或间接允许的证明案件事实的一种特殊原则，它是依照法律规定或者由法院按照经验法则，从已知的基础事实推断出未知的事实的存在或不存在，并允许当事人提出反证予以推翻的一种证据法则。劳动者在申请仲裁时，由于隶属于用人单位，处于信息和资源的弱势地位，不仅要承担举证责任，还要付出大量的维权时间和成本，负担较重。而用人单位对劳动者拥有管理权，在劳动争议过程中往往占据着信息和资源的优势，很多对劳动者有利的证据材料实际上掌握在用人单位手中，特别是掌握和管理着劳动者的档案、工资发放、社会保险费缴纳、劳动保护提供等情况和材料，劳动者一般无法取得和提供，导致劳动者在仲裁过程中举证困难。如果机械地按照“谁主张、谁举证”的对等举证原则，显然对劳动者不利，难以维护劳动者的合法权益，这对劳动者来说是不公平的。《劳动争议调解仲裁法》在举证责任的承担方面体现出了尽可能减轻劳动者负担的特点，而规定让用人单位在某些方面承担更多举证责任：用人单位需要提供充分的证据来否定劳动者的主张，否则就意味着支持劳动者的主张，并承担不利后果。对劳动者举证责任上的照顾，一方面将有力遏制不法用人单位的恶意规避行为，更好保护劳动者的合法利益；另一方面，实际上是在更加合理地分配举证责任，真正体现“公平公正”的法律原则和精神。

用人单位由于将承担更多的举证责任，因此应增加证据意识，避免用工风险。在以往的仲裁实践中，劳动者有时对用人单位提供的由其掌握管理的一些证据的真实性提出异议，如某些规章制度、考勤记录等资料，认为用人单位为达到胜诉目的已对资料进行了修改或伪造。为避免上述质疑的发生，用人单位在行使管理权过程中形成的资料，应尽量由劳动者本人签字确认，有些可由具有鉴证能力的部门予以鉴证，企业规章制度的建立和修改应按照法律规定的程序进行。因此，用人单位应当增强证据意识，在订立、履行、变更、解除和终止劳动合同时，保留好劳动者同意的书面证据，以及与企业用工有关的花名册、工资发放、社会保险缴纳等证据材料，有些资料如加班审批单等，应一式两份，由劳动者与用人单位各自保存一份，以避免事后被劳动者利用而导致用工成本增加的风险。

十六、庭审笔录

［**案例**］小玲与某制衣厂解除劳动合同争议一案，经仲裁庭调解后继续开庭，并宣布调解结果："下面宣布调解结果，根据双方协商，达成如下意见：

1. 撤销某制衣厂解除申诉人劳动合同的规定，双方恢复劳动关系。

2. 申诉人同意某制衣厂为其另行安排工作——即担任生产车间主管一职。如果双方对调解结果没有异议，请在调解书上签字。

请双方当事人阅读庭审笔录，如无异议请签字。"

调解结果宣布完毕后，小玲认真地阅读了庭审笔录。阅读完毕后小玲认为仲裁庭对证人赵军的证言记录有遗漏，因此向仲裁庭申请补正。因仲裁庭庭审笔录中有原告委托代理人的签名，且原告没有证据对此予以佐证，因此，对原告小玲申请补正的主张未予采信，但仲裁庭记录了该申请。最终庭审笔录由仲裁员、记录人员、当事人和其他仲裁参加人签名及盖章。

《劳动争议调解仲裁法》第四十条规定："仲裁庭应当将开庭情况记入笔录。当事人和其他仲裁参加人认为对自己陈述的记录有遗漏或者差错的，有权申请补正。如果不予补正，应当记录该申请。笔录由仲裁员、记录人员、当事人和其他仲裁参加人签名或者盖章。"这条是关于劳动争议仲裁庭审笔录的规定，主要包含以下几层含义：

（一）仲裁员应当将庭审情况记入笔录

庭审笔录，是在仲裁的庭审审理过程中记录人员对整个庭审审理情况所作的记载，是庭审过程全部活动的反映，可以有效地固定证据，防止当事人到时候对自己的言行不予承认，对当事人的言行也是一种约束。此外庭审笔录是仲裁庭认定事实作出处理决定的重要依据，也为以后的审判监督程序提供了原始资料。庭审笔录是一项重要的法律文书，记录员在记录时应做到完整、清晰、细致、记录规范，注意记录的格式、内容、法律事项、真实性等。

庭审笔录内容包括：案由；庭审时间、地点；仲裁员、记录员姓名；当事人姓名、性别、年龄、民族、职业、住所、到庭情况；首席仲裁员或者独任仲裁员告知当事人的仲裁权利义务，以及是否申请仲裁员回避的情况；当事人陈述、证人作证、出示证据、宣读鉴定结论、宣读勘验笔录以及当事人互相质证的情况；当事人辩论的情况；当事人增加、变更、撤回仲裁请求的情况；先行调解的，应当记明调解的过程；当庭裁决的，应当记明裁决内容、当事人对裁决的声明；仲裁员、记录人员、当事人以及其他仲裁参加人的签名或者盖章，或者拒绝签名或者盖章的情况，等等。

（二）仲裁参加人有权对庭审笔录申请补正

庭审笔录由仲裁员、记录人员签名或盖章后，应向当事人、其他仲裁参与人当庭宣读或交由其阅读。如当庭不能阅读，也可在一定时间内由当事人、其他仲裁参与人阅读，当事人及其他仲裁参与人有权了解庭审笔录的内容。当事人和其他仲裁参加人认为对自己陈述的记录有遗漏或者差错的，有权申请补正，以保证笔录的真实性、准确性。经核实，如果仲裁庭认为确有遗漏的，同意补正并由记录人员将补正的内容和补正的经过记入笔录。仲裁庭认为申请无理的，可以决定不予补正，但必须将当事人和其他仲裁参与人的申请记录在案。是否予以补正，由仲裁庭根据庭审情况做出决定。当事人和其他仲裁参与人申请庭审笔录补正的，一般以口头形式提出。

（三）庭审笔录应当由仲裁参加人签名盖章

庭审结束后，经仲裁参加人核实无误，应当由当事人及其他仲裁参加人签名或者盖章，一份完整的庭审笔录才算完成。若当事人或其他仲裁参加人拒绝签名或者盖章的，记录人应当在庭审笔录中予以说明。

十七、劳动争议仲裁的和解

［案例］小杨大学毕业后一直没有找到令自己满意的工作，后来参加了一个大型的校园招聘会，不久就接到了某玻璃仪器厂的面试通知。经过几轮筛选，小杨最后胜出，被仪器厂录用，从事技术类工作，双方签订了为期 3 年的劳动合同。

小杨在试用期内表现良好，试用期结束后厂领导希望把他培养成该厂的技术骨干并长期留用，为了提高小杨的专业技能，厂方派他到国外参加专业技术脱产培训 1 个月，培训费用为 6 万元，由仪器厂全额支付。为了防止培训后小杨跳槽给该厂造成损失，双方签订了一份培训协议作为劳动合同的附件。协议规定：小杨接受培训后要为工厂服务 5 年，若他在这期间提出解除劳动合同，应当支付该厂违约金共计 8 万元，按照培训结束后工作每满一年减免赔偿20%的方法支付。

经过几年的发展，该厂经营效益大幅增长。第三年的时候，另外一家玻璃仪器厂私下里找到小杨，愿意高薪聘请他作技术总监。面对更好的待遇和发展前途，小杨有些心动了。于是，这年年底，小杨以劳动合同到期为由，要求终止劳动关系。厂方认为小杨还在培训协议约定的服务期内，应当续订劳动合同，继续履行服务期约定；若想解除劳动关系，应该按照协议的规定支付违约金3.2万元。

小杨不服，向当地劳动仲裁委员会申诉，仲裁委员会经审查受理了此案。庭审前的几天，公司负责人与小杨进行了一次深谈，并语重心长地与小杨谈道："根据劳动合同法的规定，公司的要求是符合法律规定的，最终仲裁委员会一定会判你败诉，希望你能够撤回仲裁申请，这样对你和公司都是有好处的，我想你也不希望浪费这么多的时间和精力，不过公司还是希望你能继续留下来。若你真的已经打算离开，公司欢迎你以后还有机会回来工作。"后来小杨看了一下《劳动合同法》，了解到公司负责人说的的确有道理。对于公司的做法和挽留小杨很是感动，很快便与公司私下达成了和解，并向仲裁委员会撤回了仲裁申请。①

这是一个关于劳动者申请仲裁后，与用人单位自行和解，撤回仲裁申请的案例。《劳动争议调解仲裁法》第四十一条规定："当事人申请劳动争议仲裁后，可以自行和解。达成和解协议的，可以撤回仲裁申请。"这条是关于劳动争议仲裁双方当事人自行和解的规定。

自行和解，是仲裁程序开始后，双方当事人就已经提交的争议标的通过自行协商达成和解协议，从而结束仲裁活动的一种行为。和解具有体现当事人合意、尊重当事人处分权、解决纠纷较为彻底、节约仲裁司

① 改编自：程延园．劳动合同新规则之HR应对．北京：中国法制出版社，2007.110

法资源、有利于社会和谐等优点，因此在许多国家被广泛运用。

当事人申请劳动争议仲裁后，可以自行和解。和解可以由申请人提出，也可以由被申请人提出，亦可以由双方共同提出。劳动争议仲裁机构应当鼓励和支持当事人通过自行和解的方式解决劳动争议。对达成和解协议的，申请人可以撤回仲裁申请。当事人达成和解协议符合法律规定的，具有合同效力，劳动争议仲裁委员会应当认可。当事人申请仲裁庭根据和解协议制作调解书的，仲裁庭经审查，确认和解协议合法有效的，应当根据和解协议制作调解书。

应当注意的是，虽然和解与调解都是在双方当事人自愿协商下解决劳动争议的方式，但是二者也有很多不同之处，主要表现在：（1）是否由仲裁庭主持。自行和解是在没有第三人参与的情况下，在双方自行协商、互谅互让、平等自愿的基础上对原纠纷作出的妥协性处理；而调解则是在仲裁庭的主持和帮助下达成协议。（2）发生的阶段不同。和解可以发生在庭审中，也可以发生在庭审外；而调解只能发生在仲裁庭作出裁决前的那一段时间。（3）结案方式不同。达成和解协议后当事人撤回仲裁申请的，劳动争议仲裁即结案；而调解达成调解协议后仲裁庭制作调解书的，劳动争议仲裁即结案。（4）和解协议与调解书的效力不同。和解协议不具有强制力，不能向人民法院申请执行。此外，当事人在没有收到仲裁庭的裁决书、调解书之前，都可以反悔；而仲裁庭根据当事人的和解协议制作了调解书或裁决书，当事人也收到了调解书或裁决书的，当事人就不得再反悔，调解书具有法律上的强制执行力。一方当事人不履行的，另一方当事人可以向人民法院申请执行。

和解作为解决劳动纠纷的方式之一，在劳动争议仲裁活动中也发挥着重要的作用，它充分体现了当事人的主体地位和处分权利，使程序更加简便，节约了双方当事人的时间和费用，也节约了社会成本，此外和解结果更有利于双方当事人接受，也更容易得到执行。

十八、仲裁庭裁决前的先行调解

[案例] 小静初中辍学后，随老乡来到大城市打工。后来在某饭店找到一个服务员的工作，老板每个月支付小徐400元。饭店生意非常的好，每天都是顾客盈门。生意虽然不错，但是小静也累得腰酸腿疼。几个月后的一天，小静遇到了自己的老乡王姐，聊天时谈到了自己的工资。"一个月只有400元？我的好妹妹，这边的最低工资是620元，他每个月少付你220元呢，真是黑心老板！回去跟你们老板好好谈谈，让他给你补上！"这时小静才意识到自己被老板骗了。第二天小静找老板理论，但老板拒绝支付。

在王姐的帮助下，小静来到当地劳动争议仲裁委员会，要求饭店老板补发工资。仲裁委员会经审查受理了此案，并很快开了庭。经过仲裁庭调查、辩论，首席仲裁员和两名仲裁员在商议后认为本案事实清楚，是非责任基本明确。依照《劳动争议调解仲裁法》的规定，仲裁庭处理劳动争议应当本着自愿、合法的原则先行调解。为此，首席仲裁员征询双方当事人的意见。在双方均表示同意调解后，仲裁庭开始了双方背靠背调解。最终双方在费用问题上达成了一致，饭店老板同意尽快补足小静的工资。在一种愉快轻松的环境下，小静与老板达成了和解协议。之后，仲裁庭当场起草了调解书，并由双方签字盖章。

这是一个关于劳动争议仲裁委员会在作出裁决前，对双方当事人先行调解的案例。根据《劳动争议调解仲裁法》第四十二条规定："仲裁庭在作出裁决前，应当先行调解。调解达成协议的，仲裁庭应当制作调解书。调解书应当写明仲裁请求和当事人协议的结果。调解书由仲裁员签名，加盖劳动争议仲裁委员会印章，送达双方当事人。调解书经双方当事人签收后，发生法律效力。调解不成或者调解书送达前，一方当事人反悔的，仲裁庭应当及时作出裁决。”这条是关于劳动争议仲裁程序中先行调解的规定。

（一）仲裁庭在作出裁决前，应当先行调解

仲裁庭在作出裁决前，应当先行调解，先行调解是劳动争议仲裁的必经程序，也是劳动争议仲裁的基本原则之一。劳动争议仲裁调解，是双方当事人在仲裁员的主持下，通过自愿协商互谅互让达成协议，从而解决劳动争议的方式。劳动争议仲裁调解应当遵循事实清楚、自愿和合法的原则。事实清楚原则，要求在仲裁程序中，应当坚持在查明事实，分清责任的基础上，进行调解。事实清楚是调解的基础和前提。仲裁员在调解过程中，只有查明事实、分清是非，才能明确当事人的责任，抓住争议的关键，促使当事人互谅互让，达成调解协议，口服心服地解决争议。自愿原则要求在仲裁程序中，能否进行调解，能否达成协议，要完全取决于双方当事人的自愿，不能有任何勉强。违反了当事人的自愿，即使达成调解协议，当事人也可能随时反悔，引起新的争议；合法原则，要求调解活动和协议内容必须符合法律的规定。劳动争议仲裁委员会是国家执法机关，仲裁委员会进行劳动争议调解工作时，必须遵循以事实为依据、以法律为准绳的原则，严格依法执行。

仲裁中贯彻先行调解原则，体现了调解简便、灵活、易行、迅速的特点以及缓和、改善双方矛盾的作用，使劳动争议双方当事人在最平和的方式下，轻松消除误解，达成一致意见，从而使劳动争议得到迅速解决。同时，可以有效防止强行调解和久调不决，有利于调解协议的执行，由于调解协议是通过平等协商、互谅互让达成的，为协议的执行打下了良好的基础，能更好地确保争议的最终解决，从而节约了人力、物力和时间成本。

（二）仲裁调解的程序

劳动争议仲裁调解的程序，是劳动争议仲裁委员会调解的具体操作规程。根据法律规定和仲裁实践经验，仲裁调解大致包括四个阶段：调解准备、主持调解、终止调解和制作调解书。

1. 调解准备

劳动争议仲裁委员调解的开始基于两个原因：第一是当事人主动提出调解；第二是劳动争议仲裁委员会依职权主动进行调解。在调解的准备阶段，劳动争议仲裁委员会主要应做好以下工作：一是查明事件事实，分清是非，摸准争议的焦点，分析和研究当事人的心理状况等。二是根据案件需要和方便当事人的原则，选择调解地点，确定调解时间。调解可以在劳动争议仲裁委员会所在地进行，也可以在当事人单位进行。三是将调解时间和地点通知当事人及有关组织和个人。有关组织和个人带有选择性，一般包括企业主管部门，企业劳资部门、工会组织，以及当事人的亲友，以便让他们协助进行调解。

2. 主持调解

在做好相应调解准备工作后，劳动争议仲裁委员会即可以进行调解。调解应当在仲裁员的主持下进行，由仲裁员在查明事实、分清是非的基础上，对当事人进行说服和教育，为当事人调解创造有利条件，促使当事人自愿协商，互相谅解，自愿达成调解协议。在这一阶段，主持调解一般遵循以下程序：（1）向当事人宣讲国家的劳动法规和政策；（2）向当事人说明调解的好处和意义，进行疏导工作；（3）提供适用法规，明确各方应负的责任或承担的义务；（4）提出本案的调解意见，以供当事人参考或选择；（5）组织双方当事人就调解意见进行协商，在协商中，允许当事人提出不同意见，允许当事人就有关问题开展辩论；（6）宣布调解结果，包括调解不成或调解达成协议的具体内容。

3. 终止调解

调解工作终止，将会出现两种情况，一是当事人双方经过自愿协商，达成一致意见；二是双方分歧太大，未达成协议，或虽然达成协议，但调解书送达前当事人一方又反悔，或当事人拒绝接受调解书的，视为调解不成，仲裁庭应停止调解，及时以裁决的方式结案。

4. 制作调解书

经调解达成协议的，仲裁庭应根据协议的内容制作调解书。劳动争议仲裁调解书是由仲裁委员会制作的确认当事人所达成的调解协议的法律文书。调解书应当写明仲裁请求和当事人协议的结果。调解书由仲裁员签名，加盖劳动争议仲裁委员会印章，送达双方当事人。调解书经双方当事人签收后，发生法律效力。

（三）调解书的法律效力和执行

调解书经双方当事人签收后，发生法律效力。生效调解书的法律效力表现在以下几个方面：一是结束仲裁程序；二是双方当事人不得反悔，必须严格地按照调解书要求履行各自的义务；三是权利义务关系确定，当事人不得再就同一争议事实和理由向劳动争议仲裁委员会申请仲裁；四是具有强制执行力，如果一方当事人不履行调解书中要求的义务，另一方当事人可以向人民法院申请强制执行。如果双方当事人经调解达不成协议，或仲裁调解书送达前当事人反悔的，以及当事人拒绝接收调解书的，仲裁庭应及时裁决，以免久调不决，使当事人的权利义务关系长期处于不确定状态。

十九、仲裁审理时限

［**案例**］韩江是某饲料公司的会计，到了年末，由于公司财务部工作比较繁忙，领导要求韩江加班，韩江听从了公司的安排。等到发工资

的日子，令韩江奇怪的是，公司并没有支付加班费。韩将多次找领导理论，可是公司似乎并没有支付加班工资的打算。面对公司的做法，韩江很是无奈，工作之余，向公司的一位同事诉苦，说到比较气愤的时候，韩江很是冲动："公司要是再不给我加班费，我就去仲裁委员会告公司!""你可千万别太冲动，公司不给加班费是常有的事，但是谁敢去告呢，听说要是把公司告下来，你不拖三四个月肯定打不下来，那时既搭上了时间，还丢了工作，不值啊，还是忍忍吧!"听了同事的话，韩江更加无奈。由于这份工作来之不易，韩江为了保住工作，没有再和公司谈及加班费问题，也打消了申请仲裁的念头。

后来无意中，韩江了解到，《劳动争议调解仲裁法》对仲裁审理时限作了明确规定，最长的也不会超过六十天，并非像同事所说的那么可怕，而且申请仲裁也不收任何费用。这时的韩江充满了希望，为了给自己讨回公道，于是向劳动争议仲裁委员会提出了申诉。

这个案例涉及了仲裁审理时限的问题。根据《劳动争议调解仲裁法》第四十三条第一款的规定："仲裁庭裁决劳动争议案件，应当自劳动争议仲裁委员会受理仲裁申请之日起四十五日内结束。案情复杂需要延期的，经劳动争议仲裁委员会主任批准，可以延期并书面通知当事人，但是延长期限不得超过十五日。逾期未作出仲裁裁决的，当事人可以就该劳动争议事项向人民法院提起诉讼。"这一条款是关于仲裁审理时限的规定。

较之过去，《劳动争议调解仲裁法》大大缩短了仲裁审理时限：最多不超过六十日。根据过去的规定，从当事人递交仲裁申请书开始，到仲裁委员会在法定时间内作出裁决，全程期限一般为七十四天；而对于复杂案件，经过批准，最长要延长到一百零四天。而根据《劳动争议调解仲裁法》的规定，自当事人向仲裁委员会提交仲裁申请之日起五日内，劳动争议仲裁委员会应决定是否受理；决定受理后，应当自受理仲裁申请之日起四十五日内结束；案情复杂需要延期的，经劳动争议仲裁委员会主任批准，可以延期并书面通知当事人，但是延长期限不得超过十五日。从当事人递交仲裁申请书到仲裁结束，一般的期限是五十天，其中五天是受理的批准期限，四十五天的仲裁期限。如果需要延长，从受理仲裁申请之日起，仲裁审理期限全部算下来最长也不过六十五天。较之过去规定，仲裁审理周期几乎缩短了一半。

此外，《劳动争议调解仲裁法》第四十三条第一款对仲裁委员会消极不作为时的司法救济作了明确规定：逾期未作出仲裁裁决的，当事人可以就该劳动争议事项向人民法院提起诉讼。根据过去的规定，劳动争议案件经劳动争议仲裁委员会仲裁是提起诉讼的必经程序，劳动争议仲裁委员会逾期不作出仲裁裁决的，当事人不服向人民法院提起行政诉讼的，人民法院不予受理。这样一来，如果仲裁委员会消极不作为，过了法定的审理期限仍不作出仲裁裁决，那么劳动者就会由于没有拿到仲裁裁决而无法提起民事诉讼，对仲裁委员会提起行政诉讼，法院又不受理，就会导致告状无门的结果，影响劳动者合法权益的保护。因此为了更加及时有效地维护劳动者的权益，《劳动争议调解仲裁法》明确了仲裁委员会消极不作为时的司法救济。

缩短仲裁审理期限，明确仲裁委员会消极不作为时的司法救济，对于保护劳动者和用人单位的合法权益，维护经济、社会秩序有着重要的意义。如果劳动争议案件审理期限过长，或者仲裁委员会久拖不作出裁决，劳动争议案件便得不到及时解决，不利于当事人的权益保护。同时也很容易激化矛盾，不利于劳动关系的和谐与稳定。缩短仲裁的审理期限，便于及时、快捷地解决劳动争议，防止推诿和久拖不决，最大限度地保障了当事人的合法权益，同时也督促了仲裁委员会尽快依法履行自已的职责。

二十、劳动争议案件的先行裁决

［案例］贺某中专毕业后，来到某大城市找工作。由于人生地不熟，经过几番周折才进入了某市场调查公司，成为了一名专职录入员。转眼间已过了4个多年头。工作期间，贺某几乎没有享受过休息日和法定节假日，公司也没有为此支付任何加班费用。由于自己学历不高，工作来之不易，为了保住这份工作，贺某从未跟公司要求过加班费。可是到了今年，公司不知何故，连续4个月没有足额发放贺某的工资。贺某觉得很奇怪，于是找到经理询问究竟。经理回答说由于这半年来公司财务较紧张，等下个月会将所有未足额发放的工资一起补齐。听了经理的解释，贺某也没计较太多，毕竟是公司的老员工了，想到下个月就会补发工资，也没再争辩什么。谁知到了五月份，公司以贺某迟到两次违反企业规章制度为由将其辞退。贺某感到非常莫名其妙，觉得公司的做法实在没有任何道理，自己在公司工作了这么多年，怎么说辞退就辞退呢？于是贺某多次找公司领导理论，但却没有任何结果。万般无奈之下，贺某在征询了一位律师的意见后，向劳动争议仲裁委员会申请仲裁，要求撤回公司辞退贺某的决定，并支付4年工作期间的加班费共计15 908元及克扣四个月的工资2 400元。

仲裁委员会经审查受理了此案。仲裁庭开庭后，对于公司克扣贺某工资的问题，由于事实清楚，仲裁庭对此相关事实已经查明。鉴于贺某生活较困难，现在又暂时失去了生活来源，为了缓解其燃眉之急，仲裁庭对于公司克扣工资部分进行了先行裁决，要求公司一周内支付克扣贺某4个月的工资共计2 400元。而对于其他请求，由于证据不足，事实尚未查清，待下次开庭继续审理。贺某真的没有想到，整个案件还未全部查清，仲裁庭就先裁决了一部分自己的请求，心里有说不出的激动。

这是一个关于仲裁庭在裁决劳动争议案件时，可以对事实清楚的部分进行先行裁决的案例。《劳动争议调解仲裁法》第四十三条第二款规定："仲裁庭裁决劳动争议案件时，其中一部分事实已经清楚，可以就该部分先行裁决。"

先行裁决，就是劳动争议仲裁庭在仲裁过程中可以对部分事实已经清楚的案件先行作出仲裁裁决，其他未裁决部分待相关事实进一步查明后，通过后续裁决来解决。对部分事实清楚的请求进行先行裁决后，整个案件并没有结束，之后仲裁庭的仲裁活动将集中在其他未决事项上。当事人向仲裁委员会申请仲裁，可能有多个仲裁请求。一般情况下，仲裁庭在查明事实后，会对全部仲裁请求作出仲裁裁决。但是在劳动争议仲裁过程中，由于种种客观原因，仲裁庭难以对劳动争议案件的事实全部查清，因此不能一次对所用仲裁请求作出裁决。

然而在实践中，劳动争议案件大部分都集中于劳动报酬、社会保险、福利待遇、经济补偿和赔偿等涉及劳动者切身利益的问题，特别是拖欠或者克扣劳动者工资的劳动争议案件。有的用人单位不仅故意拖欠和克扣劳动者的工资，还故意按照劳动争议处理的程序，在仲裁之后向人民法院提起诉讼，在一审之后又提起上诉，一直拖延到走完全部程序，个别案件甚至拖3～5年。本来用人单位拖欠或克扣劳动者几个月的工资，使劳动者的基本生活已经没有着落，如果仍然按照既定的仲裁程序和诉讼程序进行，劳动者需要很长的时间才能拿到工资，劳动者的合法权益不能得到及时的保护。规定先行裁决程序，对涉及劳动者基本生活、部分事实清楚的仲裁请求先行作出裁决，便可以缓解劳动者的燃眉之急，维持其基本生活，有利于及时保护弱势群体的合法权益，同时在一定程度上也可避免用人单位恶意诉讼侵害劳动者权益的情况出现。

先行裁决的效力是终局的，与终局裁决一样具有法律约束力。仲裁庭在以后的终局裁决中，不得对先行裁决的结果进行变更，也不得对部分先行裁决的事项再进行裁决。此外，先行裁决与最终裁决的内容要保持一致，不能矛盾。

二十一、劳动争议案件的先予执行

[**案例**] 28 岁的王明是北京某建筑公司的员工。去年结婚，妻子现在又怀了孩子。虽然工作比较辛苦，但是王明很满意。某日工程队施工时，王明不慎从施工建筑上掉下来摔成重伤，妻子取出家里仅有的积蓄为王明支付了抢救费。王明度过危险期后，因家中无力再继续支付治疗费，医院停止了对王明的手术治疗。由于王明右腿是粉碎性骨折，如果不及时手术，很容易留下后遗症。情急之下，王明的妻子来到公司寻求帮助，希望建筑公司尽快提供医疗费，但是遭到公司的拒绝。

王明得知情况后，委托其妻子到当地劳动争议仲裁委员会申请仲裁，要求建筑公司支付医疗费、生活费，以及工作期间的加班费、奖金等。在仲裁审理过程中，医院发出通知：如果王明不能及时支付医疗费，医院将停止治疗。这样会导致王明因错过治疗时机而终身残废。王明的妻子赶紧来到仲裁委员会，出示医院的通知书，希望仲裁委员会能够裁定公司先行支付医疗费用。仲裁委员会认为，本案属于追索工伤医疗费的案件，当事人王明与某建筑公司之间的权利义务关系明确，不先予执行将严重威胁到当事人的生活。由此，在王明医疗期未满的情况下，仲裁庭对王明的医疗费问题作出先予执行的裁决，要求建筑公司先行支付王明的医疗费，并移送人民法院执行。待王明的医疗期满后，再依法定程序进行伤残程度等级鉴定的争议处理。

这是一个关于在紧急情况下仲裁庭裁决先予执行，解决劳动者医疗费问题的案例。《劳动争议调解仲裁法》第四十四条规定：“仲裁庭对追索劳动报酬、工伤医疗费、经济补偿或者赔偿金的案件，根据当事人的申请，可以裁决先予执行，移送人民法院执行。仲裁庭裁决先予执行的，应当符合下列条件：（一）当事人之间权利义务关系明确；（二）不先予执行将严重影响申请人的生活。劳动者申请先予执行的，可以不提供担保。”这一条是关于仲裁庭可对部分劳动争议案件裁决先予执行的规定。这里应当注意的是，本条前两款和第三款的主体称谓并不相同，前两款用的是“当事人”，而第三款用的是“劳动者”。当事人既包括劳动者，也包括用人单位。当事人可以申请先予执行，但是申请执行可以不提供担保的主体只能是劳动者。

（一）先予执行的适用情形

先予执行，是民事诉讼法中的概念，一般来说，是指人民法院对一定范围内的给付之诉，在作出判决之前，裁定一方当事人履行一定义务，并立即执行，保障当事人合法权益的特殊程序制度。劳动者权益受到侵害时，可以申请仲裁，也可以提起诉讼。但无论是仲裁，还是诉讼，都是一种事后救济途径，在一些紧急的情况下，其滞后性将会导致很多问题。很多劳动者由于经济困难，不能在审理过程中及时获得医疗费、生活费等关系到其健康、基本生活的费用，其生活将陷入更大的困境。如果所有的劳动争议案件都只有在仲裁结束、诉讼结束后才能执行，在劳动者急需帮助的情况下，可能会有“正义来得过迟”的问题。为了保护弱者，追求公平，我国民事诉讼法中规定了先予执行的规定：人民法院对于追索赡养费、扶养费、抚育费、抚恤金、医疗费用、追索劳动报酬以及因情况紧急需要先予执行的案件，根据当事人的申请，可以裁定先予执行。民事诉讼程序设置的先予执行制度，目的是考虑上述生活困难的当事人在期待权利保障过程中的救急性措施，其中追索劳动报酬案件被列入其中，可见先予执行制度在处理劳动争议程序中的必要性。《劳动争议调解仲裁法》参照了民事诉讼程序中先予执行的制度，规定部分劳动争议案件可以裁决先予执行，以解决劳动者生产和生活之需，及时保障劳动者的合法权益。

当事人申请先予执行只限于特定的劳动争议案件，对于追索劳动报酬、工伤医疗费、经济补偿或者赔偿金的案件，仲裁庭可以裁决先予执行。其他类型的劳动争议案件不适用先予执行。但应注意的是，即使劳动争议案件属于先予执行的劳动争议案件范围，仲裁庭也不会主动作出先予执行的裁决，只有当事人提出申请，仲裁庭才能做出先予执行的裁决。先予执行带有强制性，仲裁庭不能直接采取先予执行措施，仲裁庭可以裁决先予执行，然后移送人民法院执行。

此外，仲裁庭裁决先予执行的，还应当符合下列条件：一是当事人之间权利义务关系明确；二是不先予执行将严重影响申请人的生活。所谓权利义务关系明确，是该案件的事实已经十分清楚，当事人之间的权利义务显而易见。所谓严重影响申请人生活，是当事人的生活已经处于非常困难的情况，仲裁庭若不先予执行，当事人将难以维持其基本的生活或者生产。符合以上两个条件的案件，仲裁庭可以裁决先予执行。

规定先予执行，目的是为了满足申请人迫切的生产和生活需要。在许多劳动争议中，争议焦点往往和劳动者当事人的生活、健康，甚至生命安全有着密切的联系。但是劳动争议的处理又是一个复杂的过程，需要按照一定的程序和规定，从受理到作出裁决，从裁决生效到当事人自动履行或强制执行需要一个过程。而在这一过程中，有些申请人由于经济困难，难以维持正常的生活，利益受到了严重的威胁。而先予执行制度则缓解了申请人的燃眉之急，维持了劳动者的生活或者生产，有利于及时保护劳动者的合法权益。

（二）劳动者申请先予执行的，可以不提供担保

《劳动争议调解仲裁法》第四十四条第三款规定："劳动者申请先予执行的，可以不提供担保。"但在民事诉讼中，当事人申请先予执行时，人民法院可以责令申请人提供担保，申请人不提供担保的，驳回申请。提供担保的目的，在于保护被申请人的合法权益，当因申请人申请错误使被申请人遭受损失时，对被申请人的赔偿有保障。但在劳动争议案件中，劳动者是劳动关系中的弱者，之所以要申请仲裁，往往是迫于无奈，被用人单位逼到不得不如此的地步。一般情况下，劳动者在申请仲裁时，劳动报酬、医疗费、经济补偿或赔偿金等已经有一段时间没有拿到了，生活可能已经发生了严重困难，在这种时候，如果还让劳动者提供担保，劳动者是难以提供的；如果因为劳动者不能提供担俣，而取消了劳动者申请先予执行的权利，会让已经生活困难的劳动者雪上加霜。因而，规定劳动者申请先予执行可以不提供担保，体现了对劳动者的倾斜保护，是符合我国劳动关系的实际情况的，既免除了劳动者申请先予执行的后顾之忧，也是缓和劳动关系的一种有效方式。

二十二、劳动争议仲裁裁决的作出

［案例］小张是某经贸有限公司的一名职员，后来发生工伤，因是否存在劳动关系问题与公司发生争议，遂向劳动争议仲裁委员会提起申诉。劳动争议仲裁委员会经审查受理了此案。在审理过程中，公司称一个月前早已与小张解除了劳动关系，但小张称公司并未与自己解除劳动关系，双方为此争执不下。

仲裁庭经过质证和辩论后，首席仲裁员和其他两名仲裁员对小张与公司之间是否存在劳动关系问题无法达成一致意见，其他两名仲裁员均认为当事人双方之间存在劳动关系，而首席仲裁员认为小张与公司之间

不能认定存在劳动关系。最终根据少数服从多数的原则，仲裁庭最终裁定小张与公司之间存在劳动关系，首席仲裁员的不同意见被记入了笔录。

这是一个关于劳动仲裁庭按照多数仲裁员意见作出裁决的案例。《劳动争议调解仲裁法》第四十五条规定："裁决应当按照多数仲裁员的意见作出，少数仲裁员的不同意见应当记入笔录。仲裁庭不能形成多数意见时，裁决应当按照首席仲裁员的意见作出。"这条是关于仲裁员如何作出裁决的规定。

裁决，是仲裁庭依据案件事实和有关法律规定，对当事人申请仲裁有关实体权利的请求事项作出的确认当事人之间的权利义务关系的有法律约束力的书面结论性判定。仲裁裁决是由仲裁庭作出的，对于简单劳动争议案件由独任仲裁庭进行的审理，由独任仲裁员作出仲裁裁决；其他的劳动争议案件，则由合议仲裁庭进行审理，由三名仲裁员集体作出仲裁裁决。由合议仲裁庭作出仲裁裁决时，根据不同的情况，采取不同的方式。

（一）按多数仲裁员的意见作出仲裁裁决

按多数仲裁员的意见作出仲裁裁决是裁决的一项基本原则，即少数服从多数的原则，也是仲裁实践通常适用的方式。所谓多数仲裁员的意见，就是仲裁庭的三名仲裁员中至少有两名仲裁员的意见一致，如果三名仲裁员各执己见，无法形成多数意见时，就无法以此种方式作出仲裁裁决。此外，少数仲裁员的不同意见应当记入笔录。

（二）按首席仲裁员的意见作出仲裁裁决

首席仲裁员是合议庭的主持者，要负责整个仲裁庭的审理工作，但对于仲裁裁决的表决权，他与其他仲裁员是平等的，只有投票权，没有特权。按首席仲裁员的意见作出仲裁裁决，是在仲裁庭无法形成多数意见的情况下所采用的作出仲裁裁决的方式。在仲裁实践中，三名仲裁员各执己见的情况屡有发生，因此当裁决不能形成多数意见时，则采取按首席仲裁员的意见作出裁决。

二十三、仲裁裁决书的内容

[案例] 42 岁的老王收到劳动仲裁裁决书的那一刻，激动得泪如雨下。从头到尾，老王看得认认真真、仔仔细细，从标题“劳动争议仲裁委员会仲裁裁决书”，到仲裁请求、争议事实、裁决理由、裁决结果，甚至连最后的裁决日期、仲裁员和书记员的签名，都是一字不落，看得真真切切。裁决书全篇仿佛见证了多日来审理全过程，一幅幅情景历历在目。老王在单位已经兢兢业业工作了 11 年，当老王向公司提出与公司签订无固定期限劳动合同时，公司不仅拒绝，还单方与老王解除了劳动合同。实在无处说理的他，只好向劳动争议仲裁委员会提起了申诉，希望撤回公司解除劳动合同的决定，并要求公司与自己签订无固定期限劳动合同。

仲裁裁决是 7 月 9 日做出的，两天后，老王便收到了仲裁裁决书，其中裁决结果中写到：“根据《劳动合同法》第十四条的规定，劳动者在用人单位连续工作满十年的，劳动者提出或者同意续订、订立劳动合同的，除劳动者提出订立固定期限劳动合同外，应当订立无固定期限劳动合同。据此，被诉人××公司与申诉人王××应签订无固定期限劳动合同……”如今，老王终于可以继续留在单位工作了，想到自己这一把年纪，想到仲裁委员会为自己主持了公道，心里真是有说不出的感动，拿着仲裁裁决书翻来覆去地看了很久。

这个案例涉及了劳动仲裁裁决书的内容。《劳动争议调解仲裁法》第四十六条规定：“裁决书应当载明仲裁请求、争议事实、裁决理由、裁决结果和裁决日期。裁决书由仲裁员签名，加盖劳动争议仲裁委员会印章。对裁决持不同意见的仲裁员，可以签名，也可以不签名。”这条对仲裁裁决书的内容作了明确规定。

劳动争议仲裁裁决书，是劳动仲裁机关在查明纠纷事实和证据的基础上，依照仲裁程序，根据法律和有关劳动法规、政策对当事人提交仲裁的争议案件作出的书面决定。它是仲裁机关依法处理国内外经济纠纷案件的重要书面依据。仲裁裁决书的主要特征就是，它反映的是仲裁委员会的决定，而不是当事人双方自愿协商的结果。一份完整的仲裁裁决书的主要内容包括首部、正文和尾部三个部分。

1. 首部

首部应依次写明：（1）制作文书的劳动争议仲裁委员会的全称；（2）文书名称：仲裁裁决书；（3）文书编号，如×仲裁字第×号；（4）双方当事人的基本情况。如申请人、被申请人的姓名、性别、年龄、民族、工作单位、职业和住址等，如果委托代理人进行仲裁活动时，还应写明委托代理人的姓名、职业等有关信息；（5）案由，案由是该案的性质、履行劳动合同争议等。

2. 正文

正文是裁决书的重点部分，应写清楚三部分内容：（1）仲裁请求、争议的事实和理由，以及被申请人申辩情况；（2）劳动争议仲裁委员会认定的事实、理由，如适用的法律、法规和政策；（3）裁决结果，这部分是仲裁裁决书的核心，是仲裁庭根据认定的案件事实和理由，正确使用国家法律、法规和政策对案件作出的处理决定。裁决结果要以明确的语句、肯定的口气确切指明当事人在争议中各自应承担的权利与义务。

3. 尾部

尾部应依次写明：（1）如不服本裁决，可在接到裁决书之日起××

日内向××人民法院起诉。(2) 首席仲裁员、仲裁员签名。对裁决持不同意见的仲裁员，可以签名，也可以不签名，以保持其独立的仲裁人格。但是，仲裁员若不签名应当将这一情况在仲裁书中作说明，以此证明仲裁员参加了审理工作。简单案件，由独任仲裁员一人签名。(3) 裁决日期，并加盖劳动争议仲裁委员会印章。加盖劳动争议委员会印章，是因为仲裁裁决书不能以仲裁庭的名义作出，而是要统一以劳动争议仲裁委员会的名义作出；(4) 书记员签名。在发出裁决书之前，书记员经核对加盖“本件与原本核对无异”戳记。

以下为劳动争议仲裁委员会仲裁裁决书的一般格式：

劳动争议仲裁委员会仲裁裁决书

×劳仲案字（　）第　号

申请人：

委托代理人：

被申请人：

委托代理人：

仲裁请求、争议事实、裁决理由：

裁决结果：

如不服本裁决，在接到本裁决书之日起＿日内向本会所在地人民法院起诉；逾期不起诉的，本裁决即发生法律效力。

首席仲裁员：

仲裁员：

××劳动争议仲裁委员会

年　月　日

（盖章）

书记员：

二十四、小额劳动争议案件的一裁终局

［案例］小红是北京某纺织厂的纺织女工，与纺织厂签订了 3 年的劳动合同，双方约定试用期为 6 个月，试用期工资为 800 元/月，奖金根据个人表现和纺织厂效益情况确定。

由于刚入厂，为了能够尽快适应厂里的工作，小红工作非常努力，经常第一个来到车间，最后一个离开。一个月下来，小红进步很大，人也瘦了不少。但是，当小红领到自己第一个月的工资时，小红皱起了眉头：怎么只有 500 块，比北京市最低工资低 100 多块呢？也许第一个月工作还不熟练，给的就是少吧！小红安慰着自己，没再多想。第二个月，小红已经能够熟练地操作了，工作和老员工不相上下。可是这个月小红还是只领到了 500 块。这次小红再也忍不住了，于是到领导办公室问个究竟。原来是因为小红还在试用期，厂里规定，试用期的员工每个月只发 500 块的基本生活费。“可是试用期的工资也不能低于北京市最低工资标准啊？”小红说道，“厂里应该给我补发低于最低工资的部分。”厂里领导不同意，双方越吵越火，谁也不让谁，最后，小红向当地劳动争议仲裁委员提起仲裁。

仲裁委员会在查明实情后，裁决服装厂将试用期工资增加到最低工资标准，并补发前两个月拖欠的工资。但是服装厂对仲裁裁决不服，在这种情况下，服装厂可以再向人民法院起诉吗？

这是一个关于小额劳动争议标的的纠纷，根据《劳动争议调解仲裁法》的规定，对追索劳动报酬不超过当地月最低工资标准十二个月金额的劳动争议，仲裁裁决为终局裁决。本案中，小红与服装厂之间的争议标的数额较少，没有达到当地月最低工资标准十二个月金额，所以仲裁裁决就是终局裁决，服装厂不得再向人民法院起诉。如果用人单位有证

据证明一裁终局裁决有法定撤销情形的，可以自收到仲裁裁决书之日起三十日内向劳动争议仲裁委员会所在地的中级人民法院申请撤销裁决。

《劳动争议调解仲裁法》第四十七条规定，追索劳动报酬、工伤医疗费、经济补偿或者赔偿金，不超过当地月最低工资标准十二个月金额的争议，除本法另有规定的外，仲裁裁决为终局裁决，裁决书自作出之日起发生法律效力。这一规定确立了小额劳动争议案件实行一裁终局的制度。

一裁终局制度，是劳动争议仲裁庭对申请仲裁的纠纷进行仲裁后，裁决立即发生法律效力，当事人不得就同一纠纷再向劳动争议仲裁委员会申请仲裁或向人民法院起诉的制度。《劳动争议调解仲裁法》对两大类劳动争议案件实行有条件的“一裁终局”，若劳动者在法定期限内不向法院提起诉讼，或者用人单位向法院提起撤销仲裁裁决被驳回的情况下，仲裁裁决为终局裁决。其中一类就是小额劳动争议案件，这类纠纷通常是涉及标的金额小、事实清楚、当事人对裁决结果没有异议的案件。标的金额小，就是争议涉及的标的不超过当地月最低工资标准十二个月的金额。最低工资，是劳动者在法定工作时间内提供了正常劳动的前提下，其所在企业应支付的最低劳动报酬。最低工资是法定的最低报酬，由于最低工资标准的制定要参考当地最低生活费用、职工平均工资、经济发展水平等诸多因素，因此不同地方有不同的标准。如截止到2006年11月，北京月最低工资标准为640元，而上海则为750元。按照此数据计算，北京市月最低工资标准十二个月的金额为7 680元；上海市月最低工资标准十二个月的金额为9 000元。具体来说，属一裁终局的小额劳动争议案件包括：

1. 追索劳动报酬的

劳动报酬是劳动者从事生产活动而获得的全部收入。劳动者付出劳动，应当获得相应的劳动报酬。但是在实际中，拖欠劳动报酬现象十分普遍。据劳动和社会保障部有关负责人表示，2003 年我国职工约有 2.07 亿人，其中分布在各地的进城务工人员有 9 400 万人。在有些地方，特别是一些非公企业和农民工比较多的企业，职工往往由于用人单位不签劳动合同或随意解除劳动合同而得不到应有的报酬，拖欠工资、克扣工资的现象时有发生。而拖欠农民工工资问题尤为严重，据全国总工会的资料显示，2003 年全国进城务工的农民工被拖欠的工资估计在 1 000 亿元左右。从以上资料我们可以看出全国拖欠工资问题相当普遍，严重损害了劳动者的合法权益，能否及时、高效地解决这类案件直接影响着劳动关系的和谐与稳定。

2. 追索工伤医疗费的

职工因工负伤治疗，享受工伤医疗费，工伤医疗费是工伤保险待遇的一项，主要包括以下内容：（1）工伤职工治疗工伤或者职业病所需的挂号费、住院费、医疗费、药费、就医路费全额报销；（2）工伤职工需要住院治疗的，按照当地因公出差伙食补助标准的 2/3 发给住院伙食补助费；（3）经批准转外地治疗的，所需交通、食宿费用按照本企业职工因公出差标准报销。

3. 追索经济补偿的

根据《劳动合同法》的规定，涉及经济补偿的有：（1）用人单位与劳动者约定竞业限制条款，并约定在解除或终止劳动合同后，在竞业限制期限内按月给予劳动者经济补偿的。（2）有下列情形之一的，用人单位应当向劳动者支付经济补偿：一是因用人单位过错，劳动者依照《劳动合同法》第三十八条规定解除劳动合同的；二是用人单位依照《劳动合同法》第三十六条规定向劳动者提出解除劳动合同并与劳动者协商一致解除劳动合同的；三是因劳动者患病、负伤、不能胜任工作等，用人单位依照《劳动合同法》第四十条规定解除劳动合同的；四是因经济性裁员，用人单位依照《劳动合同法》第四十一条第一款规定解除劳动合同的；五是除用人单位维持或者提高劳动合同约定条件续订劳动合同，劳动者不同意续订的情形外，依照《劳动合同法》第四十四条第一项规定终止固定期限劳动合同的；六是依照《劳动合同法》第四十四条第四项、第五项规定因企业破产、撤销、责令关闭等情形终止劳动合同的；七是法律、行政法规规定的其他情形。经济补偿按劳动者在本单位工作的年限，每满一年支付一个月工资的标准向劳动者支付。六个月以上不满一年的，按一年计算；不满六个月的，向劳动者支付半个月工资的经济补偿。劳动者月工资高于用人单位所在直辖市、设区的市级人民政府公布的本地区上年度职工月平均工资三倍的，向其支付经济补偿的标准按职工月平均工资三倍的数额支付，向其支付经济补偿的年限最高不超过十二年。

4. 追索赔偿金的

根据《劳动合同法》的规定，涉及赔偿金的有：(1) 用人单位违反《劳动合同法》的规定与劳动者约定试用期，违法约定的试用期已经履行的，由用人单位以劳动者试用期满月工资为标准，按已经履行的超过法定试用期的期间向劳动者支付赔偿金。(2) 用人单位有下列情形之一的，由劳动行政部门责令限期支付劳动报酬、加班费或者经济补偿；劳动报酬低于当地最低工资标准的，应当支付其差额部分；逾期不支付的，责令用人单位按应付金额百分之五十以上百分之一百以下的标准向劳动者加付赔偿金：一是未按照劳动合同的约定或者国家规定及时足额支付劳动者劳动报酬的，二是低于当地最低工资标准支付劳动者工资的，三是安排加班不支付加班费的，四是解除或者终止劳动合同，未按照本法规定向劳动者支付经济补偿的。(3) 用人单位违反《劳动合同法》规定解除或者终止劳动合同，劳动者不要求继续履行或已经无法履行的，用人单位应当依照经济补偿标准的二倍向劳动者支付赔偿金。

二十五、劳动基准争议案件的一裁终局

［案例］小娜去年进入北京某私营企业，双方签订了2年的劳动合同，岗位是会计。虽然工作比较辛苦，但薪酬福利比较好，因此对自己的工作还算满意。上个月小娜顺利生下宝宝，脸上总是洋溢着幸福的笑容。最近，小娜却为生育保险的事心烦意乱。签订劳动合同时，公司承诺为小娜缴纳生育保险，最近报销生育医疗费时才发现公司并没有信守承诺。小娜多次打电话与公司领导交涉，要求补交拖欠的保险费，并由公司负担自己的生育保险待遇，但都没有结果。无奈之下，小娜向当地仲裁委员会提起仲裁。仲裁庭经调查审理后，作出裁决，要求公司依法为小娜补交生育保险。公司对仲裁裁决不服，在这种情况下，公司可以再向人民法院起诉吗？

这是一个关于因执行国家劳动标准在社会保险方面发生的争议，根据《劳动争议调解仲裁法》的规定，因执行国家劳动标准在社会保险方面发生的争议，仲裁裁决为终局裁决。本案中，小红与公司之间因生育保险而发生争议，由于生育保险是社会保险的内容之一，所以仲裁裁决就是终局的裁决，公司不得再向人民法院起诉。如果用人单位有证据证明一裁终局裁决有法定撤销情形的，可以自收到仲裁裁决书之日起三十日内向劳动争议仲裁委员会所在地的中级人民法院申请撤销裁决。

《劳动争议调解仲裁法》第四十七条中规定，因执行国家的劳动标准在工作时间、休息休假、社会保险等方面发生的争议，除本法另有规定的外，仲裁裁决为终局裁决，裁决书自作出之日起发生法律效力。这一规定确立了劳动基准纠纷实行一裁终局的制度。劳动基准纠纷，就是

因享受国家劳动基准法所规定的保护标准而产生的纠纷。国家的劳动标准，是国家对劳动领域内规律性出现的事务或行为进行规范，以定量或定性形式所做出的统一规定，具有文件规范性、标准明确、适用范围广泛的特点。

目前，我国已初步形成了以《劳动法》为核心，内容涉及工作时间、休息休假、工资、社会保险、禁止使用童工、女职工和未成年工特殊劳动保护、劳动定额、职业安全卫生等方面的劳动标准体系，并根据我国经济和社会的发展不断调整和完善。其中工作时间，是法律规定的劳动者在工作场所为履行劳动义务而消耗的时间，也就是劳动者每天工作的时数或每周工作的天数。我国《劳动法》及有关法律法规规定，劳动者每日工作 8 小时，每周工作 40 小时，实行国际统一标准。休息休假，是劳动者在国家规定的法定工作时间以外自行支配的时间。我国《劳动法》对劳动者的休息休假也做了明确的规定，其中包括工作日内的间歇时间、两个工作日之间的休息时间、公休假日、法定休假日、年休假、探亲假等。社会保险，是国家通过立法，多渠道筹集资金，对劳动者在因年老、失业、患病、工伤、生育而减少劳动收入时给予经济补偿，使他们能够享有基本生活保障的一项社会保障制度。我国的社会保险主要有养老保险、医疗保险、工伤保险、失业保险和生育保险等。

对小额劳动纠纷及劳动基准纠纷的处理实行有条件的一裁终局制度，是《劳动争议调解仲裁法》的创新和突破。实行一裁终局处理争议的制度，其特点在于缩短争议处理周期，简化程序，节省资源。实行一裁终局处理的案件，主要是一些涉及劳动者生存权益、案情简单、争议标的较小的案件，从保护劳动者角度确立了快速解决的制度。这类案件专业性较强，有明确的法律标准，便于仲裁员及时、公正地作出裁决。过去，劳动争议处理实行“一调一裁两审”制度，即使一些案情简单的案件，如果任何一方坚持通过法律程序处理，都要经过这样一个较长的过程，程序繁琐，耗时过长，浪费了大量的人力、物力和财力，不利于及时维护当事人合法权益。而对部分劳动争议案件实行有条件的一裁终局制度，缩短了劳动争议案件的处理周期，可以让大量的劳动争议案件在仲裁阶段就得到彻底解决，无须拖延到诉讼阶段。同时，也防止了当事人恶意诉讼、案件久拖不决的情形。一裁终局制度有利于提升劳动争议处理工作效率，减轻当事人负担，提高劳动争议仲裁的权威性和法律效力。

二十六、一裁终局案件中，劳动者的诉讼权

［案例］徐某大专毕业后成为了北京某服装公司的一名会计，并与单位签了3年的劳动合同。后来由于公司错误地估计了市场形势，最终导致服装大量滞销，公司一时间资金周转困难，工资发放也成了很大的问题。不久公司找徐某协商，希望徐某能够与公司解除劳动合同。徐某答应了公司的要求，提前解除了劳动合同，并很快又找到了一份新的工作。

后来，徐某与朋友聊天，才知道，用人单位单方解除劳动合同，应当支付经济补偿，可是徐某并未得到公司的任何经济补偿。于是徐某向公司索要经济补偿4 500元，可是公司以“协商解除劳动合同公司可不支付经济补偿”为由，拒绝支付。徐某不服，于是向用人单位所在地的劳动争议仲裁委员会申请仲裁。仲裁委员会受案审理后，作出裁决，但仲裁裁决并未支持徐某的请求，因为仲裁委员会无法认定用人单位是否为单方解除劳动合同，于是按协商解除劳动合同处理。

徐某对仲裁裁决不服，5天后向人民法院提起诉讼。

这是一个关于劳动者对一裁终局裁决不服，向人民法院提起诉讼的

案例。案例中徐某与公司之间的争议涉及的标的为 4 500 元，属于一裁终局的案件范围，因此徐某对一裁终局裁决不服，可向人民法院提起诉讼。

《劳动争议调解仲裁法》第四十八条规定："劳动者对本法第四十七条规定的仲裁裁决不服的，可以自收到仲裁裁决书之日起十五日内向人民法院提起诉讼。""本法第四十七条规定的仲裁裁决"指的是《劳动争议调解仲裁法》对一裁终局的规定，一裁终局的劳动争议案件范围具体包括："追索劳动报酬、工伤医疗费、经济补偿或者赔偿金，不超过当地月最低工资标准十二个月金额的争议；因执行国家的劳动标准在工作时间、休息休假、社会保险等方面发生的争议。"若劳动者对以上一裁终局仲裁裁决不服的，可在法定期间内向人民法院提起诉讼。

对于《劳动争议调解仲裁法》第四十八条关于劳动者诉讼权的规定，应当注意以下几层含义：（1）诉讼的申请人只能是劳动者，而用人单位不能向人民法院提起诉讼。（2）劳动者提起诉讼不受法定条件限制，只要劳动者对一裁终局裁决不服，就可以向人民法院提起诉讼。应注意的是，劳动者既可以选择诉讼，也可以选择不诉讼，选择权完全掌握在劳动者手中。若劳动者认为仲裁裁决对其不利，可以继续提起诉讼，反之则可以不诉讼。（3）应在法定期间内提起诉讼。劳动者诉讼的法定期间为自收到仲裁裁决书之日起十五日内；劳动者期满不起诉的，视为放弃起诉权，裁决书对劳动者发生法律效力。

对于一裁终局，《劳动争议调解仲裁法》给予了劳动者和用人单位司法救济的机会，但是对于用人单位的救济途径却做了更多的限制。用人单位只有申请撤销权，而没有起诉的权利，此外这种撤销权并非可自由行使，而是受到法律的严格限制。对于用人单位救济途径的严格限制，很重要的一方面是可以防止用人单位恶意诉讼的行为。因为劳动者在劳动关系中处于弱势地位，用人单位很可能为了自身利益，不惜财力、人力，借助自身优势地位将劳动争议案件打到底，让劳动者望而却步。因此《劳动争议调解仲裁法》规定用人单位只能申请撤销而非诉讼，在一定程度上能够更好地维护劳动者权利。而对于劳动者来说，行使救济权利却相对更加方便，保障也更加充分。

二十七、一裁终局案件中，用人单位的申请撤销权

[案例] 李方因公出差到外地开会，其间顺路回了趟老家，就在回家的路上，不慎摔伤，住进了医院，经过治疗基本痊愈。出院后，李方向公司索要自己住院期间支付的医疗费用共计 7 100 元，但是公司认为，根据《工伤保险条例》的规定，李方因公外出期间，由于非工作原因受伤，公司不承担工伤责任，于是拒绝了李方的请求。李方并不同意公司的说法，仍多次与公司索要工伤医疗费，但是没有任何结果，于是向劳动争议仲裁委员会申请仲裁。仲裁委员会受案审理后，作出裁决，支持了李方的请求，要求公司支付李方工伤医疗费 7 100 元。

公司对仲裁裁决不服，后来无意中了解到，主审仲裁员宋某是李方当年的同窗好友。公司认为仲裁员宋某与李方有特殊关系，审理过程中并没有回避，很有可能会偏袒李方，影响了仲裁裁决的公正性。于是在收到仲裁裁决书二十天后，公司收集了足够的证据，以“仲裁裁决违反法定程序”为由，向劳动争议仲裁委员会所在地的中级人民法院申请撤销仲裁裁决（当地月最低工资标准为 680 元）。

这是一个关于一裁终局仲裁裁决违反法定程序，用人单位向人民法院申请撤销仲裁裁决的案例。案例中公司与李方争议的标的为 7 100 元，低于当地月最低工资十二个月的标准，因此仲裁裁决属于一裁终局的范围。仲裁员宋某并未按照回避程序进行回避，违反了法定程序，因

此仲裁裁决属于"用人单位不服一裁终局裁决可申请撤销"的情形。

《劳动争议调解仲裁法》第四十九条规定："用人单位有证据证明本法第四十七条规定的仲裁裁决有下列情形之一，可以自收到仲裁裁决书之日起三十日内向劳动争议仲裁委员会所在地的中级人民法院申请撤销裁决：（一）适用法律、法规确有错误的；（二）劳动争议仲裁委员会无管辖权的；（三）违反法定程序的；（四）裁决所根据的证据是伪造的；（五）对方当事人隐瞒了足以影响公正裁决的证据的；（六）仲裁员在仲裁该案时有索贿受贿、徇私舞弊、枉法裁决行为的。人民法院经组成合议庭审查核实裁决有前款规定情形之一的，应当裁定撤销。仲裁裁决被人民法院裁定撤销的，当事人可以自收到裁定书之日起十五日内就该劳动争议事项向人民法院提起诉讼。"这条是关于用人单位可以申请撤销一裁终局裁决的规定，主要包含以下几层含义：

（一）申请撤销裁决应具备的条件

申请撤销裁决应注意符合以下条件：(1) 撤销仲裁裁决的申请人必须是用人单位，而非劳动者。一裁终局裁决一旦发生法律效力，用人单位不得就同一争议事项再向仲裁委员会申请仲裁或向人民法院起诉。对于劳动者，根据《劳动争议调解仲裁法》第四十七条的规定，劳动者对一裁终局裁决不服，可以向人民法院提起诉讼。为了同时保护用人单位的司法救济权利，《劳动争议调解仲裁法》规定了用人单位可以向人民法院申请撤销一裁终局。可以看出劳动者与用人单位的救济途径是不同的，享有提起诉讼权利的是劳动者，而享有申请撤销权利的是用人单位。(2) 必须有证据证明一裁终局裁决符合法定撤销情形。若用人单位拿不出证据证明一裁终局裁决符合法定撤销情形之一，则不能申请撤销。(3) 应在法定期限内提出申请。用人单位必须在收到仲裁裁决书之日起三十日内申请撤销裁决，过了法定时效，用人单位将难以维护自身的利益。（4）应当向有管辖权的法院提出申请。用人单位必须向劳动争议仲裁委员会所在地的人民法院申请撤销裁决。

（二）可申请撤销一裁终局仲裁裁决的情形

用人单位有证据证明仲裁裁决有下列情形之一的，可以向人民法院申请撤销裁决。

1. 适用法律法规确有错误的

适用法律法规错误的情况，包括：适用法律、行政法规、地方性法规错误的；适用已经失效或尚未生效的法律法规的；援引法条错误的；违反法律关于溯及力规定的。适用法律法规错误，会导致仲裁裁决的错误，对此应当通过监督程序或其他方式予以纠正。

2. 劳动争议仲裁委员会无管辖权的

《劳动争议调解仲裁法》第二十一条对劳动争议仲裁委员会的管辖问题作了明确的规定："劳动争议仲裁委员会负责管辖本区域内发生的劳动争议。劳动争议由劳动合同履行地或者用人单位所在地的劳动争议仲裁委员会管辖。双方当事人分别向劳动合同履行地和用人单位所在地的劳动争议仲裁委员会申请仲裁的，由劳动合同履行地的劳动争议仲裁委员会管辖。"若劳动争议仲裁委员会无管辖权，则应当将案件移送有管辖权的劳动争议仲裁委员会审理。

3. 违反法定程序的

违反法定程序的情形包括：劳动争议仲裁委员会组成不合法的；受理程序不合法的，如违反了仲裁失效期间规定的；审理程序不合法的，如回避程序不合法的，鉴定程序不合法的；违反了有关期间规定的；其他违反法定程序情形的。

4. 裁决所根据的证据是伪造的

伪造证据，就是制造虚假的证据，对证据内容进行篡改，使其与事实不符。如制造虚假的书证、物证、鉴定结论，等等。当事人必须向仲裁庭提供真实的证据，仲裁庭才能查明案件真实情况、分清是非、确定双方当事人的责任界限，并作出公正裁决。如果当事人提供了伪造的证据，必定会影响仲裁庭对案件事实作出正确判断，使仲裁裁决的基础失去真实性，从而影响裁决的公正性和准确性，损害一方当事人的合法权益，因此裁决当然应予撤销。

5. 对方当事人隐瞒了足以影响公正裁决的证据的

足以影响公正裁决的证据，是直接关系到仲裁裁决的最后结论的证据，这些证据通常与仲裁案件所涉及的纠纷或争议的焦点或重要情节有着直接的联系，同时这些证据也直接影响着仲裁庭对案件事实的判断。在仲裁程序中，当事人都希望仲裁庭能作出对自己有利的裁决，因此有可能为此而隐瞒那些对自己不利的证据，如果隐瞒了这些可能对自己不利的且不为他人所掌握的证据，那么仲裁庭对事实的判断、对是非的认定、对责任的划分等，就会与实际情况不相符，那么由此所作的裁决必定对另一方当事人不公正、不合理，这种裁决应予撤销。如果当事人隐瞒的证据不足以影响公正裁决，则不必撤销仲裁裁决。

6. 仲裁员在仲裁该案时有索贿受贿、徇私舞弊、枉法裁决行为的

索贿受贿，是仲裁员在仲裁案件的过程中非法索要或非法接受当事人财物或其他不正当利益的行为。徇私舞弊，是仲裁员为了谋取私利或为了报答一方当事人已经或承诺给予自己的某种利益，在仲裁案件时有弄虚作假的行为。枉法裁决，是仲裁员在仲裁案件时玩忽职守，无原则迁就一方当事人，颠倒是非，曲解法律甚至故意错误适用法律的行为，具体包括：一是对有确实、充分证据证明的事实不予认定；二是对证据不确实、不充分的事实予以认定；三是伪造、毁灭证据。上述行为是仲裁过程中的严重的违法行为，它必然影响案件的公正裁决，损害一方当

事人的合法权益，在此基础上作出的裁决应予撤销。此外根据《劳动争议调解仲裁法》第三十四条的规定，仲裁员有索贿受贿、徇私舞弊、枉法裁决行为的，应当依法承担法律责任。劳动争议仲裁委员会应当将其解聘。

人民法院经组成合议庭审查核实裁决有上述情形之一的，应当裁定撤销。

（三）裁定撤销后，当事人可向人民法院起诉

《劳动争议调解仲裁法》第四十九条第三款规定："仲裁裁决被人民法院裁定撤销的，当事人可以自收到裁定书之日起十五日内就该劳动争议事项向人民法院提起诉讼。"对这一条款应注意以下几个方面：(1)当事人既包括用人单位，也包括劳动者，任何一方都可以在仲裁裁决被裁定撤销后，向人民法院提起诉讼；(2) 应当在法定期间内提起诉讼。当事人可以自收到裁定书之日起十五日内就该劳动争议事项向人民法院提起诉讼；(3) 仲裁裁决被人民法院裁定撤销的，仲裁裁决自始无效，当事人可就同一事项向法院起诉。

二十八、对仲裁裁决不服的诉讼时效

[案例] 沈女士因对公司推行的薪酬制度不满意，前不久刚从工作单位辞职。辞职后，沈女士要求公司支付拖欠的工资及加班费共计31 940元，公司却借故推脱。后来索要未果，沈女士向劳动争议仲裁委员会申请仲裁，要求拿回自己的工资及加班费。仲裁委员会经调查，认为公司拖欠工资一事属实，要求公司立即支付拖欠沈女士的工资共计24 000元，但是对于加班工资，由于没有证据证明是公司强求加班，因此驳回了此请求。沈女士对仲裁裁决非常不服，认为自己工作辛辛苦苦，为了工作，周末都没能和家人在一起，牺牲了这么多，怎么就说加

班无效呢。沈女士很是无奈，不知如何是好，突然间想起自己的一位同学是学法律的，于是立即向他咨询。沈女士的同学听了沈女士的叙述后，建议沈女士，由于仲裁裁决作出后还未超过十五天，可尽快向人民法院提起诉讼。听了同学的建议后，沈女士立即向人民法院提起了诉讼（当地月最低工资标准为 650 元）。

这是一个关于当事人对仲裁裁决不服，可向人民法院提起诉讼的案例。

《劳动争议调解仲裁法》第五十条规定："当事人对本法第四十七条规定以外的其他劳动争议案件的仲裁裁决不服的，可以自收到仲裁裁决书之日起十五日内向人民法院提起诉讼；期满不起诉的，裁决书发生法律效力。"这条是关于当事人对一裁终局以外及裁决书何时发生法律效力的规定。

（一）当事人对一裁终局以外的仲裁裁决不服，可向人民法院提起诉讼

当事人对一裁终局以外的仲裁裁决不服，可向人民法院提起诉讼。一裁终局的案件范围具体包括：（1）追索劳动报酬、工伤医疗费、经济补偿或者赔偿金，不超过当地月最低工资标准十二个月金额的争议；（2）因执行国家的劳动标准在工作时间、休息休假、社会保险等方面发生的争议。符合上述要求的劳动争议仲裁案件可以实行一裁终局制。

若双方当事人任何一方对一裁终局以外的劳动争议案件仲裁裁决不服的，可以自收到仲裁裁决书之日起十五日内向人民法院提起诉讼，当事人提起诉讼应当注意不能超过诉讼时效。

（二）仲裁裁决书发生法律效力的时间

仲裁裁决书作出后，并不是立刻发生法律效力；当事人对一裁终局以外的仲裁裁决不服的，可以自收到仲裁裁决书之日起十五日内向人民法院提起诉讼，期满不起诉的，裁决书发生法律效力。裁决书一旦发生法律效力，当事人不得就同一劳动争议事项再向人民法院提起诉讼，也不得再向仲裁机构申请仲裁。仲裁裁决发生法律效力即具有强制执行力，若一方当事人逾期不履行，另一方当事人可以向人民法院申请执行，维护自身的合法权益。

可以看出，对一裁终局以外的劳动争议案件的处理，《劳动争议调解仲裁法》仍保持了以往"一调一裁两审，仲裁前置"的模式。对于一裁终局以外的其他劳动争议案件，当事人不愿协商或协商不成的，可以先向调解组织申请调解；不愿调解或调解不成的，可向仲裁委员会申请仲裁；若对仲裁裁决不服，在诉讼时效内，可向人民法院提起诉讼，寻求司法救济。

二十九、不履行调解书、裁决书可申请执行

［案例］小王是某科技公司的一名网络技术人员，由于能力出众，为人忠诚，被公司派往某著名高校深造一年，并在劳动合同中约定，在小王毕业后公司会将每月工资由现在的5 000元提高到8 000元。时间很快过去，转眼小王学成回到公司。工作一个月后，小王领到的工资并非8 000元，而仍是原来的5 000元，小王很疑惑，便找到公司领导理论，公司领导辩解道，由于最近公司产品市场占有率下降，公司效益不是很好，等将来有了转机，一定补回小王的工资。

半年过去了，小王发现公司效益并非不好，而是公司并不打算增加自己的工资。小王多次与公司协商却没有任何结果，于是到劳动争议仲裁委员会申请仲裁。仲裁委员会受案后核对情况属实，经调解，公司承诺会立即支付拖欠的工资，并按照合同约定的内容增加工资，小王对此表示满意。调解成功后，仲裁委员会制作了调解书，并让双方签字盖

章。然而，两个月过去了，公司始终没有执行仲裁结果。一筹莫展的小王不知如何是好，后来他的一位朋友告诉小王，调解书已经发生法律效力，若公司逾期不履行，小王可以向人民法院申请执行。

这是一个关于一方当事人对已经发生法律效力的调解书逾期不履行，另一方当事人可向人民法院申请执行的案例。案例中，仲裁委员会制作的调解书经双方签字盖章后，已经发生法律效力，科技公司逾期不履行，小王可向人民法院申请执行。

《劳动争议调解仲裁法》第五十一条规定："当事人对发生法律效力的调解书、裁决书，应当依照规定的期限履行。一方当事人逾期不履行的，另一方当事人可以依照民事诉讼法的有关规定向人民法院申请执行。受理申请的人民法院应当依法执行。"这条是关于对发生法律效力的调解书、裁决书的履行和申请执行的规定。

（一）当事人对发生法律效力的调解书、裁决书，应当在规定期限内履行

当事人对发生法律效力的调解书、裁决书，应当依照规定的期限履行。根据《劳动争议调解仲裁法》的规定，调解书经双方当事人签收后，发生法律效力；属一裁终局的裁决书自作出之日起发生法律效力；不属一裁终局的裁决书，当事人期满不起诉的，裁决书发生法律效力。

调解书、裁决书发生法律效力后的法律结果表现在：（1）具有既判力。当事人不能就同一争议事项再向人民法院起诉，也不能再申请仲裁机构仲裁。（2）具有执行力。当事人对发生法律效力的调解书、裁决书，应当依照规定的期限履行，履行的基本原则是全面履行。

（二）逾期不履行调解书、裁决书，对方当事人可申请执行

申请执行是生效法律文书中享有权利的当事人，因义务人逾期拒不履行义务，为实现其合法权益，而请求人民法院依法强制执行的行为。

申请执行是当事人的一项重要诉讼权利。根据《民事诉讼法》第二百一十三条的规定："对依法设立的仲裁机构的裁决，一方当事人不履行的，对方当事人可以向有管辖权的人民法院申请执行，受申请的人民法院应当执行。"应注意的是，强制执行的前提是必须由当事人申请，否则人民法院不会主动强制执行。

申请执行要以书面的形式向人民法院递交申请执行书，在有特殊情况时，也可以口头申请。无论是书面申请还是口头申请，申请内容应当具备如下条件：(1) 必须有执行的根据。当事人申请法院强制执行履行义务，必须持有使法院能够执行的仲裁调解书或仲裁裁决书。(2) 执行的根据必须发生了法律效力。调解书或裁决书若未发生法律效力，法院将不予执行。(3) 必须有执行内容。强制执行必须是针对调解书或裁决书中规定的义务进行。一般只有具有给付内容的，才能强制执行。如文书中规定发还拖欠工资、工伤医疗费等。(4) 必须有强制执行的理由。强制执行必须是负有义务的一方当事人采用拖延、逃避或拒绝的方式，不履行已经发生了效力的仲裁文书。(5) 必须在规定的申请执行的时效内提出申请。根据《民事诉讼法》的规定，申请执行期限，从法律文书规定履行期限的最后一日起算，法律文书规定分期履行的，从规定的每次履行期间的最后一日起算；法律文书未规定履行期限的，从法律文书生效之日起计算。申请执行的期限为两年，申请执行时效的中止、中断，适用法律有关诉讼时效中止、中断的规定。

人民法院对当事人的申请执行审查核实的，在某些情况下将裁定不予执行、中止执行或终结执行。有下列情形之一的，人民法院应当裁定不予执行：(1) 裁决的事项不属于劳动争议仲裁范围或者劳动争议仲裁机构无权仲裁的；(2) 仲裁庭的组成或者仲裁的程序违反法定程序的；(3) 认定事实的主要证据不足的；(4) 适用法律确有错误的；(5) 仲裁员仲裁该案时，有徇私舞弊、枉法裁决行为的；（6）人民法院认定执行该劳动争议仲裁裁决违背社会公共利益的。有下列情形之一的，法院对当事人的申请执行将不予执行：（1）申请人表示可以延期执行的；（2）案外人对执行标的提出确有理由的异议的；（3）作为一方当事人的公民死亡，需要等待继承人继承权利或者承担义务的；（4）作为一方当事人的法人或者其他组织终止，尚未确定权利义务承受人的；（5）人民法院认为应当中止执行的其他情形。中止的情形消失后，恢复执行。有下列情形之一的，人民法院裁定终结执行：（1）申请人撤销申请的；（2）据以执行的法律文书被撤销的；（3）作为被执行人的公民死亡，无遗产可供执行，又无义务承担人的；（4）追索赡养费、扶养费、抚育费案件的权利人死亡的；（5）作为被执行人的公民因生活困难无力偿还借款，无收入来源，又丧失劳动能力的；（6）人民法院认为应当终结执行的其他情形。

执行员在收到申请执行书或者移交执行书，应当向被执行人发出执行通知，责令其在指定的期间内履行，逾期不履行的，强制执行。强制执行，对于维护仲裁机关的威信，维护生效的法律文书权威，维护当事人的合法权益具有重要的意义。

第五章　劳动争议诉讼程序与处理策略

劳动争议诉讼是人民法院按照民事诉讼法规定的程序，以劳动法律为依据，对劳动争议案件进行审理的活动。劳动争议诉讼是劳动争议处理的司法程序，也是处理劳动争议的最终程序，具体包括起诉、受理、调查、审理、判决和执行等步骤。劳动争议诉讼将劳动争议处理纳入法制轨道，有利于保障当事人的诉讼权，监督仲裁委员会依法进行裁决，确保生效的调解协议、仲裁裁决和法院判决顺利执行，保证劳动争议的及时解决，有利于劳动关系的和谐稳定。

人民法院审理劳动争议案件适用《民事诉讼法》。最高人民法院2001年和2006年分别颁布了《关于审理劳动争议案件适用法律若干问题的解释》和《关于审理劳动争议案件适用法律若干问题的解释(二)》，对劳动争议案件的受理、举证责任、仲裁效力等作出明确规定，这些法律和司法解释是我国现行劳动争议诉讼制度的主要法律依据。

一、审理劳动争议应当遵循的原则

[案例] 2001年，一家外商独资公司高薪聘用了一位博士赵某担任副总经理，工资待遇为每月12 000元。公司负责人告诉赵某："公司已经付给你很高的薪水，就不再额外负担任何福利了，也不会缴社会保险，如果你觉得没有保障的话，可以自己购买商业保险，公司对此不再负责了。"虽然感到这种做法不合理，但赵某转念一想："我刚30多岁，

一般也不会有什么大病，至于养老问题，现在考虑还为时过早。倒不如趁年轻多挣些钱，实惠。”于是同意了公司的做法，并与公司正式签订了劳动合同。

一个偶然的机会，赵某从一个学法律的朋友那里得知，为员工缴纳社会保险费是公司的法律义务，外资公司的做法是不合法的。赵某与公司协商，要求补缴社会保险费，公司方面拒绝了他的要求。赵某向劳动争议仲裁委员会提出了仲裁申请。一个多月后，劳动争议仲裁委员会作出裁决，支持赵某的主张，外资公司应按照赵某的实际收入足额为赵某补缴社会保险费。

外资公司对这一裁决不服，随即向人民法院提起诉讼。在法庭上，公司方面辩称：不为赵某缴纳社会保险，是事先跟他讲好的。他如果不同意，当时可以拒绝。既然已经与公司签订劳动合同，说明双方的协议已经达成，赵某现在无权反悔。人民法院审理查明，赵某在公司工作期间公司确实没有为赵某缴纳社会保险费用，这种做法违反了我国法律的相关规定。人民法院按照以事实为依据，以法律为准绳的原则，判决支持赵某的主张，这家公司应为赵某补缴保险。

这是一起因用人单位没有为劳动者缴纳社会保险而引发的争议，人民法院按照以事实为依据、以法律为准绳的原则进行了审理。人民法院审理劳动争议案件应当遵循民事诉讼的审判原则，主要包括：

1. 以事实为依据，以法律为准绳。这是司法工作必须坚持的基本原则。“事实”是案件发生的时间、地点、原因和造成的后果等客观存在的情况，司法机关在处理劳动争议案件时，首先要准确地查清争议的事实，做到证据确凿，是非分明。除掌握事实外，处理劳动争议还应注意正确适用法律，做到不偏不倚，合理公正。“法律”既包括国家立法机关制定的法律法规，各级行政机关颁布的法令、条例、政策和规章，还包括用人单位制定的内部规章制度以及劳动关系双方依法签订的劳动合同、集体合同等，这些都可以作为人民法院审理劳动争议案件的法律依据。

2. 双方当事人在适用法律上一律平等的原则。法律对于劳动争议的双方当事人同等适用，不论争议双方的单位性质、隶属关系、规模大小有何不同，在适用法律上一视同仁。这一原则具体体现在以下三个方面：一是劳动争议的双方当事人有平等的起诉权，人民法院不能因当事人的身份不同而区别对待，双方的诉讼机会和条件是平等的。二是双方当事人在诉讼活动中具有平等的陈述事实和进行辩论的权利。三是在诉讼活动中，任何一方当事人的合法权益都应受到法律保护，凡是违法的行为都应受到法律的追究，绝不允许任何单位和个人有超越法律之上的特权。

3. 独立行使审判权原则。人民法院依照法律规定独立行使审判权，是指审判权只能由人民法院统一行使，不受任何组织的和个人的干预，人民检察院、人民代表大会有权对审判权进行监督。除人民法院之外，其他任何行政机关、社会团体和个人都无权审判劳动争议案件。

4. 回避原则。申请回避是当事人的一项重要的民主诉讼权利，劳动争议的当事人，有权向人民法院提出合理的回避要求；人民法院的审判人员认为办理案件不适宜时，也应自行申请回避。贯彻回避原则，有利于人民法院公正地审理案件，保障当事人的合法权益。

5. 着重进行调解的原则。人民法院在审理解决劳动争议案件时，首先应当引导当事人进行调解，调解不成的，才依法及时进行判决。着重调解原则在劳动争议诉讼中显得尤为突出，这是因为劳动争议案件涉及面广、政策性强、情况比较复杂，当事双方关系密切，处理结果与当事人有直接利害关系。调解能使劳动争议在较为缓和的氛围中得到解决，有利于劳动关系的和谐稳定。

此外，由于劳动争议案件的特殊性，劳动争议诉讼的审理还应体现与有关单位密切配合的原则。劳动行政机关是国家管理劳动工作的专门部门，熟悉劳动法律、法规和政策；工会长期从事企业生产、安全、工资福利、劳动保护等各项管理和监督检查工作，对用人单位情况比较熟悉；劳动争议仲裁机关，是代表国家处理劳动争议的专门机构，直接受理和负责处理各种劳动争议案件，对争议的原因、过程等情况比较了解，且有一定的办案经验。人民法院审理劳动争议案件时，应认真听取这些部门的意见，与他们密切配合。

二、劳动争议诉讼由基层法院管辖

［**案例**］李某是一家中型超市的收银员，自进入超市工作后，经常在休息日加班。去年3月，李某向超市提出辞职，并要求超市一次性支付拖欠的加班费，超市以现金不足为由，一再拖延。李某多次找超市负责人协商都没有结果，无奈之下诉诸法律。5月，李某向当地中级人民法院递交诉状，要求超市向他发放长期拖欠的加班工资。

李某向法院提交诉状的第二天，市中院给李某打来了电话，告诉李某市中院对于他的案件不具有管辖权，提醒李某尽快向具有管辖权的法院提交诉状，以免错过劳动争议诉讼时效。李某感到非常吃惊，在查阅相关法律后他了解到，一般的劳动争议案件应由基层人民法院管辖，要不是市中院的及时提醒，自己很可能就因为搞错了管辖法院而错过了诉讼时效。搞清楚问题之后，第二天，李某向区人民法院重新提交了诉状。

这是一起因为用人单位拖欠加班工资引发的争议，案例涉及劳动争议案件的管辖权问题。

管辖是指人民法院之间受理第一审民事案件的内部分工，即确定各级人民法院之间和不同地域的同级人民法院之间，解决第一审民事案件的权限范围的制度和规定。《劳动争议调解仲裁法》规定，当事人向人民法院提起劳动争议诉讼的，一般由用人单位所在地或者劳动合同履行地的基层人民法院管辖，具体说来，处理该争议的劳动仲裁委员会所在地基层法院对争议案件具有管辖权，这是劳动争议案件诉讼管辖的一般性规定。这一规定，解决了同级人民法院之间，受理第一审劳动争议案件的分工和权限，有利于劳动争议案件就地就近解决，既便于当事人诉讼，又便于人民法院调查取证，同时还可以加强与处理争议的仲裁机关之间的沟通与联系，有利于案件的及时、合理解决。劳动争议当事人在进行劳动争议诉讼前，应当首先弄清案件的管辖权归属，将诉状递交给有管辖权的法院，以免耽搁时间，错过劳动争议的诉讼时效。本案例中，李某的劳动争议应由区人民法院管辖，李某在没有弄清案件管辖权的情况下，将起诉书交给了没有没有管辖权的中级人民法院，如果没有法院工作人员的及时提醒，很可能会造成对李某不利后果。

此外，有一些劳动争议性质复杂、审理难度大、影响范围广，例如涉外劳动争议、集体劳动争议等，我国法律对这类劳动争议诉讼的管辖作出了特殊规定，一般由中级法院作为一审法院进行审理和判决。

三、劳务派遣争议诉讼当事人的确定

［案例］戴某是武汉某大学的学生，毕业时恰逢知名跨国企业西门子公司在武汉高校招聘培训生，经过层层选拔，戴某顺利进入西门子公司，成为“Sales 100”培训项目中的一员。“Sales 100”培训项目是该公司 2005 年启动的一个专门针对应届毕业生的培训项目，当年即有数十名毕业生加入此项目。进入公司时，戴某等按照西门子公司的要求与

劳务派遣公司签订劳动合同，劳务派遣公司又将他们派遣至西门子公司工作。培训开始前，西门子公司要求与戴某签订《培训协议》，约定公司出资对他进行为期两年的培训，培训完成后，他要为西门子服务3年，如果在服务期内辞职，就要支付20万至30万不等的高额违约金。戴某没有任何犹豫就在培训协议上签了字，并满怀热情地开始了培训。

然而，一年多以后，戴某不顾培训协议上规定的高额违约金，执意向西门子公司提出辞职。原因是他认为西门子的这个培训计划，名为“培训”实为“工作”，除了开始的一个月公司为他们安排了培训课程外，其他时间实际就是在为西门子公司工作，因为他们的培训生身份，所以报酬比其他员工少，这种“干活不少、拿钱不多”的情况对培训生来说非常不公平。戴某离职后，西门子公司随即向劳动仲裁委员会提出仲裁申请，要求戴某按照培训协议的约定，赔偿西门子公司违约金24万元。

仲裁委员会调查认为：西门子公司与戴某之间不存在劳动关系，以其不具备签订培训协议的主体资格为由驳回了西门子公司的仲裁申请。西门子的仲裁申请为何被驳回？西门子公司现在应该怎么办？[①]

这是一起与劳务派遣有关的劳动争议案例，西门子公司以派遣员工违反《培训协议》为由向仲裁委员会提起仲裁申请，被仲裁委员会依法驳回。

《培训协议》是劳动合同的附件，是劳动关系双方当事人依法签订的，对培训过程中产生的权利义务进行约定的协议。只有劳动关系的当事人，即用人单位和劳动者才有资格签订培训协议，约定服务期和违约金。用工单位和劳务派遣员工之间是劳务关系，不是劳动关系，不具备

① 资料来源：中央电视台《经济与法》：高额索赔的背后．2008年2月27日

签订培训协议的主体资格。案例中的西门子公司是接收派遣员工的用工单位，不具备与派遣员工签订《培训协议》的主体资格，已签订的《培训协议》应视为无效。西门子公司以无效的《培训协议》为依据提起仲裁申请，当然无法获得仲裁委员会的支持。面对这种情况，西门子公司应该怎么办呢？首先，西门子公司可以选择与员工协商，利用这种较平和的方式解决争议，将案件为企业带来的负面影响降到最低。如果仍想通过劳动争议诉讼的方式解决，西门子公司可以与劳务派遣公司协商，由劳务派遣公司向法院提起诉讼，或者双方作为共同当事人提起诉讼。

四、企业合并分立后诉讼当事人的确定

［**案例**］A公司是一家国营商贸公司，今年2月与本地一家民营企业合并，成立了以经营电气设备为主的新公司，A公司原有的人员、房产等一并被新公司接收。郑某是A公司的老员工，1999年因工伤调离原工作岗位，成为公司治安科的治安员。在此期间，郑某因社会保险问题与A公司发生了争议，一直没有得到解决。新公司成立以后，郑某多次找到人力资源部要求解决自己的问题，但人力资源部以新公司刚成立，各项工作尚未步入正轨为由一再拖延。郑某既气愤又无奈，最后决定诉诸法律。准备诉状时，郑某遇到了一个困惑：自己与A公司产生劳动争议，但现在A公司已经与其他公司合并成立了新公司，原来的公司已经不存在了，这种情况下郑某应该告谁呢？

这是一起因社会保险的缴纳引发的诉讼，涉及用人单位合并后如何确定诉讼当事人的问题。根据有关法律规定，用人单位与其他单位合并的，合并前发生的劳动争议，以合并后的单位为当事人。随着市场经济的发展，企业之间的兼并、合并成为一种普遍存在的现象，劳动者的合法利益不应因企业的合并受到损害。由继承原企业的劳动权利和义务的

新企业出面解决劳动争议，符合法律公正公平的原则，有利于保障劳动者的合法权益。本案例中，郑某与合并前的A公司发生劳动争议一直未获解决，A公司被合并后，郑某应以合并后的新公司作为被告向人民法院提起诉讼。

除合并外，法律还对企业分立的情形作出了规定：用人单位分立为若干单位的，分立前发生的劳动争议，以分立后的实际用人单位为当事人；用人单位分立为若干单位后，对承受劳动权利、义务的单位不明确的，分立后的单位均为当事人。

五、劳动争议诉讼中的第三人

［案例］ 林某是A公司的研发人员，从事通信软件研发工作，工作经验非常丰富，是公司的业务骨干。去年11月份，林某突然口头向公司提出辞职。公司指出林某已与公司签订了《培训协议》并约定了服务期，现在服务期尚未结束，要求林某履行服务期约定或支付服务期违约金，否则不予办理离职手续。林某没有理会A公司的要求，在没有办理离职手续的情况下离开A公司到B公司任职，并与B公司签订了劳动合同。A公司多次要求林某回公司协商解决劳动争议，林某都没有答复，与B公司的负责人协商也没有任何结果。无奈之下，A公司决定通过法律途径解决。A公司为培训林某投入了大量资金，林某个人的经济能力很可能无力支付违约金；与林某相比，B公司经济实力雄厚，有能力支付高额培训违约金，而且B公司还与林某建立了劳动关系。如果以B公司作为被告提起诉讼，A公司获得违约金赔偿的可能性更大。那么A公司能否把B公司当做被告，向法院起诉呢？

这一劳动争议涉及当事人主体资格的认定问题。我国法律规定，劳动争议诉讼的当事人是劳动者和用人单位，当事双方应存在劳动关系。

本案中，A公司与林某存在劳动关系，劳动合同尚未解除，进行劳动争议诉讼时应将林某作为被告，B公司不能成为A公司劳动争议诉讼的被告。针对类似情况，我国法律规定，用人单位招用尚未解除劳动合同的劳动者，原用人单位与劳动者发生的劳动争议，可以将新的用人单位列为第三人。第三人是指对于他人之间争议的诉讼标的有独立的请求权，或者虽没有独立的请求权但案件的处理结果同他有法律上的利害关系，因而参加到他人之间已经开始的诉讼中的人。本案中，B公司在林某尚未解除合同的情况下与他建立劳动关系，A公司与林某的劳动争议处理结果与B公司之间存在直接利害关系，故可以成为这起劳动争议的第三人。

六、承包企业劳动争议负责人的确定

[**案例**] 某面粉厂是一家老牌国有企业，在企业转制投标过程中，程某成功中标，成为面粉厂的承包人。程某承包面粉厂后，原有员工的岗位和职责基本保持不变。今年1月份，员工赵某因工作原因在车间内与主任发生冲突，事件发生第二天，程某指示人事部门以严重违反劳动纪律为由解除了与赵某的劳动合同。赵某觉得这一做法不合理，于是找到面粉厂的党委书记，同时也是法人代表，要求他出面恢复他的劳动关系。但这位负责人却告诉他，企业现在已经承包出去，自己作为发包方负责人无法对企业经营加以干涉。

郑某感到非常气愤，决定采取法律手段维护自己的权益。但是，如那位负责人所说，企业现在已经承包给程某经营，经营权掌握在程某手上，解除劳动合同的决定也是程某作出的；但自己当初是与面粉厂签订的劳动合同，作为发包方，面粉厂仍然具有对企业的所有权，况且作为用人单位，面粉厂也应当对自己负责，怎么能撒手不管呢？这种情况下，如果自己想“告”，应该告谁呢？是发包方还是承包方？

这是一起用人单位单方面解除劳动合同引发的争议，涉及劳动者与承包经营企业发生劳动争议诉讼如何确定当事人的问题。按照我国法律的规定，用人单位承包经营期间，劳动者与发包方和承包方双方或一方发生劳动争议，依法向人民法院起诉的，应当将承包方和发包方作为当事人。承包经营是企业经营方式的转变，并不能免除用人单位的法定义务。劳动者与承包方发生劳动争议时，发包方应及时出面，配合劳动争议的解决；发生诉讼时，应作为共同当事人出庭参与诉讼。本案例中的面粉厂是一家承包经营企业，发包方是面粉厂，承包方是程某，双方共同承担用人单位的权利义务。员工郑某与承包方因解除劳动合同发生争议，应将承包方和面粉厂作为共同被告进行起诉。

七、超过劳动争议仲裁申诉时效的起诉

［案例］韩某是某市造船厂的员工，两年前退休。在工厂工作的12年中，韩某经常在休息日加班，工厂既没有安排补休也没有支付加班费。今年5月，韩某提出工厂尚拖欠他加班费共计17万多元没有支付，要求工厂一次性清偿。造船厂以资金不足为由拒绝了韩某的要求。韩某向当地劳动争议仲裁委员会提出仲裁申请，要求造船厂支付12年来拖欠自己的加班费共计17万多元。仲裁委员会调查表明：韩某在造船厂工作期间加班属实，按照法律规定，造船厂应当支付加班费。但是，工厂拖欠韩某加班费12年，韩某退休也已经两年了，这14年间，韩某没有一次提出要求工厂清偿加班费。仲裁委员会以超过仲裁时效为由裁决不予受理。韩某对这一结果非常不理解，支付加班工资是法律规定的，既然是法律的规定，工厂有什么权利不给？韩某准备向法院起诉，通过诉讼要回加班费。然而，在超过申诉时效的情况下，法院会受理韩某的

诉讼请求吗?

这是一起劳动者告用人单位拖欠加班费引发的争议，劳动者的诉讼请求超过了申诉时效，法院依法应予以受理。根据《劳动争议调解仲裁法》的规定，劳动争议申请仲裁的时效期限为一年。劳动争议仲裁委员会可以以当事人的仲裁申请超过期限为由，决定不予受理。根据《最高人民法院关于审理劳动争议案件适用法律若干问题的解释》，当事人对劳动争议仲裁委员会以当事人的仲裁申请超过仲裁时效期限为由，作出不予受理的书面裁决、决定或通知不服，依法向人民法院起诉的，人民法院应当受理。法律的这一规定，保障了劳动争议当事人的诉讼权，在程序法律的立法上具有重要的意义。案例中，韩某在工厂工作期间以及退休后两年内，没有以任何形式提出要求工厂支付加班费，按照仲裁时效的有关规定，韩某在法律上已经放弃了要求工厂支付加班费的申诉权。但我国法律保护劳动者的起诉权，这种情况下，韩某向法院起诉，法院同样应予以受理。

八、劳动争议诉讼的举证责任

[案例] 秦某为了讨回包工头拖欠自己的工资已经奔波了一个多月，几天前，他走入了人民法院，请求人民法院帮助他讨回被拖欠的 5 000 多元工资。

秦某来自江西省，几年前来到上海市某建筑工地打工，工作期间没有与用人方签订任何书面合同。工程完工后，包工头以工程款尚未清算为由，拖欠他 5 000 多元的工资没有发放，秦某家庭困难，想尽快拿到钱好补贴家用，于是和工友们一起到处奔波，他们找到建筑公司，又找到包工头，双方相互推诿，谁都不拿出解决办法。无奈之下，秦某将工程承包方上海市某建筑公司告上法庭。

开庭前，秦某在法援中心律师的帮助下开始系统地搜集证据。法援中心的律师告诉秦某，诉讼取胜的关键在于证据是否充分，以及使用证据是否合理，开庭前的主要任务就是尽最大可能搜集证据。律师在整理案件相关资料的基础上，将诉讼请求明确为两点，首先请求法院确认秦某与用工方之间的劳动关系，其次要求用工方支付拖欠当事人秦某的工资共计 5 000 元，秦某的证据收集工作就主要围绕这两个诉讼请求进行。秦某找出了自己的工作证、工作服等，还拿出了相关的证人证言。开庭时，秦某的律师充分利用已搜集到的证据进行质证。今年年初，一审法院作出判决，秦某胜诉。

这是一起劳动者告用人单位拖欠工资的诉讼案件，劳动者一方在充分搜集和使用证据的基础上取得了诉讼的胜利。按照我国《民事诉讼法》和《劳动争议调解仲裁法》的有关规定，当事人对自己的提出的主张有责任提供证据加以证明，否则应承担不利的法律后果，即“谁主张、谁举证”。劳动者如果作为原告，应负责对自己的诉讼请求所依据的事实进行证明。以事实为依据进行审判是法院审理案件的根本原则之一，当事人的举证是否充分有力直接关系到案件审理的结果，因此劳动者在进行劳动争议诉讼时必须重视举证。本案例中，秦某作为原告，提出两项诉讼请求，并多方搜集证据对自己的诉讼请求加以证明，最终取得了诉讼的胜利。

此外，考虑到劳动者和用人单位在实际地位上的不平等，我国法律特别规定对于那些用人单位掌握的与争议事项有关的证据，用人单位应当提供，即在某些劳动争议诉讼中实施举证责任的倒置，劳动者提出诉讼请求后，由用人单位举证证明原告的诉讼请求所依据的事实不成立。这一规定体现了劳动程序立法对劳动者的倾斜性保护。

九、劳动争议的诉讼时效

[案例] 晓华是某名牌大学的毕业生，毕业后进入一家知名外资网络设备公司从事市场营销工作。几年后，由于工作出色，晓华被提拔为公司的营销主管，掌握了大量网络运营商的客户资料，成为公司的主要骨干。公司为防止商业秘密泄露，与中高层管理人员签订了《竞业限制协议》，规定涉密员工离开公司后两年内不得到与本公司有竞争关系的企业任职。晓华在成为营销主管的同时也签订了这份协议。

今年3月，晓华的劳动合同到期，公司一再挽留他续订劳动合同，但晓华仍然选择离开了公司。两个月后，公司偶然得知晓华离开公司后到了国内另一家网络设备公司任职，而且担任了该公司的主管客户服务的副总经理。公司因为晓华不守信用而感到非常愤怒，第二天就向市劳动仲裁委员会提起仲裁申请。仲裁委员会认为晓华先后任职的两家公司事实上不存在竞争关系，裁决驳回了公司的申请。仲裁裁决下达后，公司管理层对裁决结果反应不一，由于管理层迟迟没有下达指示，法务部没能及时向法院起诉。3周后，法务部在管理层的指示下，向人民法院提起诉讼，但却因超过了15天的诉讼时效被法院依法驳回。

这是一起竞业限制而引发的争议，用人单位的诉讼要求因超过时效而被人民法院依法驳回。劳动争议当事人向法院起诉，应注意不要超过诉讼时效的规定。根据《劳动法》《劳动争议调解仲裁法》的规定，劳动争议当事人对仲裁裁决不服的，除少数“一裁终局”的案件以外，自收到裁决书之日起15日内，可以向人民法院起诉。超过诉讼时限，人民法院可以裁决不予受理或依法驳回。本案例中，公司在劳动争议仲裁结果下达21天后才向人民法院提起诉讼，早已超过了法定的诉讼时效，人民法院因此驳回了他们的诉讼请求。

此外，法律还对“一裁终局”案件的诉讼时限作出了特殊的规定。对于“一裁终局”的案件，劳动者对仲裁裁决不服的，可以在15日内直接向人民法院起诉；用人单位不服的应先向劳动争议仲裁委员会所在地的中级人民法院申请撤销裁决，裁决撤消后才能向法院起诉。

十、劳动者在诉讼中的权利

[案例] 孙晓红是某广告公司的一名秘书，近来喜得贵子，全家人都沉浸在新生命带给他们的幸福中。然而，当孙晓红休完产假，带着送给同事们的礼物回到公司时，却发现公司在她休产假期间擅自调动了她的工作岗位，由原来的董事会办公室调到了后勤部，并且还以岗位变动为由，降低了自己的工资。孙晓红既气愤又委屈，自己工作一向兢兢业业，任劳任怨，公司怎么能这样对待自己呢?

孙晓红气愤之下，向当地劳动争议仲裁委员会申请仲裁。仲裁委员会作出裁决后，广告公司不服仲裁裁决，向人民法院提起诉讼。在准备诉讼的过程中，不懂法也没有任何诉讼经验的孙晓红遇到了一个问题，自己在诉讼中拥有哪些权利呢？为了维护自己的合法权益，应当如何合理地利用这些权利？孙晓红就这些问题咨询了律师，律师站在专业的角度上对这些问题一一进行了解答。在充分了解自己的权利之后，孙晓红对诉讼更有信心了。今年3月，在律师的帮助下，孙晓红向人民法院递交了起诉书。

劳动争议诉讼权利是劳动争议处理程序法赋予当事人，用以维护自己劳动权益的诉讼手段。了解当事人的诉讼权利，有利于当事人更好地利用法律武器维护自己的合法权益。劳动者如果成为当事人，在诉讼活动中依法享有的权利主要包括：（1）起诉权。起诉权以及相应的撤回、放弃、变更或增加诉讼请求的权利是当事人请求司法保护的基本权利，是一切其他权利的核心和前提。(2) 答辩权。劳动者作为被告有承认或者反驳原告诉讼请求的权利。(3) 反诉权。反诉是在已经开始的劳动争议诉讼程序中，劳动者以本诉的原告用人单位作为被告，向人民法院提出与本诉立案标的有牵连的诉讼请求，保护自己的权益。(4) 劳动者在应诉时，有使用本民族语言文字的权利。(5) 劳动者有权委托诉讼代理人。(6) 劳动者有权对审判人员、书记员、翻译人员、鉴定人员等依照法律规定的情况提出令其回避的权利。(7) 劳动者遇到特殊情况，有权请求法庭延期审理。(8) 在审判过程中，劳动者有权提供证人证据。(9) 劳动者在开庭过程中，有权进行辩论。劳动者可以论证自己的诉讼请求，反驳对方的诉讼请求，就有争议的事实或适用法律等问题展开辩论。(10) 劳动者在审判过程中有权在不违背国家法律、法规的前提下自行与员工和解或者请求法院调解。(11) 经人民法院许可，劳动者有权查阅本案件的庭审材料，并可请求自费复制本案的庭审材料和法律文书。(12) 劳动者认为法庭笔录对自己的陈述记载有遗漏或者差错的，有权补正。(13) 企业有权请求法院采取证据保全和诉讼保全措施。(14) 劳动者对已达成的调解协议，在调解书送达时有权反悔，请求继续审理判决。(15) 劳动者不服第一审人民法院判决或裁定的，有权提起上诉。(16) 对已生效的有执行内容的判决、裁定以及调解书，用人单位一方不履行，劳动者有权申请人民法院强制执行。(17) 劳动者对已生效的判决、裁定，有权提出申诉。(18) 对于证据，劳动者有权要求重新鉴定调查或者勘验等。

十一、当事人的申请上诉权

[**案例**] A公司是一家新加坡企业，两年前，A公司聘用了具有丰富管理经验的马来西亚人林某，并将他派往A公司驻北京办事处工作，

聘用时间为5年。1年后，林某因个人原因决定回国，于是向A公司提出辞职，并要求公司清偿拖欠的工资。原来，林某自进入公司到辞职的一段时间内，由于公司财务总监没有到位等原因，一直没有按月领取工资，只向公司支取了一定数额的生活费。公司给林某的答复是：因为公司经营刚步入轨道，财务部门有很多紧急任务需要完成，要林某再等等。眼见回国日期将近，被拖欠的工资却拿不到手，林某选择通过法律途径讨要工资，将A公司告上了法庭。这起争议案件发生在一家外国企业和外籍员工之间，市中级人民法院以双方的劳动关系不受劳动法调整为由一审驳回了林某的诉讼请求。林某不服裁决，在律师的帮助下向省高院提起上诉。

这是一起用人单位拖欠劳动者工资引发的争议，劳动者不服一审裁定，向上一级人民法院提起上诉。根据《民事诉讼法》规定，当事人不服一审人民法院判决的，有权在判决书送达之日起十五日内向上一级人民法院提出上诉；不服一审作出的不予受理、驳回起诉和管辖权异议的裁定的，当事人有权在裁定书送达之日起十日内提起上诉。二审法院对于当事人的上诉案件，经过审理会按照不同情形作出维持原判、改判、撤销原判发回重审等不同处理。我国实行两审终审制，二审法院的判决和裁定就是终审的判决和裁定。上诉权是诉讼当事人的基本权利，它从程序上保障了法律的公正执行，有利于审判机关的内部监督，保护了当事人的合法权益。本案中林某的诉讼请求被一审法院驳回，但林某仍然可以通过上诉，请求上一级人民法院对案件进行审理。

十二、当事人的强制执行权

［案例］某木材公司因长期恶意拖欠工人工资被法院依法强制执行。这家木材公司成立于1995年，共有员工约90人。从前年至今，长期拖

欠工人工资。气愤不过的工人们曾采取过多种手段讨还工资，都没有结果。最后，工人们想到了采用法律手段，向市劳动争议仲裁委员会提起仲裁。

由于事实明确，仲裁委员会的裁决很快下达，裁决支持工人们的诉讼请求，工人们以为这次终于有希望了。没想到木材公司的老板对这份裁决视而不见，被拖欠的工资仍然没有着落。就在工人们几乎绝望的时候，一个偶然的机会得知法院有一种强制执行程序，可以强制不履行裁决书的用人单位执行裁决，工人们马上准备材料向法院申请了强制执行。法院审查认定裁决书符合强制执行的条件，案件顺利进入执行程序。在法院的干预下，今年 2 月份，工人们终于领到了被恶意拖欠多年的工资。

这是一起因拖欠工资引发的争议，劳动者通过申请强制执行维护了自己的权益。当事人对发生法律效力的法律文书，包括判决书、裁决书和调解书等，应当依照规定的期限履行。一方当事人逾期不履行的，另一方当事人可以申请人民法院强制执行。人民法院制作的生效法律文书，包括判决书、调解书等一般由一审法院执行，其他法律文书，例如仲裁裁决书、支付令等由被执行人住所地或者被执行的财产所在地法院执行。执行程序是一种强制手段，是维护司法尊严和当事人合法权益的最后一道保障。本案例中，法院通过强制执行，使长期恶意拖欠工资的木材公司清偿了拖欠工人的工资，维护了工人们的合法权益，体现了法律的公正和尊严。

第六章　劳动合同争议处理实务

劳动合同争议是用人单位和劳动者之间因订立、履行、变更、解除和终止劳动合同引发的争议，它贯穿于劳动关系的整个过程。目前，我国劳动合同争议案件数量大幅度上升，争议案件日趋复杂，争议内容日益多样化，调处难度加大。因此，如果不能对劳动合同争议进行公正及时处理，保护当事人的合法权益，势必影响劳动关系的和谐稳定。

《劳动合同法》是调整劳资双方权利义务关系，维护劳动合同双方当事人的合法权益的重要法律，为劳动争议处理机构依法及时、公正地处理劳动合同纠纷提供了法律依据。《劳动争议调解仲裁法》对劳动争议处理程序作了具体的规定，为公正及时解决劳动争议、促进劳动关系和谐稳定提供了法制保障。如果用人单位不能透彻理解相关的劳动法律，不能很好地处理纷繁复杂的劳动关系争议，势必使用人单位牵涉大量的人力、物力和财力，对于企业的稳定发展造成直接的影响，延缓企业前进的步伐。因此，如何及时、有效处理争议，适应《劳动争议调解仲裁法》的新调整，是每一个用人单位都要面临的新挑战。

一、劳动关系的建立

[案例] 王某原是某纺织厂的一名职工，去年到某化工厂工作，工厂为其办理了招工手续，但却未与他签订劳动合同，只是口头上约定了工资为每月 800 元。

工厂为王某安排的工作岗位是脱硫作业。几个月后，王某发现，该工作劳动强度大，而且在生产过程中会大量接触硫化氢、二氧化硫和亚硫酸等有害物质，长时间工作很容易得职业病。在这样有风险的岗位工作，工资只有800元，居然还低于当地的最低工资标准900元。于是，王某找到厂领导反映："在这样的环境工作，我的工资水平有点太低了，能不能给我提高下工资，或者重新给我安排一个适当的岗位。"厂领导当即表示不同意："本来我们单位就是勉强录用你的，你的学历、技能等各方面条件都较差，我们单位能接受你，就已经对你很不错了。你居然还在工作上挑肥拣瘦。反正你自己想想，要干就留下，不干就走人。"

当天下午下班前，厂领导正式通知王某："以后你就不要来厂里上班了，厂里决定不要你了。"王某感觉很委屈，心想："我也没做错什么，只是提了个要求，怎么就能把我辞退呢?"于是，他鼓起勇气，对厂领导说道："我工作上没犯错误，你们不能随意辞退我。否则，我要到劳动争议仲裁委员会去告你们。"

"你想打官司就请便吧，反正我们也没和你签订合同。从法律上讲，没签劳动合同就不能说你跟厂里有劳动关系。没有劳动关系存在，产生的纠纷不能算劳动争议，劳动争议仲裁委员会自然就不会管。所以，你去仲裁委员会申请仲裁，他们也不会受理。"

王某听了这番话后，半信半疑，他很想知道："难道我在厂里工作了这么长时间，连劳动关系都没有吗?"

这个案例涉及劳动关系何时建立的问题。

《劳动合同法》第七条规定："用人单位自用工之日起即与劳动者建立劳动关系。用人单位应当建立职工名册备查。"

劳动关系是指劳动者与用人单位在劳动过程中发生的，以劳动和劳动报酬给付为主要内容的社会关系。劳动关系建立的时间直接决定着劳动者和用人单位权利和义务的时间界限，对于劳动者和用人单位都非常重要。本法条规定的用人单位自用工之日起即与劳动者建立劳动关系，即从劳动者到用人单位工作的第一天起，或者说从用人单位开始使用劳动者劳动的第一天起，不论是否订立书面的劳动合同，双方就建立了劳动关系。这一规定突破了劳动关系必须以书面劳动合同为有效要件的规定，承认了只要有用工行为就存在劳动关系。本案中，双方已经从王某到化工厂工作的第一天起建立了劳动关系。厂领导以没有书面劳动合同为由，不承认双方存在劳动关系的行为是没有法律依据的。公司想要以此推卸法律责任、逃避法律义务的做法，是违法的行为，需要承担相应的法律责任。此外，根据《劳动争议调解仲裁法》的规定，因确认劳动关系而引发的争议属于劳动争议的处理范围，劳动争议仲裁委员会应当依法受理。因此，王某可以向公司所在地的劳动争议仲裁委员会申请仲裁。

过去，在《劳动法》下，没有订立劳动合同的劳动关系被称为事实劳动关系。实践中，许多用人单位为了逃避劳动行政部门的监管，或者逃避社会保险责任，故意不和劳动者订立书面的劳动合同，造成了大量的事实劳动关系的存在。由于事实劳动关系不受《劳动法》的保护，导致劳动者的合法权益受到严重损害。因此，《劳动合同法》规定劳动关系自用工之日起建立，明确地把事实劳动关系纳入到法律的调整范围之内，有利于保护劳动者的合法权益。因此，以往用人单位想通过不签订劳动合同来规避法律义务的做法是行不通的。用人单位只有规范用工管理，完善劳动合同管理制度，才能避免由此产生的各种法律风险。

二、书面劳动合同的订立

[**案例**] 吴晓红是一位19岁的女孩。高中毕业后没考上大学，她加

入了浩浩荡荡的求职大军。但是由于没有一技之长，她一直也没有找到一份合适的工作。一天，她在报纸上看到本地一家新开业的快餐店正在招聘服务员的消息，便赶紧前去应聘。面试很简单，人事经理问了几个问题后，就决定录用她，并让她下周一去上班，只是不签合同。听到自己被录用的消息，对于找工作屡屡碰壁的吴晓红来说，她非常高兴。她觉得签不签合同无所谓，便和人事经理简单地约定了报酬，就回去准备上班了。

到了星期一，吴晓红提前赶到快餐店，在值班经理那儿领了一套工作服后，便开始工作了。到了中午休息的时候，她在与同事闲聊时才得知，公司不签合同是违法的。她便找到人事经理要求签合同，人事经理听后，跟她说："你急什么啊？又不是不给你签，你先好好工作，过了这个月再说。你要是表现不好，小心我炒掉你。"

1个月后，尽管吴晓红在工作中表现很好，但是公司仍然没有与她签合同的意思。不过工资还算比较高，她很满意，便没再要求公司与其签合同。很快，晓红已在快餐店工作6个月了，劳动合同依然没有签。吴晓红越想越不对劲，便鼓足勇气找到人事经理询问什么时候签合同，人事经理说道："你不了解法律，劳动合同没多大用处。而且单位又不会拖欠你工资，签不签书面合同还不都一样。"公司人事经理的说法对吗？

这是一个用人单位不签书面劳动合同而用工的案例。

《劳动合同法》第十条规定："建立劳动关系，应当订立书面劳动合同。已建立劳动关系，未同时订立书面劳动合同的，应当自用工之日起一个月内订立书面劳动合同。"签订书面劳动合同是法律规定的当事人的一项法定义务，我国《劳动法》明确规定，劳动合同应当以书面形式订立，而不得以口头方式订立。订立书面劳动合同的好处在于它可以明确规定双方当事人的权利、义务和责任，有助于促使当事人正确地行使权利，严格地履行义务，减少和防止劳动争议的发生。一旦出现争议，也有利于获得证据，便于劳动争议的及时解决，维护当事人的合法权益。本案中，公司不与劳动者签订书面合同的做法是违法的。

同时，我国法律也规定了不签书面劳动合同的法律后果。根据《劳动合同法》第十四条和八十二条的规定，用人单位自用工之日起超过一个月不满一年未与劳动者订立书面劳动合同的，应当向劳动者每月支付二倍的工资。超过一年不与劳动者订立书面劳动合同的，视为双方已订立无固定期限劳动合同。本案中，快餐店与吴晓红建立劳动关系后一个月内仍不订立书面劳动合同的行为违反了法律规定，依法应当向吴晓红支付双倍的工资，如果超过一年仍没有签订书面合同的，法律直接就视为双方已经建立无固定期限劳动合同。

根据《劳动争议调解仲裁法》的规定，本案属于劳动争议处理范围，对于不签合同一事，吴晓红可以与用人单位协商和解，也可以向有关的调解组织申请调解，不愿意调解或调解不成，应当向劳动合同履行地的劳动争议仲裁委员会申请仲裁。对仲裁裁决不服的，可以向人民法院起诉。

现实生活中，很多用人单位不愿与员工签订书面劳动合同，不愿意用合同约束自己，认为不签合同就可以不给员工上保险，可以随时调整员工工资，可以随时解雇员工，即使员工去告，也会因为缺乏证据而不了了之。用人单位这种做法和行为是无知的，不签订劳动合同仍要承担相应的法律责任，《劳动合同法》加大了对用人单位不签订劳动合同的处罚力度。因此，用人单位应当主动、依法与劳动者订立劳动合同，避免由此产生的法律风险。

三、劳务派遣合同期限的约定

［案例］小明从小学习成绩很好，父母都企盼着有一天他能考上理想的大学。可惜第一年高考小明发挥失常，可以勉强进一所普通的民办学校，一向争强好胜的他不甘心就这样放弃自己的大学梦。于是，在家人和朋友的鼓励下，他又回学校复习了一年。但是，在考试的前一个星期，由于学习和心理压力比较大，他病倒了。结果，这次高考他又是名落孙山。连续两次高考失利，小明心里很难受。

父母、亲戚和朋友都安慰他："没什么大不了的，念完了大学不还得找工作吗？趁现在年轻找个工作先干着，以后如果还想继续学习的话还有机会不是？"在家恢复调整了几个月以后，小明决定听从家人的意见，出去找份工作。可是刚从校园出来的他，除了那点书本知识没有一点技术，什么都不会。亲戚托熟人找到了一家派遣公司，对方同意和小明建立劳动关系，但是由于初次就业，对于他的工作表现还是不太放心，担心给公司惹上麻烦。于是双方协商了一下，决定先签订一年期的劳动合同，如果干得好的话，合同到期再续签一年。

小明和父母都觉得这合情又合理，没什么问题，于是就和派遣公司签了一年期的劳动合同……

这是一个有关劳务派遣中如何约定劳动合同期限的案例。《劳动合同法》第五十八条第二款规定："劳务派遣单位应当与被派遣劳动者订立二年以上的固定期限劳动合同，按月支付劳动报酬。"

派遣单位作为劳动合同的相对方，它是《劳动合同法》所称的用人单位，应当履行用人单位对劳动者所应承担的义务。包括订立劳动合同、及时足额支付劳动报酬、缴纳社会保险费用、办理档案转移手续等义务。《劳动合同法》对劳务派遣中劳动合同的期限作了特别规定，即劳务派遣单位应当与被派遣劳动者订立二年以上的固定期限劳动合同。这说明劳动合同的期限不能少于二年，二年以上固定期限劳动合同的期限，派遣单位可以与劳动者协商确定；二年以下的因为违反了法律规定，即使双方协商一致也是无效的。

这一规定主要是为了将劳务派遣单位和一般的劳务中介区分开来。劳务中介机构一般只负责在有用工需求的用工单位和寻找工作的劳动者之间基于工作进行匹配，匹配成功的中介机构收取一定的费用作为其营业收入，而不再负责后期劳动者工作过程中的各种问题。而派遣单位作为用人单位不但要把劳动者派遣出去，还要进行为其支付报酬、缴纳保险费、管理档案等一系列人力资源管理活动。实际上是用工单位将其人力资源管理活动的一部分外包给了派遣单位，这就要求派遣单位实实在在地承担起用人单位的责任。对劳动合同期限的这一下限规定，加重了派遣单位作为用人单位身上承担的法律责任，从而能够更为有力地保障劳动者的合法权益。本案例中，派遣公司与小明订立一年期限的劳动合同违反了本条规定，是无效的约定。

四、采取欺诈手段订立的劳动合同无效

[案例] 某动力机械厂在报纸上刊登广告，招聘一名机床维修工。章某看到广告后，前去应聘。在交谈过程中，章某声称自己完全符合公司的招聘条件，自己不仅已经有五年的机床维修工作经验，而且对不同类型机床的构造和维修都很精通。公司人事经理听到章某的自我介绍及其在交谈中说到的各种机床术语，便与他签订了为期两年的劳动合同。

工作不久，公司便发现章某对机床只是了解而已，根本谈不上维修，其对劳动合同约定的岗位完全不能胜任。公司对章某进行了调查，经过调查得知，章某的自荐材料完全属于伪造，他只是做过三年钳工，

并不懂机床维修。于是，公司便书面通知张某，与其解除劳动合同。

章某不同意：“我们当初可是签了合同的，双方签字盖章就是有效的，你们不能毁约。”“你伪造的自荐材料欺骗了公司，公司完全可以与你解除合同！你这是故意欺诈！”公司人事经理气愤地说。双方争执不下，于是章某向劳动争议仲裁委员会提出申诉，要求公司撤销解除其劳动合同的决定，恢复其工作。

这是一起劳动者采用欺诈手段订立劳动合同引发的争议。

《劳动合同法》第二十六条规定，采用欺诈的手段，使对方在违背真实意思的情况下订立的劳动合同无效或部分无效。欺诈，是指一方当事人故意告知对方当事人虚假的情况或者故意隐瞒真实的情况，诱使对方当事人产生错觉，做出错误的意思表示的行为。劳动合同是双方当事人在平等自愿的基础上意思表示一致而达成的协议。任何一方采用欺诈等手段达到订立劳动合同的目的都违背了平等自愿、协商一致、诚实信用的合同订立原则，因而在这些情况下订立的劳动合同是无效的。本案中，章某在应聘的时候，采取了欺骗的手段，把自己说成是一名有经验的机床维修工，并伪造了自荐材料，导致公司与其签订了劳动合同。所以，张某的行为构成了欺诈，某动力机械厂与其订立的劳动合同无效。因此，用人单位在与劳动者订立劳动合同之前，要对劳动者提供的各种证件、材料进行严格的审查，防范劳动者的欺诈等行为，避免由此引发的用工风险。

五、只约定试用期无效

［案例］小赵刚步入社会短短几个月，就尝到了作为新人的种种苦涩。“社会上农民工工作辛苦，我们试用期员工也是。”这一句话浓缩了他在整个事件中感受到的沉重与无奈。小赵曾应聘到一家公司做工地现

场资料员。这个工作并不轻松，只要工程在进行，就无休息日。

刚毕业的学生需要到基层锻炼，这一点小赵心里很明白，所以，当初公司老板只与他签订了三个月的试用期合同，并许下诺言试用期表现经考核过关，就再续签三年的劳动合同。小赵明知这种合同对试用期新人的权益保护存在着很大的风险，但迫于无奈，只好签下了。

为了顺利通过试用期，早日转正，小赵每天勤勤恳恳，除了认真完成自己的工作任务，每天还帮忙干其他的活。

两个月过后，公司老板来找小赵，说公司最近不景气，养不起太多的人，只好从新人开始减员，请小赵理解，然后付给他试用期的薪水，就把他打发了。[①] 小赵很是气愤，自己三个月来认真负责地工作，就是为了能够成为公司的一名正式员工，可是公司却这么不负责任地解雇了自己，心里越想越不是滋味，这不明摆着欺负人吗？一位朋友了解情况后，告诉小赵，公司与小赵签的劳动合同只约定试用期是违法的，约定的试用期是无效的，该期限应为劳动合同期限。朋友建议小赵可以去劳动争议仲裁委员会去告公司，以维护自己的合法权益。

这是一起用人单位非法与劳动者约定试用期的案例。

《劳动合同法》第十九条第四款规定："试用期包含在劳动合同期限内。劳动合同中仅约定试用期的，试用期不成立，该期限为劳动合同期限。"

试用期是用人单位和劳动者为了相互了解、相互选择而约定的一定期限的考察期。这一期限属于劳动合同期限的组成部分，包含在劳动合同期限中，所以应当短于劳动合同期限。现实生活中，很多用人单位利用劳动者尤其是应届毕业生求职心切的心理，只与其签订试用期合同，

① 资料改编自：中国教育报. 2006-11-16（10）

然后谎称等试用期过后再签订正式的劳动合同，约定合同期限。到最后，往往是劳动者试用期合同一到期，就被用人单位以种种理由解雇。劳动者在劳动关系存续期间永远处于被试用状态，其合法权益无法得到有效保护。所以《劳动合同法》对此作了限制性规定，以期达到保护劳动者合法权益的目的。本案中，某公司只与小赵签订试用期合同的做法是违法的。公司与小赵约定的三个月的试用期应为劳动合同期限。小赵与公司之间因订立劳动合同而发生的争议，属于劳动争议仲裁案件的受理范围，小赵可以向公司所在地的劳动争议仲裁委员会申请仲裁，维护自身的合法权益。

作为企业管理者，在与劳动者订立劳动合同时，一定要明白试用期只是劳动合同期内的一定时间的考察期，坚决不能以试用期合同代替劳动合同。就算以试用期合同取代劳动合同，只要存在事实劳动关系，也不能免除劳动者的任何权利。否则，一旦对簿公堂，用人单位会面临法律的制裁。

六、企业单方变更劳动合同无效

[案例] 大专毕业后，何某与某制造厂签订了为期三年的劳动合同，担任生产铸造车间的车床操作工。最近，何某的合同快要到期了，他正在为续不续约的问题而发愁。由于年轻，何某学东西很快，经过三年的锤炼，他很快就成长为一名熟练的操作工。因此，厂里很重视他，打算与其续签合同。不过，车工这份工作很辛苦，而且工资不是很高，何某也不想一直干这行，很想换份新工作。最后，经过仔细考虑后，何某拒绝了公司续约的要求，决定在合同到期时离开公司。但由于车床操作工岗位特殊，存在招收困难的问题。如果何某离开，对企业运营有着一定的影响。为避免人才流失，厂劳资科长便向厂长建议将何某的合同在原

先的基础上延长两年。经厂长同意后，劳资科长就在未与何某协商的情况下，单方变更了何某的劳动合同的期限。何某得知后，对公司这一决定非常不满，拒绝履行合同。公司则以合同已变更为由，强迫何某履行劳动合同，双方发生了纠纷。

这是一起因用人单位单方变更合同期限而引发的争议，本案的焦点在于：公司是否有权单方面变更劳动合同？

《劳动合同法》第三十五条第一款规定："用人单位与劳动者协商一致，可以变更劳动合同约定的内容。"劳动合同的变更，是指当事人双方对尚未履行或尚未完全履行的劳动合同，依照法律规定的程序和条件，在原有的劳动合同基础上，进行添加、删除或修改的法律行为。一般说来，合同一经双方订立，即具有法律强制性，当事人应当严格遵守，不应当随意变更。但是，在合同的履行过程中，难免有各种客观或人为因素，使得原有劳动合同的履行条件发生改变，从而使得合同变更成为一种必要。变更劳动合同要具备的首要条件是当事人双方的协商一致。任何一方当事人不与对方协商、单方面变更合同的行为都是不合法的。本案中，制造厂未征得何某的同意，单方面变更何某的劳动合同期限的决定，明显违反了《劳动合同法》的规定，侵犯了其合法权益。因此，公司擅自作出的变更合同期限的决定是没有法律效力的，何某可以拒绝履行公司单方变更的劳动合同。为维护自身的合法权益，何某可以向有关的调解组织申请调解，不愿意调解或调解不成的，可以选择向当地的劳动争议仲裁委员会申请仲裁。

现实中，用人单位往往对变更劳动合同存在误解，认为用人单位拥有变更劳动合同的自主权，因此可以随意无条件地单方提出变更劳动合同。这一观点是错误的。劳动合同依法订立即具有法律效力，当事人必须履行劳动合同约定的义务，任何一方不得随意单方变更。即便是订立劳动合同等客观情况发生变化，可以变更劳动合同，也应该遵循协商一致的原则。实践中，许多用人单位单方强制变更劳动合同的情况都是不符合法律、法规规定的。因此，用人单位应当纠正这一错误理念和管理实践。

七、续签合同不能约定试用期

［案例］大学毕业后，马小姐在北京市某化妆品销售公司担任销售代理工作。由于她性格开朗，又肯努力，不久之后工作就进入了正轨，取得了不错的业绩。很快，马小姐与公司签订的为期两年的劳动合同就要到期了，这时人力资源经理找到她，跟她说："你来公司两年的时间里，工作很出色，取得了很好的成绩。公司决定与你续签劳动合同。同时，从下个星期开始，公司将升任你为市场部经理。不过，你的工作岗位变了，按照公司的规定，新上任人员必须有三个月的试用期。"虽然觉得续约还要三个月的试用期有些不妥，但听到自己升职的消息，马小姐还是很高兴。一周后，马小姐与公司续签了三年的劳动合同，并约定了三个月的试用期。未曾想到，做销售是一把好手的马小姐在市场开发方面却令人大失所望。担任市场经理的两个月内，马小姐不仅没有拿出像样的市场开发方案，就连几次新产品的宣传推广活动也出现了差错。于是，公司决定以试用期不符合录用条件为由与马小姐解除劳动合同。对此，马小姐很不服气，便向公司所在地的劳动争议仲裁委员会提出了仲裁申请。

这是一个关于试用期约定次数的案例。本案例中，用人单位在续签合同时，以调岗为由与同一劳动者约定了两次试用期，这种做法合法吗？

《劳动合同法》第十九条第二款明确规定："同一用人单位和同一劳

动者只能约定一次试用期。”根据这一规定，劳动者在同一用人单位的试用期只能约定一次，用人单位不能以任何理由再次与劳动者约定试用期。之所以明确劳动者试用期的次数，是因为在现实生活中，很多用人单位以种种理由同劳动者约定多次试用期，侵害劳动者的合法权益。比如，有的用人单位在第一次试用期快要结束时，以劳动者能力欠佳为由再次与劳动者约定试用期。还有的用人单位在调整劳动者岗位时，以劳动者需要对新岗位进行熟悉和适应为由，要求与劳动者再次约定试用期。而且，由于《劳动法》对于试月期约定次数没有明确规定，造成了用人单位与劳动者随意约定多次试用期的现象时有发生。因此，《劳动合同法》对试用期的约定次数作了明确规定，以保护劳动者的合法权益。本案例中，公司与李小姐续订劳动合同是不能再次约定试用期的。公司以更换工作岗位为由与其约定的三个月试用期是违反法律规定的，属于无效条款。因此，公司也就不能以试用期不符合录用条件为由与她解除劳动合同。李小姐可以向合同履行地的劳动争议仲裁委员会申请仲裁，维护自身的合法权益。此外，如果李小姐不能胜任工作，公司应调整其工作岗位或者进行相应的培训，经过培训或调整工作岗位仍不能胜任工作的，公司才可以在提前三十日书面通知或者额外支付一个月工资后，与李小姐合法地解除劳动合同。

值得用人单位注意的是，《劳动法》中规定，用人单位可以与调岗的劳动者再次约定试用期。而《劳动合同法》则禁止与调岗的劳动者再次约定试用期。所以，用人单位一定要弄清楚这条规定。在管理过程中，与员工合理地约定试用期，即与同一劳动者只约定一次试用期，即使调岗的劳动者也不例外，以此减少潜在的用工风险。

八、试用期不能随意解除劳动合同

[案例] 北京市某百货商场因扩大营业面积，需增加营业员。于是

贴出广告招聘营业员。当天就有很多人来应征。经过严格的筛选，百货公司很快选出了20名应聘者，并与其签订了为期两年的劳动合同。劳动合同中约定："试用期为两个月。在试用期内，营业员与商场均有权随时与对方解除劳动合同。"一个多月后，商场认为无需使用这么多营业员，只使用其中的15名就足够了，于是商场单方面解除了其中5人的劳动合同。这5名营业员对此不服，诉至劳动争议仲裁委员会，要求仲裁。仲裁结果：撤销百货商场解除5名营业员劳动合同的决定，继续履行其劳动合同。①

这是一起有关试用期内解除劳动合同的案例。

《劳动合同法》第二十一条明确规定："在试用期中，除劳动者有本法第三十九条和第四十条第一项、第二项规定的情形外，用人单位不得解除劳动合同。用人单位在试用期解除劳动合同的，应当向劳动者说明理由。"第三十九条规定的是因劳动者过错而解雇劳动者的情形。第四十条第一项规定的是劳动者患病或非因工负伤的情况下用人单位与其解除劳动合同的情形，第二项是关于劳动者不能胜任工作的情形下被解雇的情形。本条的意思是，除非劳动者不符合录用条件、不能胜任工作，否则用人单位不能随意与处在试用期内的员工解除劳动合同。实践中，很多用人单位都以为在试用期内不需要有任何理由，可随时与劳动者解除劳动合同。这种理解是错误的。因此，本案中，某百货商场在试用期内随意解除劳动合同的做法是违法的。

在实际操作中，用人单位需要掌握以下两个原则：一是用人单位在招聘时必须有明确的录用条件，而且必须能证明劳动者不符合这一录用条件，才能与其解除劳动合同。另外，用人单位与不符合录用条件的员

---

① 资料改编自：单位在试用期内也要按照有关规定解除职工的劳动合同. 中国劳动争议网，2005-1-12

工解除劳动合同时，一定要在试用期内。如果劳动者在试用期内被证明不符合录用条件，但用人单位过了试用期才与其解除劳动合同，则需按解除未到期的劳动合同的情形支付劳动者相应的经济补偿。

九、企业合并或分立，原劳动合同仍然有效

［**案例**］郭某与某电力公司签订了为期五年的劳动合同。期间，该电力公司由于经营不善，与某燃料公司进行了合并，成立了某动力公司。该动力公司成立后，以原劳动合同公司方主体已变更、原劳动合同无法继续履行为由，要求员工与该动力公司重新签订劳动合同，否则将以不愿签订合同为由解除劳动关系。郭某以自己仍在原岗位继续工作无需签订新合同为由予以拒绝，该动力公司随即作出了解除与郭某原劳动关系的决定。

郭某认为该动力公司由电力公司与燃料公司合并而成，电力公司的所有权利义务应由合并后的该动力公司承继；自己仍在原岗位工作，原电力公司与其签订的劳动合同已由该动力公司继续履行，不存在无法履行的情况，因此该动力公司做出解除原劳动关系的决定缺乏依据，要求其继续履行与自己原来签订的劳动合同。

该动力公司则认为自己是由两家公司并后新成立的公司，公司名称、实质都已发生变更，郭某与原电力公司签订的劳动合同已无法履行，因此郭某应当签订新的劳动合同；现因郭某拒绝签新合同，而电力公司已不复存在，该动力公司可以解除郭某与电力公司原有的劳动关系。

双方由此发生劳动争议，郭某遂将该动力公司诉至劳动争议仲裁委员会。劳动争议仲裁委员会经审理，支持郭某的申诉请求，裁决该动力

公司不得解除与郭某的劳动关系，并继续履行原劳动合同。[①]

这是一起因为用人单位合并而引发的关于原劳动合同是否继续有效的劳动争议。《劳动合同法》第三十四条规定："用人单位发生合并或者分立等情况，原劳动合同继续有效，劳动合同由承继其权利和义务的用人单位继续履行。"

法人组织本身的变更，主要表现为合并和分立两种情况。无论是合并还是分立，不影响劳动者与原用人单位依法订立的劳动合同的有效性。所谓"承继其权利义务的用人单位继续履行"，实质是在原用人单位与新用人单位之间发生了一次劳动合同债权债务的概括转移，体现了主体的承继性原则，新用人单位完全取代了原用人单位在劳动合同中的法律地位，原合同内容也原封不动地转移与新用人单位。本案例中出现的是企业合并的情况，电力公司被合并后，作为劳动合同的一方主体并未消失，成为原劳动合同用人单位一方的当然主体。当电力公司不存在以后，动力公司应与郭某办理劳动合同主体名称的变更手续，继续履行原劳动合同的内容。但是，如果郭某与原电力公司在签订劳动合同时事先约定若公司合并，原合同即行终止，那么当这种情况出现时，电力公司就可以按照合同约定终止与郭某的劳动关系。但是本案中双方并无此约定，所以，原来由电力公司与郭某签订的劳动合同继续有效，该动力公司应当依法继续履行该劳动合同，如需变更或解除，也应依法或协商进行。

市场经济条件下，越来越多的企业在经历着合并和分立，伴随着这一过程的是纠缠不清的、令很多企业十分头疼的劳动关系的处理问题，尤其是劳动合同关系的存续和变更问题。通过本条规定，企业应当认识

① 资料来源：人力资源. 2006（14）：62～64

到自身的合并和分立并不影响原劳动合同的法律效力，如果原劳动合同可以继续履行，企业应当正常履行，只要注意及时地变更劳动合同的相关内容即可；如果不能履行，也要按照相关规定解除劳动合同关系。

十、违反培训协议的处理

［案例］ 某合资公司是一家中方控股的从事电子通信设备研制和生产的公司。为了学习国外先进的生产技术，提升公司的核心竞争力，公司决定选派罗某等 4 名中方工程师到日本参加技术培训，培训费用为每人 10 万元。

为了使这些人回国后能安心为公司服务，公司与罗某等人签订了出国培训协议。该协议中规定：公司派罗某等 4 人到日本培训半年，在日本培训结束回公司服务之日起 5 年内，罗某等 4 人不得擅自离开公司，到其他与本公司类似的相关单位工作；否则，每人应当支付公司违约金共计 20 万元，按照培训结束后工作每满一年减免赔偿 20% 的方法支付。

罗某等 4 人结束培训后，很快就成为了公司的技术骨干，为公司新产品研发作出了重大的贡献。经过两年的发展，公司经营效益大幅增长。正当公司为派员出国培训的成果感到欣喜时，罗某却在第二年年底向公司提出了辞职。公司经调查后得知，原来罗某接受了某精密电子仪器公司的聘请，成为了该公司的总工程师。公司对罗某这种违约行为非常气愤，随即向劳动争议仲裁委员会提交了仲裁申请，要求罗某赔偿公司为其支付的出国培训费用 12 万元。

仲裁委员会受理了公司的申请后，经过审理查明，某合资公司为培训罗某所支付的出国培训费用为 10 万元，按照出国培训协议的约定，罗某应当为公司服务满 5 年后才可以离开。而罗某则在培训结束回公司服务两年后就离开了公司，属于明显的违约行为，应当依法承担赔偿责任。于是，仲裁委员会作出裁决：罗某若要提前结束服务期，需要向公司支付尚未履行的3年服务期所应分摊的培训费用，作为违约金。但是按照《劳动合同法》规定，最多支付6万元，考虑到罗某发起和推动技术革新为单位作出的重大贡献，该仲裁委员会裁决罗某支付5.5万元违约金。

这是一起因劳动者违反培训协议而引发的劳动争议。

《劳动合同法》第二十二条第二款规定："劳动者违反服务期约定的，应当按照约定向用人单位支付违约金。违约金的数额不得超过用人单位提供的培训费用。用人单位要求劳动者支付的违约金不得超过服务期尚未履行部分所应分摊的培训费用。"

这一规定明确了劳动者违反服务期约定的责任。劳动者违反培训协议约定的，应当按照约定向用人单位支付违约金，但所约定的违约金总额不得超过用人单位提供的培训费用，所支付的违约金不得超过服务期尚未履行部分所应分摊的培训费用。《劳动合同法》对违约金的总额和支付进行了封顶，这是因为约定违约金的主要目的是补偿用人单位的损失，在一定程度上也可以限制劳动力的过分流动。但过高的违约金对劳动者带有强烈的惩罚色彩，而且很可能成为束缚劳动者自由择业的枷锁。实践中，一些用人单位为了留住劳动者尤其是技术人才和单位骨干，动辄在劳动合同中约定劳动者违反服务期的高额违约金，致使劳动者因无力支付高额的违约金而不能离开该用人单位。这种做法限制了劳动力的合理流动，实际上是剥夺了劳动者自由择业的权利，违反了法律的规定。

本案例中，某合资公司为罗某提供了专项培训费用，进行了为期半年的出国技术培训，并在培训协议中约定了5年的服务期，双方签订的培训协议是合法有效的。罗某在接受单位的出资培训以后，应当承担为单位服务5年的义务。但是罗某私下接受某精密电子仪器公司的邀请，担任该公司的总工程师，单方面违反了服务期的约定，属于违约行为，应当依法承担相应的法律责任。根据《劳动合同法》的规定，罗某应向某合资公司支付违约金。关于违约金的支付数额，某合资公司虽然在培训协议中约定了违约金20万元，但是超过了实际支付的培训费10万元，违反了违约金总额封顶的规定，属于无效条款。因此，罗某最多按照培训费10万元进行分摊，每年分摊2万元，未履行的服务期限为3年，按照培训协议的约定工作每满一年减免赔偿20%，即罗某最多支付6万元。劳动争议仲裁委员会考虑到服务期内罗某为公司推进技术革新和开发新产品所作出的重大贡献，裁定罗某支付5.5万元违约金是合法又合理的。此外，根据《劳动争议调解仲裁法》的规定，仲裁委员会依法发出的裁决书具有法律效力，当事人应当按照约定的期限履行。因此，罗某应当在约定的期限内向某合资公司支付违约金5.5万元。

十一、服务期内工资待遇调整

[案例] 小杨毕业后被南昌市某电子仪器厂录用，双方签订了3年的劳动合同。第二年，由于产品销量很好，经济效益很好，公司新引进了一批国外先进设备。由于进口设备维修急需相对应的人才，公司领导经开会讨论，决定把专业背景以及发展潜力很好的小杨派往上海总部接受3个月的脱产技术培训，3万元的培训费用全部由厂里支付。为了慎重起见，双方协商后签订了一份培训协议，规定小杨回来后要为厂子服务5年，工资将由现在的每月2 000元提高到2 500元，将双方的劳动合同期限也作了相应的变更和延续。

小杨培训回来后，按照培训协议的规定在厂里继续工作。从第三年开始，为了满足企业的战略发展需要，急需引进一批优秀的高素质技术人才，为了加大对人才的吸引力度，企业调整了薪酬战略，将技术类岗位的工资全部上调，与小杨相同的技术岗位的工资已经上调为2 800元/月，该厂也因此吸收了一批优秀的人才。但是原来的技术人员的工资水平并没有因此调整，小杨觉得对自己不公平，要求厂方按此标准上调自己的工资，厂方称当初小杨脱产培训已经享受了厂方3万元的全额费用支持，而且协议中明确规定小杨的劳动报酬是2 500元/月，当初小杨对此并没有异议，因而拒绝为其提高工资待遇，双方争执不下。无奈之下，小杨向当地的劳动争议仲裁委员会申请仲裁。

这是一起关于培训协议中规定的服务期内，劳动者是否可以享受用人单位的工资调整待遇的争议。《劳动合同法》第二十二条第三款规定："用人单位与劳动者约定服务期的，不影响按照正常的工资调整机制提高劳动者在服务期期间的劳动报酬。"

根据本条规定，在用人单位与劳动者约定服务期的情况下，用人单位应按照正常的工资调整机制提高劳动者在服务期间的劳动报酬。这是因为，培训协议中约定的工资待遇通常是明确而固定的，在服务期比较长的情况下，必然缺乏灵活性和动态性，不能完全反映劳动者的工作表现、能力提升以及市场薪酬变动情况。工资调整机制，是指用人单位根据经营利润状况、自身发展需要、绩效考核结果以及物价上涨等因素，对劳动者的工资级别进行调整的机制。由于工资的刚性特点，工资总体上呈现不断增长的趋势。该条规定是为了保护处于服务期的劳动者可以正常享受用人单位的工资调整待遇，保证动态的"同工同酬"。本案例中，某电子仪器厂与小杨约定的服务期为5年，约定的工资为2 500元。但从第三年开始，公司为了吸引人才，将同岗位工资线上调到2 800元/月，而小杨的工资待遇却没有得到提高，这违反了法律的规定，也违反了同工同酬的原则。所以，小杨有权要求某电子仪器厂为自己提高工资待遇，与同岗位劳动者享有相同的工资水平。因此，企业在履行培训协议的过程中要认清这一事实，不能只凭协议的约定而剥夺劳动者享受工资调整和同工同酬的权利，否则公司会承担违法的风险。

十二、竞业限制期限

［**案例**］小媛是某传媒大学新闻专业的学生。毕业后签到一家文化发展公司，担任媒体宣传策划的职务。双方签订了为期3年的劳动合同。在工作期间，由于工作成绩突出，小媛多次受到公司领导的表扬。在3年合同期满时，公司决定与她续签劳动合同，并任命她到新成立的分公司担任策划部主任一职。续签的劳动合同期限为5年，双方在合同中约定的“竞业限制”条款规定：双方在解除或终止劳动合同后，小媛自离开公司之日起3年内，不得到生产经营同类产品或业务、且有竞争关系的其他公司任职；也不得自己生产经营与本公司有竞争关系的同类产品或业务，否则将赔偿企业的经济损失；作为补偿，公司将每月支付2 000元的经济补偿金，直到3年的竞业限制期限到期。

5年后，小媛的劳动合同到期。由于在待遇等方面未达成一致意见，双方决定终止劳动合同，不再续签。小媛与原单位办完解除劳动合同手续后，开始投入到找工作中，由于有3年的竞业限制，小媛发现很难找到合适的工作，离职3个月了，她一无所获。想想这个状况会持续3年，小媛觉得亏了，于是向原单位提出缩短竞业限制期限的要求。

这个案例涉及到竞业限制的期限问题。

《劳动合同法》第二十四条第二款规定：“在解除或者终止劳动合同后，限制前款规定的人员到与本单位生产或者经营同类产品、业务的有竞争关系的其他用人单位，或者自己开业生产或者经营与本单位有竞争关系的同类产品、业务的期限不得超过两年。”由于竞业限制会对员工的职业生涯产生很大的影响，因此，《劳动合同法》对于离职后的劳动者竞业限制的期限确定了一个限度。虽然用人单位和劳动者可以协商约定竞业限制的期限，但离职后的劳动者竞业限制的期限最长不能超过两年。这是为了保障劳动者职业生涯的顺利发展，在保护用人单位商业秘密的基础上，也尽量保障劳动者的就业权。本案例中，公司与小媛约定了期限为 3 年的竞业限制，这一做法违反了《劳动合同法》的规定。因此，小媛有权要求用人单位缩短竞业限制的期限。如果单位拒绝，小媛可在一年内向合同履行地的劳动争议仲裁委员会申请仲裁，维护自身的合法权益。

十三、竞业限制期内的经济补偿

［**案例**］程某硕士毕业后到北京市某网络公司担任技术部门主管的职务，从事产品开发工作。双方签订了 5 年固定期限的劳动合同。由于程某是很出色的技术人员，公司在合同中特别增加了竞业限制条款。条款约定：双方在解除或终止合同后，程某自离开公司之日起一年内，不得到生产经营同类产品或业务、且有竞争关系的其他公司任职；也不得自己生产经营与本公司有竞争关系的同类产品或业务，否则将赔偿企业的经济损失。作为补偿，企业将每月向程某支付 5 000 元的经济补偿金，直到一年的竞业限制期限到期。

程某的劳动合同即将到期时，公司为了强化产品开发力度，计划找一个更合适的技术人员担任技术部门主管。于是，公司通知程某不再与其续订劳动合同。程某接到公司的通知后，要求公司考虑以往情况给予留任，但公司表示已有合适人选，希望程某谅解。于是，程某在合同到期后只能按期办理了相关离职手续。结算工资时，程某向公司提出支付竞业限制补偿金的事项，公司告知需根据程某以后的守约情况而定。

在此后的3个月里，由于有竞业限制的约束，程某一直也没有找到一份合适的工作，以至于经济状况陷入窘境。无奈之下，他多次向原公司提出支付经济补偿金的要求，但都被企业以各种理由拒绝。迫于生计，程某只能不顾与原单位的约定，转而在同行业中寻求发展，并顺利地找到一份与原岗位相同的工作。不久，公司得知了有关情况，随即要求程某继续履行约定，否则不排除通过相关法律途径追究程某的违约赔偿责任。但程某认为，公司不支付经济补偿违约在先，原先的“竞业限制”条款对他已没有约束力。双方产生了纠纷。

这是一起用人单位拒绝支付竞业限制补偿金的案例。《劳动合同法》第二十三条第二款规定：“对负有保密义务的劳动者，用人单位可以在劳动合同或者保密协议中与劳动者约定竞业限制条款，并约定在解除或者终止劳动合同后，在竞业限制期限内按月给予劳动者经济补偿。劳动者违反竞业限制约定的，应当按照约定向用人单位支付违约金。”

竞业限制是企业为了在一定领域和行业内保护自己的商业秘密而采取的措施，即要求负有保密义务的劳动者在离开工作单位一定期限内，不得自己经营或者为他人经营与原用人单位有竞争的业务。《劳动合同法》规定，对负有保守用人单位商业秘密义务的劳动者，用人单位可以在劳动合同或者保密协议中与劳动者约定竞业限制条款。但由于劳动者履行竞业限制会对自己的再次就业产生极大的影响，甚至会直接导致其无法在自己的专业范围内就业，因此，企业要相应的为其支付一定的经济补偿金。如果企业拒不支付补偿金的话，竞业限制条款对劳动者就没有法律约束力，劳动者没有义务再履行。本案中，企业与程某约定了竞业限制条款，但由于企业没有支付约定的经济补偿金，程某无需承担竞业限制义务。因此，就算程某从事与原单位岗位相同的工作，原单位也无权干涉。

竞业限制补偿金是劳动者履行竞业限制义务的对价，也是用人单位要求劳动者履行竞业限制义务的前提条件，用人单位应当依照协议的约定支付竞业限制补偿金。因此，用人单位一定要弄明白这条规定，即只有支付了相应的经济补偿金才能要求劳动者履行竞业限制的义务，否则竞业限制义务不存在。

十四、用人单位未及时足额支付劳动报酬，劳动者可解除劳动合同

［案例］ 刘娜是某大学会计专业的毕业生。毕业之后，刘娜一直在为找一份好工作而四处奔波。经朋友推荐，刘娜来到一家会计事务所工作。双方签订了为期 3 年的劳动合同，合同中约定月工资为 3 000 元。工作半年后，公司公布了一份新的工资制度，其中规定每月只发放工资的 80%，剩余的 20%在年终作为奖金一齐发放。公司领导对此的解释是："最近公司业绩不是很出色，为了缓解财务的紧张，公司只好采用这种办法，希望大家能够理解。"刘娜对这个新规定极为不满："这明摆的就是变相克扣工资嘛！之所以到这个公司来工作，还不是冲着这儿的工资比别的地方多几百块钱嘛！这回可好，白来了！"于是刘娜找到公司领导，要求公司支付拖欠的工资，并取消这一规定，但遭到了公司的拒绝。在多次协商未果的情况下，刘娜决定与公司解除劳动合同。但公司扣下了刘娜的档案，不让她离职，双方发生了纠纷。

这是一起因用人单位未及时足额支付劳动报酬而引发的争议。

《劳动合同法》第三十八条第一款第三项规定，用人单位未及时足额支付劳动酬的，劳动者可以解除合同。劳动者按照劳动合同的约定，

保质保量地完成了工作任务，用人单位就有义务向劳动者及时足额支付劳动报酬。劳动报酬是劳动者应得的经济收入，也是劳动者维持生活的主要经济来源。如果用人单位不及时足额支付劳动报酬，会对劳动者的日常生活造成严重的影响。本案中，该会计事务所将职工工资的20%放到年终作为奖金发放，实际上只发放了合同约定的80%，属于无故克扣工资的情形。因此，刘娜有权解除劳动合同，公司不能阻挠。

同时，《劳动合同法》也明确规定了用人单位不及时足额支付劳动报酬的法律责任，第八十五条规定，用人单位未按照劳动合同的约定或者国家规定及时足额支付劳动者劳动报酬的，由劳动行政部门责令限期支付劳动报酬；逾期不支付的，责令用人单位按应支付金额百分之五十以上百分之一百以下的标准向劳动者加付赔偿金。本案中，某会计事务所不及时足额支付刘娜工资的行为违反了法律规定，劳动行政部门应责令该公司在规定的期限内支付拖欠的工资。如果逾期不支付，责令该公司按一定的标准向刘娜加付赔偿金。

根据《劳动争议调解仲裁法》的规定，劳动者可以选择投诉的方式来维护自身的合法权益。对于涉及用人单位违反国家规定，拖欠或者未及时足额支付劳动报酬的案件，劳动者可以向劳动行政部门投诉，劳动行政部门应当依法处理。因此，本案中，刘娜可以向当地的劳动行政部门进行投诉，由劳动监察部门进行处理，而不需要通过调解、仲裁等劳动争议处理程序，这样可以节省其维权的时间和成本，并能在一个相对短的时间内拿到被拖欠的劳动报酬，从而及时解决其个人和家庭的生计等问题。

近年来，用人单位不按时足额支付劳动报酬的现象时有发生，损害了劳动者的合法权益，严重影响了社会稳定。针对这种情况，《劳动合同法》明确规定劳动者享有特别解除权，可单方、随时与用人单位解除合同。如果用人单位未按照劳动合同约定及时足额支付劳动报酬，就是对劳动者合法权益的侵犯，劳动者有权随时告知用人单位解除劳动合同。因此，用人单位应按照法律规定向劳动者及时足额地支付劳动报酬，避免由此产生的法律风险。

十五、用人单位强令冒险作业，劳动者有权拒绝，且不视为违约

［案例］某矿井为独眼井多头生产，某日，该井地面11千瓦局扇停风，约3小时后机电人员紧急调来一台5.5千瓦的局扇并安装调试好，恢复了通风。22名工人下井后，测量出瓦斯浓度为5.5%。于是，几名矿工上井找到矿长说："井下瓦斯浓度太高，是不是等浓度降下来再下井?"矿长说："你们先凑合干一班，我马上派人再去调一台风机过来。"矿工小张说："这可不是小事，人命关天，怎么能凑合呢?我不敢下去。"矿长斩钉截铁地说："你是领导还是我是领导?大家都听我的，先下去干活，别耽误了时间，要不就扣你们这个月的奖金!"小张等只好听从了矿长的命令，下井干活。2小时后，井下发生瓦斯爆炸事故，包括小张在内的22名矿工全部遇难，直接经济损失达100多万元。

这是一起用人单位强令劳动者冒险作业而导致的生产安全事故。

《劳动合同法》第三十二条规定："劳动者拒绝用人单位管理人员违章指挥、强令冒险作业的，不视为违反劳动合同；劳动者对危害生命安全和身体健康的劳动条件，有权对用人单位提出批评、检举和控告。"本案中，由于更换局扇后，井下通风不足，不能有效排放瓦斯，造成井下瓦斯严重超限，达到爆炸浓度，但该矿矿长赚钱心切，急于出煤，不顾工人的建议，强令劳动者下井作业，甚至还威胁要扣发奖金，构成了强令冒险作业。因此，面对这种情况，小张等工人完全可以拒绝矿长的

要求，而不用顾忌矿长扣发奖金的威胁。而且，如果小张等人拒绝了矿长的违章指挥，本案中的重大安全事故就不会发生。

同时，《劳动合同法》也明确了用人单位强令冒险作业的法律责任，第八十八条规定，用人单位强令冒险作业危及劳动者人身安全的，依法给予行政处罚；构成犯罪的，依法追究刑事责任；给劳动者造成损害的，应当承担赔偿责任。上述案例中，某矿井强令小张等人冒险作业的做法违反了法律的规定，并导致了重大的安全卫生事故，该矿井应被追究刑事责任和承担赔偿责任。

本案提醒用人单位务必遵守安全生产操作流程，保护劳动者的身体健康和生命安全。如果违章指挥或强令劳动者冒险作业，劳动者有权批评、检举和控告；如果强令冒险作业危及劳动者人身安全，用人单位应承担相应的法律责任。

十六、无固定期限劳动合同的解除

［案例］赵某是某服装厂的一名女职工，由于她已经在服装厂连续工作了 10 年，公司与她签订了无固定期限劳动合同。赵某听别人说，签了无固定期限劳动合同相当于捧了个“铁饭碗”，公司是不能随便和她解除合同的。于是，赵某的工作积极性开始下降，经常上班迟到，有时上班期间看报纸，有时候拉着同事聊天，对公司正常运营造成了不好的影响。人事经理知道后，几次找到赵某，对她进行批评和教育。但赵某却不知悔改，继续其错误行为。于是，公司以赵某严重违反企业规章制度为由与赵某解除了劳动合同。赵某对此非常不满，便向当地的劳动争议仲裁委员会申请仲裁，要求公司撤销解除合同的决定。她认为，无固定期限劳动合同就是“铁饭碗”，即使她犯了错误，公司也不能和她解除合同。赵某的想法正确吗？

这个案例涉及无固定期限劳动合同能否解除的问题。

《劳动合同法》第三十九条规定，劳动者有严重违反用人单位规章制度，或者劳动者严重失职、营私舞弊，给用人单位造成重大损害等属于劳动者个人有严重过错的情形，用人单位可以与其解除无固定期限劳动合同。无固定期限劳动合同是指用人单位与劳动者约定无确定终止时间的劳动合同。《劳动合同法》虽然明确了订立无固定期限劳动合同的规定，但同时也明确规定了可以解除无固定期限劳动合同的三种情形，包括用人单位与劳动者协商一致的，劳动者违法违规的或者因病、因伤等不能胜任工作的，还有经济性裁员。所以，在解除劳动关系方面，解除无固定期限劳动合同和解除固定期限合同是没什么区别的。本案中，赵某的想法是错误的。无固定期限劳动合同并不是所谓的“铁饭碗”，一经签订就不能解除。如果劳动者严重违反公司规章制度或严重失职给公司造成重大损害的，用人单位可以合法地与其解除合同。因此，公司与赵某解除劳动合同的做法是合法的。

无固定期限劳动合同不是“铁饭碗”。但是，要合法解除无固定期限劳动合同，要求用人单位建立健全一套规范、完备的规章制度以及架构起合理、科学的工作岗位考核制度等。从用人单位长远发展来看，无固定期限劳动合同如果运用得当，也能给用人单位带来吸引人才、留用人才、激励员工、提升团队凝聚力等效力。①

十七、违法辞退的法律风险

［案例］张某是一名电气工程师。在经过笔试、面试之后，从众多应聘者中脱颖而出，与某合资公司签订了为期3年的劳动合同。两年后

① 魏浩征. 劳动合同法十大解读——从用人单位角度看《劳动合同法》. 法制日报，2007-6-30

的一天，张某由于工作疲劳患了流行性感冒，发烧38℃。一开始，张某并没有在意，随便找了些感冒药应付，带病继续工作。由于没有及时治疗，病情越来越严重，最后感冒发展成肺炎，不得不住院治疗。此时恰逢公司业务繁忙，张某住院影响了公司的工作。公司为不耽误工作进度重新招聘了新的工程师来代替张某，同时向张某下达了解除劳动合同通知书，理由是张某长期请假，现在已经没有他的工作岗位。张某认为公司与自己解除劳动合同不符合法定的解除条件，自己为公司工作多年，没有功劳也有苦劳，怎么能说辞退就辞退呢？张某想通过法律手段解决争议，他应该怎么办呢？

这是一个用人单位违法解除合同，劳动者提起申诉要求继续履行合同的案例。根据《劳动合同法》第四十八条的规定，用人单位违法解除或者终止劳动合同，劳动者要求继续履行劳动合同的，用人单位应当继续履行；劳动者不要求继续履行劳动合同或者劳动合同已经不能继续履行的，用人单位应当向劳动者支付赔偿金。这一条规定了用人单位违法解除或终止合同的法律后果：继续履行或者解除或终止合同但向劳动者支付赔偿金。《劳动合同法》的这一规定一方面加强了对用人单位的约束，加大了违法辞退的成本，避免随意解除劳动合同现象的出现；另一方面增强了劳动者在合同解除中的主动性，为劳动者提供了自主选择的空间。

本案例中，张某患病住院，按照法律规定应进入医疗期。医疗期内在张某没有过错的情况下，公司单方面解除劳动合同，违反了《劳动法》和《劳动合同法》的相关规定，属于违法解除劳动合同的行为。这种情况下，张某可以有两种选择。首先，张某可以向当地仲裁委员会提出申请，要求恢复与公司的劳动关系；其次，如果张某不想继续在这家公司工作，或者劳动合同因故无法继续履行，张某可以向仲裁委员会申请解除与公司的劳动关系，并要求公司支付赔偿金。赔偿金的数额按照经济补偿金的支付标准的两倍计算。

十八、单位辞退违纪员工的依据

［**案例**］潘某与某保险公司签订了两年的劳动合同，合同中约定潘某担任公司的行政秘书，基本工资为每月 2 000 元。进入春季，由于公司业务繁忙，潘某连续几天熬夜写文件，睡眠严重不足，他便在上班期间打起瞌睡。此事被公司发现后，公司领导非常不满，认为潘某的行为属于严重违反企业规章制度。3 天后，公司决定与潘某解除劳动合同，并向他送达了解除合同的决定和退工通知单。潘某对自己的行为感到很后悔，辩解说工作繁重，自己休息时间不够，打瞌睡在所难免。况且，公司也没有制度规定打瞌睡属于严重违纪，认为公司处理没有根据，太严重。请求给自己一次改过的机会，但保险公司拒绝了他的请求，坚持要与他解除劳动合同。于是，潘某向劳动争议仲裁委员会申请仲裁，要求公司撤销解除合同的决定。

仲裁委员会认为，虽然潘某上班打瞌睡是错误的，但公司并未制定规章制度，规定什么情况下属于严重违纪。因此公司也就无法以潘某严重违反企业规章制度为由与其解除劳动合同。仲裁委员会裁决保险公司撤销其作出的解除合同的决定，恢复双方的劳动关系。

这是一起因员工是否违反规章规定引起的争议。

《劳动合同法》第三十九条规定，劳动者严重违反用人单位规章制度，用人单位可以解除劳动合同。本项规定了用人单位行使过错解雇权的法定情形。过错解雇，即劳动者经试用不合格，或者劳动者违纪、违法达到一定严重程度时，用人单位不需向对方预告就可以随时解除劳动合同，无需支付经济补偿金，不受不得解除劳动合同的限制。本案中，潘某确实存在错误行为，其在上班时间打瞌睡，影响了正常工作，显然是不符合劳动纪律的行为。

但在适用这一法条时，企业还需提供证据证明员工存在的违纪行为。《劳动争议调解仲裁法》规定，发生劳动争议，当事人对自己提出的主张，有责任提供证据。用人单位解除劳动合同、减少劳动报酬、计算劳动者工作年限等决定而发生的劳动争议，用人单位负举证责任。证据经查证属实的，仲裁庭应当将其作为认定事实的根据。本案中，潘某在上班期间打瞌睡是确定的事实，但公司并没有制定规章制度，也就是说，保险公司在决定因潘某的违纪行为与其解除劳动合同时，公司尚无规章制度。既然没有规章制度，公司也就不能提供证据证明潘某严重违纪，与其解除劳动合同。因此，潘某所在公司做出的解除合同的决定应当认定为无效，仲裁委员会的裁决是符合法律规定的。

这个案例提醒企业在处理违纪员工时，首先需要建立健全企业的规章制度。规章制度是否合法关系到其能否作为劳动争议处理时的参考证据。只有内容合法，通过民主程序制定，并且已经向劳动者公示的规章制度才具有法律效力，用人单位才可以依据规章制度与违纪员工解除劳动合同。否则，企业有可能因不能提供证据而面临着败诉的风险。

十九、违纪被派遣劳动者的辞退

［**案例**］某外资企业与当地一家外企服务公司达成了派遣协议，由外企服务公司将潘某等几名劳动者派遣到该外资企业工作。第二年，该外资企业以潘某在工作中严重失职为由向他发出了解除劳动合同的通知，并让潘某当天离开了公司。潘某认为自己只是一时疏忽，并不构成严重失职，不应该被解除劳动合同，否则应该按照法律规定给予相应的赔偿和补偿。再说了，自己明明是与外企服务公司签订的劳动合同，怎

么该外资企业向自己发出了解除劳动合同的通知呢？于是潘某找到了该外企服务公司，被告知会给他书面答复。一个月过去了，该外企服务公司没有给潘某任何消息。潘某想把该外企服务公司告到仲裁委员会，但又有点顾虑，毕竟是自己有过失在先，不知道是否有胜诉的可能。

外资企业向潘某发出的解除劳动合同的通知是否有效？该外企服务公司应当承担什么责任呢？

这个案例涉及劳务派遣中劳动合同的解除问题。《劳动合同法》第六十五条规定："被派遣劳动者可以依照本法第三十六条、第三十八条的规定与劳务派遣单位解除劳动合同。被派遣劳动者有本法第三十九条和第四十条第一项、第二项规定情形的，用工单位可以将劳动者退回劳务派遣单位，劳务派遣单位依照本法有关规定，可以与劳动者解除劳动合同。"

劳务派遣中劳动合同的解除也可以分为劳动者辞职与用人单位辞退劳动者两种情形。不同的是，由于被派遣劳动者并不是用工单位的正式员工，双方没有订立劳动合同，也就不存在直接的劳动关系，当劳动者出现严重违反用工单位的规章制度等情形时，用工单位不能直接辞退被派遣劳动者，而应当按照与派遣单位订立的协议的约定，将劳动者退回派遣单位，派遣单位作为法律上的用人单位，按照《劳动合同法》的有关规定，可以与劳动者解除劳动合同。本案例中，暂不探究潘某的行为是否构成了严重违反公司的规章制度，单从解除劳动合同的程序上来看，用工单位某外资企业无权向潘某发出解除劳动合同的通知，因为用工单位与潘某之间不存在劳动合同关系，与潘某签订劳动合同的是派遣单位外企服务公司。根据上述规定，该外资企业可以按照派遣协议的约定将潘某退回外企服务公司，外企服务公司再按照《劳动合同法》和劳动合同的约定决定是否与潘某解除劳动合同。用工单位应当意识到自己与被派遣劳动者只是劳务关系，不可以直接对劳动者行使劳动关系中的权利，比如解除劳动合同的权利、调整工作岗位、变动薪酬等级等，这些权利要通过派遣单位来行使。

二十、“末位淘汰制”的法律风险

［**案例**］张某是北京某电力公司的副总经理。不久前，为了提升自己的管理水平，学习现代管理知识和经营理念，他报名参加某知名高校的 MBA 培训班。在学习过程中，张某发现了一个辞退不能胜任工作的员工的好办法——末位淘汰制。随后，在公司例会上，张某提出了在公司内推行“末位淘汰制”的方案，并得到了大多数领导的赞同。于是，张某在公司部门经理会上布置了这项工作：“今年公司决定推行‘末位淘汰’制度，辞退那些不能胜任工作的员工。各部门经理首先要承担起考核的责任，在年底时对本部门的员工进行公正的考核、打分。根据公司的发展情况和人员数量，决定每个部门将辞退分数最低的两名员工。”然后，张某又在全体职工大会上，将公司的决定和具体实施细则作了详细的讲解。

“末位淘汰”制度在公司内部起到了一定的促进作用，员工的工作积极性提高了很多。员工为了保住自己的饭碗，员工之间的竞争也凸显出来。张某对推行的效果非常满意。转眼间到了年底，各部门按照要求考核并辞退了分数最低的两名员工。出乎公司和张某意料的是，有一名被解雇的员工，向当地仲裁提起申诉。

这个案例涉及“末位淘汰制”的合法性问题。《劳动合同法》第四十条规定，劳动者不能胜任工作，经过培训或者调整工作岗位，仍不能胜任工作的，用人单位提前三十日以书面形式通知劳动者本人或者额外支付劳动者一个月工资后，可以解除劳动合同。

企业为加强管理，促进生产，建立相应的规章制度是必要的，但制定的规章制度应当合法。“末位淘汰”制度，是企业为满足竞争的需要，通过科学的评价手段，对员工进行合理排序，并在一定的范围内，实行奖优罚劣，对排名在后面的员工，以一定的比例予以调岗、降职、降薪或下岗、辞退的行为。[①] 企业采取这种制度的目的是为了激发在岗者的工作潜力和效率，提高企业的竞争力。但该电力公司以“末位淘汰”作为解除劳动合同的条件，这不符合《劳动合同法》所规定的解除合同的情形。员工排在“末位”，不等同于员工不胜任工作。只要符合该职位的任职资格，员工就是能胜任工作的。而且，即使员工不能胜任工作，根据法律规定，企业也应当先行对员工进行培训或者调换工作岗位，只有在依法采取了这些措施后，员工仍无法胜任工作的情况下，用人单位提前三十天书面通知劳动者本人或者额外支付劳动者一个月的工资后，才可以解除劳动合同。否则，劳动者可以拒绝执行。倘如双方不愿协商或协商不成，劳动者可以向法定的调解组织申请调解，也可以向合同履行地的仲裁委员会申请仲裁。因此，案例中公司的做法是不合法的。这提醒企业在采用新理念、新方法的同时，还需考虑其合法性和可操作性，不能生搬硬套。

二十一、“闪电裁员”未必合法

［案例］原某高科技公司员工W，在经历了公司的“四小时裁员”后，向记者讲述了他的经历。这天，公司ES部门的员工如往常一样紧张忙碌地在公司工作，突然接到邮件，要求下午2点全体部门员工召开重要会议。出人意料的是，公司人力资源总监李波此时出现在会议室。

① 彭剑锋．人力资源管理概论．上海：复旦大学出版社，2005．94

李波对在场的员工介绍说，一直以来，大家都做得很努力，不过ES这块业务的成长性不够好，公司已经决定撤销ES部门。之后，李波宣布："需要离职的同事，公司为大家提供了一站式离职平台服务，请大家会后分别办理离职手续。给各位4个小时的时间来办理交接手续，将笔记本、门卡等物品交还公司，并离开公司，6点之前公司将关闭相关ERP账户和邮件系统。"

在此之前，ES部门的员工还在讨论之后的工作，短短在十几分钟后，自己就被公司裁掉，多数员工从心理上都无法接受这一事实。对于ES部门的员工而言，此时已经是下午2点30分，距被要求离开公司的时限仅有三个半小时。

在与公司公关总监取得联系后，对方告知记者："此时不方便透露裁员的具体人数，但是所占比例不会超过公司总员工数的1%。"然而，据了解，ES部门在全国拥有近百名员工。而公司现有正式员工2 000多人。除了极少数员工被内部转岗（约20人）或暂时留下进行ES业务的善后工作外，其他员工均被裁掉，这与公关总监所讲的不到1%很难相符。①

这个案例涉及企业"闪电裁员"的合法性问题。

《劳动合同法》第四十一条第一款规定："有下列情形之一，需要裁减人员二十人以上或者裁减不足二十人但占企业职工总数百分之十以上的，用人单位提前三十日向工会或者全体职工说明情况，听取工会或者职工的意见后，裁减人员方案经向劳动行政部门报告，可以裁减人员：（一）依照企业破产法规定进行重整的；（二）生产经营发生严重困难的；（三）企业转产、重大技术革新或者经营方式调整，经变更劳动合

① 资料改编自：方坤．揭秘百度裁员4小时被辞员工"损失期权达千万"．天极网，2006-7-13

同后，仍需裁减人员的；（四）其他因劳动合同订立时所依据的客观经济情况发生重大变化，致使劳动合同无法履行的。”

企业自身经营问题或市场形势的变化常常迫使用人单位裁减员工。允许用人单位裁员是为了保护企业在市场竞争中能够渡过难关，很好地参与到市场竞争中去，提高竞争能力。但是企业裁员涉及较大数量劳动者的切身利益和社会稳定，因此，《劳动合同法》从经济性裁员的人数限制、裁员程序、适用情形、裁减人员的先后顺序、被裁人员的优先录用等方面进行了详细规定。程序上，用人单位应当提前三十日向工会或者全体职工说明情况，听取工会或者职工的意见后，裁减人员方案经向劳动行政部门报告后，才可以实施裁员。这是因为经济性裁员一般涉及的人数较多，如果处理不当，可能会给企业的正常经营活动带来负面影响，严重的会引发劳资冲突，甚至会造成员工罢工、游行。工会或者职工的意见对于用人单位没有强制约束力，预先通知的目的就是让职工能够预先准备，在 30 日的期限内争取重新找到工作，减少失业的风险。裁减方案经向劳动行政部门报告后，方可裁员。这样规定是为了使劳动行政部门能够有时间对用人单位的裁员行为进行审查。

本案中，公司裁员的做法在程序上是不合法的。公司既没有提前向工会或全体职工说明情况，也没有向劳动行政部门报告裁减方案，仅仅在四小时内就解聘了大量员工，因此这种裁员方式是违法的。从人力资源管理的角度看，由于“闪电裁员”的非人性化，造成了员工对公司的极度不满，公司也因此引发了劳动争议，造成了非常大的负面影响。

裁员一方面可以降低成本，提高企业竞争力，另一方面也可能带来负面影响。为降低这些负面影响，企业在制定裁员方案时应注意以下问题：向员工传递正面、积极、公平的信息；裁员方案应有利于减轻在制定、实施雇佣决策时一线经理的压力；注意维持一种企业内外的融洽关系。①

二十二、因工致残，合同可否终止

［案例］孙某是某造纸厂工人，与该厂签订了为期三年的劳动合同。在一次例行操作中，由于操作不慎，孙某发生工伤事故，左臂被卷进机器中。经过半年的治疗后，孙某的病情基本稳定。随后，在厂领导的陪同下，孙某来到当地劳动能力鉴定委员会进行劳动能力鉴定。鉴定结果是“工伤七级”，属于“部分丧失劳动能力”。由于伤势严重，孙某出现了比较严重的心理障碍，一直在家里休养。造纸厂给孙某发放病假工资。转眼间合同就要到期了，造纸厂决定终止合同，给孙某下发了《终止合同通知书》。孙某无法接受厂里的决定，在与厂领导协商未果的情况下，向当地仲裁提起申诉，要求造纸厂继续履行合同。

这个案例涉及劳动者因工致残，用人单位能否终止合同的问题。

《劳动合同法》第四十五条规定：“劳动合同期满，有本法第四十二条规定情形之一的，劳动合同应当续延至相应的情形消失时终止。但是，本法第四十二条第二项规定丧失或者部分丧失劳动能力劳动者的劳动合同的终止，按照国家有关工伤保险的规定执行。”

为了均衡用人单位和劳动者的利益，《劳动合同法》不会因为劳动者劳动权的实现，强迫用人单位永久性地使用特定的劳动者。根据《工伤保险条例》第三十三条至三十五条的规定，对于丧失或部分丧失劳动能力的劳动者，合同期满时，按照如下规定处理：

因工致残被鉴定为一至四级伤残的，保留劳动关系，退出工作岗

① 唐鑛．企业裁员管理．人力资源开发与管理．2003（5）：53

位，享受以下待遇：（一）从工伤保险基金按伤残等级支付一次性伤残补助金；（二）从工伤保险基金按月支付伤残津贴；（三）工伤职工达到退休年龄并办理退休手续后，停发伤残津贴，享受基本养老保险待遇。基本养老保险待遇低于伤残津贴的，由工伤保险基金补足差额。职工的基本医疗保险费，由用人单位和职工个人以伤残津贴为基数缴纳。

因工致残被鉴定为五、六级伤残的，享受以下待遇：（一）从工伤保险基金按伤残等级支付一次性伤残补助金；（二）保留与用人单位的劳动关系，由用人单位安排适当工作。难以安排工作的，由用人单位按月发给伤残津贴，并由用人单位按照规定为其缴纳应缴纳的各项社会保险费。伤残津贴实际金额低于当地最低工资标准的，由用人单位补足差额。经工伤职工本人提出，该职工可以与用人单位解除或者终止劳动关系，由用人单位支付一次性工伤医疗补助金和伤残就业补助金。具体标准由省、自治区、直辖市人民政府规定。

因工致残被鉴定为七至十级伤残的，享受以下待遇：（一）从工伤保险基金按伤残等级支付一次性伤残补助金；（二）劳动合同期满终止，或者职工本人提出解除劳动合同的，由用人单位支付一次性工伤医疗补助金和伤残就业补助金。具体标准由省、自治区、直辖市人民政府规定。

本案例中，孙某因工负伤，经鉴定为“工伤七级”，根据规定，劳动合同期满终止，造纸厂可以与孙某解除劳动关系，同时，造纸厂应向孙某支付一次性工伤医疗补助金和伤残就业补助金。

二十三、女职工“三期”内，单位不能终止合同

［**案例**］23岁的小芳结婚3个月后到某纺织厂工作，与该厂签订了为期两年的劳动合同。在合同到期前一个月，纺织厂向小芳发出了《终

止劳动合同通知书》。劳动合同期满当日，双方办理了终止劳动合同的手续。但是，在双方终止劳动合同后的第10天，小芳的老公刘强来到了纺织厂，将小芳在北京红十字朝阳医院早孕8周的超声波检查结果复印件交给了纺织厂领导（原件没有公章），提出在终止合同时，小芳已经处于孕期，要求纺织厂收回与小芳终止劳动合同的决定，续延劳动合同至小芳哺乳期满。纺织厂经请示上级公司，被告知“没有公章，不能作为证明”。5天后纺织厂将此结果告知小芳，小芳又将加盖了北京妇产医院门诊部诊断证明公章的怀孕证明交给了领导，上面清清楚楚地写着：“小芳已怀孕56天。”这次他们得到的答复是：终止合同在先、诊断证明在后，诊断证明无效。无奈之下，小芳只能将纺织厂诉到劳动争议仲裁委员会，要求纺织厂收回终止劳动合同决定、续延劳动合同，同时补发终止合同时至裁决之日的工资。[①]

这是一个劳动者在孕期内，劳动合同期满不得终止的案例。

根据《劳动合同法》第四十二条第四项、第四十五条的规定，劳动合同期满，女职工在孕期、产期、哺乳期的，劳动合同应当延续至相应的情形消失时终止。

《劳动合同法》做出这样一种规定，是从社会整体利益出发，对处于特别境况的弱势劳动者做出倾斜保护，规定在此期间不能因合同期满而终止合同，但在其渡过特别境况后可以终止合同。本案例中，纺织厂与小芳终止劳动合同时，不知道小芳已经怀孕，因此纺织厂与小芳终止劳动合同的行为并不存在过错。由于怀孕的特殊性，当事人不一定能及时地知道自己是否怀孕。正如本案例中，小芳是在劳动合同终止后第10天，才知道自己已怀孕，但其怀孕的事实是发生在劳动合同期内的。

① 资料来源：中国人力资源法律网，2005-6-29

本案例中，小芳提供了足够的证据证明其在劳动合同期内怀孕。也就是说，劳动合同到期之日，小芳已经处于孕期，用人单位应当正视这一现实，将双方的劳动合同予以顺延。纺织厂以终止合同在前，怀孕诊断证明在后为由，不同意续延劳动合同的做法是不符合法律规定的。

《劳动合同法》在规定劳动合同终止的法定情形的同时，也明确了合同终止的限制性规定。在实际工作中，企业需要掌握好哪些情形下可以终止合同，哪些情形下终止合同受到法律限制。否则，就会引发争议，给企业带来不必要的损失。

第七章　劳动标准争议处理实务

劳动标准争议是用人单位与劳动者在执行国家劳动标准过程中所发生的纠纷，主要包括因工作时间、休息休假发生的争议，因社会保险发生的争议，因福利、培训发生的争议，因劳动保护发生的争议以及涉及劳动者与用人单位因金钱给付问题而发生的争议。这类争议案件参考的法律依据较为繁杂，与劳动者的切身利益密切相关，需要快速解决。如果用人单位不能对其进行及时、公正地处理，很容易导致纠纷升级、矛盾激化。

《劳动法》对工作时间、工资、休假、劳动安全卫生等劳动标准作了明确的规定。《劳动争议调解仲裁法》把因执行国家劳动标准引发的争议纳入劳动争议处理的范围，从法律程序上加强了对劳动关系双方当事人合法权益的保护。因此，理解相关劳动法律的规定，掌握劳动标准争议的处理技巧，对用人单位合理科学地用工至关重要。

一、严格执行劳动定额标准，不强迫劳动者加班

[案例] 飞宇有限责任公司是一家中外合资的汽车配件生产厂，主营各类轴承套圈和汽车钢管等产品。由于产品质量过硬，公司的销售一直都很可观。为了进一步提高产量和销售额，公司加大了订单管理力度。年初，公司陆续收到多笔国外订单，交货时间十分紧张。为了尽快完成这些订单，公司决定提高一线工人的劳动定额标准。以前，中等技

术熟练程度的员工每日定额是30件，他们能够在8小时内完成。但公司修改劳动定额标准后，员工的定额提高到了每日40件。为了完成任务，即使不自愿，员工们也不得不每天加班加点工作，每天实际加班通常达到2～3小时。但公司提高定额标准的同时，并没有提高员工的工资。于是，员工们向公司提出要求减少定额，但公司以定额规定完全合理为由予以拒绝。几次协商无果后，员工们向当地的劳动争议仲裁委员会申请仲裁，要求飞宇公司合理确定劳动定额，严格执行劳动法规定的工作时间。劳动争议仲裁委员会经审理后作出裁决：飞宇公司将劳动定额标准调整到每日30件，并按职工实际加班时间补发其加班工资。

这是一起用人单位违反劳动定额标准强迫劳动者加班的案例。《劳动合同法》第三十一条规定："用人单位应当严格执行劳动定额标准，不得强迫或者变相强迫劳动者加班。用人单位安排加班的，应当按照国家有关规定向劳动者支付加班费。"

劳动定额，是指在一定的生产和技术条件下，生产单位产品或者完成一定工作量应该消耗的劳动量。劳动定额又分为工时定额和产量定额。工时定额，即生产单位产品或完成一定工作量所规定的时间消耗量；产量定额，即在单位时间内（如小时、工作日、班次或航次）规定的应生产产品的数量或应完成的工作量。我国《劳动法》规定，对实行计件工资的劳动者，用人单位应当依据法律规定的工时制度合理确定其劳动定额和计件报酬标准。劳动定额应根据法定工作时间和具体工种，经过科学测算制定。只有在法定工作时间内能够完成的，才能是合理的劳动定额。如果为了完成劳动定额，职工们不得不加班加点，那么这种劳动定额显然过高，是不合理的定额。本案中，飞宇公司擅自变更正常劳动定额，致使大多数以上的劳动者难以在8小时工作时间内完成工作，劳动者只有靠延长工作时间才能完成规定的劳动定额。因此，飞宇公司的做法属于变相强迫劳动者加班，违反了法律规定，侵犯了劳动者的合法权益。

用人单位出于工作需要，安排劳动者加班的，必须支付高于劳动者正常工作时间工资的工资报酬。《劳动法》第四十四条规定，安排劳动者延长工作时间的，支付不低于工资的150％的工资报酬。《劳动法》的上述规定是用人单位要求劳动者延长工作时间时必须支付给劳动者的加班工资标准。本案中，飞宇公司的做法实属延长劳动者工作时间的行为。不管其加班行为是属于公司要求还是职工自愿行为，劳动者超过法定工作时间以外的劳动，用人单位应当支付加班工资。因此，飞宇公司应当按不低于工资的150％的工资标准支付职工的加班工资。

根据《劳动争议调解仲裁法》的规定，本案属于因企业变相延长劳动者工作时间而引发的劳动争议，标准明确，适用一裁终局制度。因此，仲裁委员会的裁决为终局裁决，裁决书自做出之日起发生法律效力，飞宇公司应当在规定的期限内履行。

二、法定节假日加班工资的确定

［**案例**］国庆节前夕，某服装厂接到外商的一笔国际订单。由于这笔订单数量较大，时间比较紧。公司临时决定国庆节全厂职工不休息，集中赶制服装，力争及时完成这笔订单。经过全厂职工国庆期间加班加点的工作，公司成功地赶在截止期前完成订单。之后，在未接到其他订单的情况下，公司安排全厂职工补休一周。11月份领工资的时候，职工们发现工资单上并没有加班工资。于是他们向公司提出发放国庆加班工资的要求，公司认为国庆加班是工作需要，而且已经安排了补休，不同意发给加班工资。双方多次协商无果后，职工们向公司所在地的劳动争议仲裁委员会提出申诉，要求公司支付国庆加班期间的加班工资。仲

裁委员会经审理后做出裁决，某服装厂应依照职工工资3倍的标准支付职工国庆期间的加班工资。①

这是一起因法定节假日加班工资引发的劳动争议案件。

《劳动法》第四十四条规定了用人单位支付劳动者加班工资的三种情形：（一）安排劳动者延长工作时间的，支付不低于工资的150%的工资报酬；（二）休息日安排劳动者工作又不能安排补休的，支付不低于工资的200%的工资报酬；（三）法定节假日安排劳动者工作的，支付不低于工资的300%的工资报酬。其中，在第二种情形下，用人单位是可以用补休来代替支付加班工资的。而第一、三种情形用人单位须支付加班工资，而不能用补休来代替。之所以这样规定，是因为法定节假日加班对劳动者的精神文体生活和其他社会活动所产生的影响是无法用补休的办法来弥补的。因此，职工法定节假日加班应当给予更高的工资报酬。用人单位在安排劳动者加班时，应当严格按照《劳动法》的规定执行，按照相应的情形向劳动者支付加班工资，而不能互相混淆和代替。本案中，某服装厂为了完成订单任务，安排职工在国庆节期间加班。国庆节是国家法定的节假日。国家规定国庆期间法定节假日为三天，因此，按规定对这三天法定节假日某服装厂应向职工支付300%的工资报酬。这三天不能以补休的方式代替支付加班工资，但对其他四天，公司则安排了职工补休，所以这四天企业是不用支付职工加班工资的。

《劳动争议调解仲裁法》规定，因执行国家的劳动标准在工作时间、休息休假、社会保险等方面的争议，除另有规定外，仲裁裁决为终局裁决，裁决书自作出之日起发生法律效力。因此，本案中，仲裁委员会的

① 谢良敏．劳动维权案例评析．北京：法律出版社．146～147

裁决具有法律效力，某服装厂应当依照规定的期限履行。

三、带薪年休假的安排

［案例］阿梅大专毕业以后，来到某诊所担任门诊护士的职位，并签订了为期三年的劳动合同。由于诊所大夫水平很高，来看病的人很多，阿梅的工作任务也很重。工作一年多来，她一直忙来忙去，有时周六周日也要工作，休息的时间很少。在一次与同事的聊天中，她听说："法律规定劳动者连续工作一年以上的，可以享受带薪年休假。"于是，阿梅找到经理，要求诊所安排她休带薪年假，但遭到了经理的拒绝，经理跟她说："你也知道，诊所平时工作很忙，来看病的人越来越多，我们根本忙不过来，哪来的时间让你休年假，这项制度我们实行不了，你要理解我们的苦衷啊，而且法律规定的节假日我们都放假，你就不要乱提要求了，否则我开除你。"听了经理的话后，阿梅觉得很困惑，便来到劳动争议仲裁委员会进行咨询。

这是一个用人单位不安排职工休带薪年假的案例。

《劳动法》第四十五条规定，国家实行带薪年休假制度。劳动者连续工作 1 年以上的，享受带薪年休假。国务院 2007 年颁布的《职工带薪年休假条例》具体规定：职工累计工作已满 1 年不满 10 年的，年休假 5 天；已满 10 年不满 20 年的，年休假 10 天；已满 20 年的，年休假 15 天。如果单位确因工作需要不能安排职工休年休假的，经职工本人同意，可以不安排职工休年休假。对职工应休未休的年休假天数，单位应当按照该职工日工资收入的 300％支付年休假工资报酬。带薪年休假，是指劳动者连续工作一年以上，就可以享受一定时间的带薪年假。带薪年休假是劳动者的法定休假权利，对于保障广大职工的休闲和休假权有着重要的意义。本案中，某诊所拒绝安排阿梅休年休假的做法违反了法律的规定。不管该诊所以何种理由推托，带薪年休假是法律赋予劳动者的一项基本权利。因此，诊所应该安排阿梅休带薪年假，如果单位确因工作需要不能安排她休年假，经阿梅同意后，对照其应休未休的年休假天数，诊所应按照她日工资收入的300％支付年休假工资报酬。如果该诊所拒绝支付，阿梅可以向当地的劳动争议仲裁委员会申请仲裁，维护自身的合法权益。

四、加班工资的计算与支付

［**案例**］冯某是某化肥厂的人事经理。最近，他正在为加班工资如何折算而发愁。这是因为春节就要到了，为了保证生产的顺利进行，单位需要安排一些员工在春节期间进行加班。但是如何向这些加班员工合法地支付加班工资确是一个难题。比如说，单位打算安排检测组的小杨在大年三十、初一和初二三天加班，小李则要从初三到初六连着四天进行加班。小杨和小李的工资都是每月800元，那么，单位应该向他们两人分别支付多少加班工资呢?

这个案例涉及加班工资的折算和支付问题。

《劳动法》规定用人单位安排劳动者加班要支付加班费，并明确了支付加班工资的三种法定情形：（一）安排劳动者延长工作时间的，支付不低于工资的150％的工资报酬；（二）休息日安排劳动者工作又不能安排补休的，支付不低于工资的200％的工资报酬；（三）法定节假日安排劳动者工作的，支付不低于工资的300％的工资报酬。本案中，春节是我国的法定节假日，放假三天，因此，某化肥厂应按照不低于工资的300％的工资标准向小杨支付这三天的加班费。初三到初六这四天属于一般休息日，根据法律规定，某化肥厂应首先安排小李补休，不能安排补休的，应按不低于其日工资或小时工资的200％支付加班费。

同时，我国法律也对职工加班工资的折算办法作了明确规定。2007年劳动保障部《关于职工全年月平均工作时间和工资折算问题的通知》规定：根据国务院2007年颁布的《全国年节及纪念日放假办法》的规定，全体公民的节日假期由原来的10天增设为11天。据此，职工全年月平均制度工作天数和工资折算办法分别调整为：

1. 平均制度工作天数。年工作日为250天［365天－104天（休息日）－11天（法定节假日）＝250天］；季工作日为62.5天（250天÷4季＝62.5天/季）；月工作日为20.83天（250天÷12月＝20.83天/月）；工作小时数的计算：以月、季、年的工作日乘以每日的8小时。

2. 日工资、小时工资的折算。按照《劳动法》第五十一条的规定，法定节假日用人单位应当依法支付工资，即折算日工资、小时工资时不剔除国家规定的11天法定节假日。据此，日工资、小时工资的折算为：日工资为月工资收入÷月计薪天数；小时工资为月工资收入÷（月计薪天数×8小时）；月计薪天数＝（365天－104天）÷12月＝21.75天。

因此，法定节假日每日加班工资计算方法为：节假日加班工资＝加班工资的计算基数÷21.75×300％；休息日加班工资＝加班工资的计算基数÷21.75×200％。

国家调整职工全年月平均工作时间和工资折算办法，厘清了制度工作日和制度计薪日两个概念。制度工作日是年、季、日工作日等平均制度工作天数的规定，主要用于工时管理，是判断超时加班的标准；制度计薪日则是对日工资、小时工资进行规范性折算，并以规范性文件的形式向社会公布折算结果，其实际意义主要在于发布一个标准、权威的工资折算办法，解决现实生活中遇到的工资量化细化问题。本案中，由于小杨在法定节假日加班，其每日加班工资的折算基数为：800元÷21.75×300％≈110.35元，而小李在休息日加班，其每日加班工资的折算基数为：800 元÷21.75×200%≈73.56 元。由此，某化肥厂可以根据折算基数计算出小杨和小李的加班工资。

如果企业不按规定支付加班工资，劳动者可以与用人单位进行协商，也可以请求工会组织依法维权，还可以向劳动保障监察部门举报投诉，形成劳动争议的可以依法申请劳动仲裁。

五、因抢修公共设施加班，劳动者不得拒绝

［**案例**］王某是某供电所的维修工，今年春节期间某线路经常出问题，王某经过几次维护后，向所领导反映问题，希望能把这段线路的电线换新。供电所领导同意，但为了保证春节期间的正常用电，该段的电线必须等过了农历正月十五才能更换。因此需要王某在春节期间加班维护以保证正常供电。年三十晚上，王某正在岳父家吃年夜饭，突然所里打来电话说线路出现问题，需要抢修。王某犹豫了一会回复说："加班需要经过本人同意，现在我有事走不开，不能加班。"由于王某拒绝执行抢修任务，延迟了线路故障的抢修，造成了非常不好的影响。为此，供电所给王某以警告处分并扣除全年奖金。王某不服，向劳动仲裁委员会申诉。仲裁委员会认为王某拒绝执行抢修公共设施的任务是错误的，对王某的申诉请求不予支持。①

这是一个劳动者拒绝履行抢修公共设施的义务被处分的案例。

《劳动法》第四十二条规定："有下列情形之一的，用人单位要求劳动者加班延长工作时间的，劳动者不能拒绝：（一）发生自然灾害、事故或者因其他原因，威胁劳动者生命健康和财产安全，需要紧急处理的；（二）生产设备、交通运输线路、公共设施发生故障，影响生产和

① 改编自：黎建飞．劳动法案例分析．北京：中国人民大学出版社，2007．119～120

公众利益，必须及时抢修的；（三）法律、行政法规规定的其他情形。”在这些特殊的条件下，劳动者加班是强制性的，这是为了保证广大人民群众的日常生活、工作的正常进行。例如，2008 年我国南方部分地区发生了大雪灾，为了抢修线路、生产救灾产品、运输救灾物资、恢复正常生产生活秩序等需要进行加班，这是我们每位公民的责任和义务，因此，劳动者不能以“不能强迫加班”为由拒绝加班。本案中，供电线路出现故障需及时抢修，在这样的特殊情况下，王某应无条件服从安排，及时赶到现场执行任务，其拒绝加班的做法是错误的。因此，劳动仲裁委员会对王某的申诉不予支持。这个案例提醒劳动者在享受自己权利的同时，应该以集体利益、国家利益为重，有大局观念。否则，会因其错误行为而受到相应的惩罚。

六、用人单位和劳动者应依法参加社会保险

［**案例**］王某大学毕业后到南方某民营企业应聘，经过面试和笔试后，公司对王某很满意，决定录取他，与他签订 3 年的劳动合同。但在签合同的时候，公司经理跟王某说：“你的月工资是 3 000 元，如果要缴社会保险的话，会从中扣掉很大一部分，而且公司办理缴纳手续也比较麻烦，所以我们打算把社会保险费放在工资里直接发给你，这样又省事，你也可以拿到现金，省去很多的麻烦。”王某听后，心想：“也好啊，反正社会保险也不能跨地区转移，我也不打算在这个城市长留，缴社会保险还不如拿到现钱实惠。”于是，王某便同意了公司的建议。一年后，王某越来越觉得不缴纳社会保险很不方便，而且自己在这个城市也很适应，不愿意再出去闯了。他便找到公司，要求公司为其缴纳社会保险费。公司领导听后，立刻表示了反对：“当时你也同意了公司不缴纳社会保险的建议，而且公司也把应缴纳的保险费都发给了你，你当时

也是同意的，怎么说话不算话啊。再说，就算去交，也应该是你自己去办理啊。”在双方多次交涉没有结果的情况下，王某向当地的劳动争议仲裁委员会申请仲裁。

这是一个用人单位不依法为劳动者缴纳社会保险的案例。

《劳动法》第七十二条明确规定：“用人单位和劳动者必须依法参加社会保险，缴纳社会保险费。”国务院1999年颁布的《社会保险费征缴暂行条例》第十二条规定，缴费个人应当缴纳的社会保险费，由所在单位从其本人工资中代扣代缴。社会保险费不能直接发给个人，缴费单位应履行为职工办理社会保险手续的义务。因此，参加社会保险，缴纳和代扣代缴社会保险费是用人单位的法定义务，不得以任何形式逃避。本案中，公司与王某协商不办理社会保险的做法是违反国家法律规定的。公司应该按照一定的缴费基数和比例从王某的工资中代扣代缴，而不能直接发放给王某本人。针对公司这一违法行为，王某可以依法申请劳动仲裁，维护自身的合法权益。实践中，一些用人单位往往认为社会保险费是职工工资的一部分，而不为其办理社会保险手续。这种认识是错误的。用人单位应严格按照法律规定为劳动者足额缴纳社会保险，否则一旦引起争议，用人单位要面临着很大的败诉风险。

七、失业保险费的缴纳基数

［案例］陈小姐在某国有企业负责人事管理事务。一次，在确定失业保险费的缴纳基数时，她和公司负责人事工作的副总经理产生了分歧。因为单位里有很多的合同制农民工，在缴纳失业保险费时，陈小姐以单位全部的工资收入作为基数，自然地把合同制农民工的工资计算在内。但副总经理却说：“国家有规定，合同制农民工不享受失业保险，所以单位不用为他们缴纳失业保险。计算失业保险费的缴费基数时，应

把农民工的工资排除在外。"最后，公司就按照副总经理的说法确定了失业保险的缴费基数。但王小姐感到很困惑，她觉得农民工也是企业的职工，怎么能把他们排除在外呢?

这个案例涉及失业保险费的缴纳基数的确定问题。

1999年国务院颁布的《失业保险条例》第六条规定："城镇企事业单位按照本单位工资总额的百分之二缴纳失业保险费。城镇企事业单位职工按照本人工资的百分之一缴纳失业保险费。城镇企事业单位招用的农民合同制工人本人不缴纳失业保险费。"依照国家规定，工资总额是单位在一定时期内支付给本单位所有劳动者的劳动报酬总额，工资总额的计算应以直接支付给劳动者的全部劳动报酬为根据。工资总额的组成包括：计时工资、计件工资、奖金、津贴和补贴、加班加点工资、特殊情况下支付的工资。根据这一规定，企业支付给本企业各类职工的工资都应纳入失业保险费的缴费基数。上述案例中，单位的副总经理误解了国家关于失业保险的规定。用人单位应当以本单位所有劳动者的劳动收入作为缴纳基数，这里面当然包括合同制农民工的工资部分。虽然《失业保险条例》规定："城镇企事业单位招用的农民合同制工人本人不缴纳失业保险费"，但是，这不能理解为企业支付给本单位农民合同制工人的工资也不纳入单位的失业保险费缴纳基数。因此，用人单位应按照国家法律规定合理地确定失业保险的缴纳基数。

八、生育保险费的承担

[案例] 永昌公司是一家新成立的民营纺纱厂，由于其生产特点，该厂雇用了大量的女职工。公司成立不久便按照国家规定参加当地的生育保险，并按照要求以公司职工总额0.7%的比例向当地社会保险经办机构缴纳生育保险费。由于公司成立不久，资金有点紧张，而且女职工

较多，厂领导便与职工们商量让每个女职工负担一部分保险费。考虑到公司的困难之处，女职工们同意了公司的要求，于是公司按照女职工月工资0.3%的比例向其征收生育保险费。几个月后，女职工得知按照国家规定职工个人并不需要缴纳生育保险费，遂向公司反映此情况，要求公司退还已征收的生育保险费，但遭到公司的拒绝，双方产生了纠纷。

这个案例涉及生育保险由谁承担的问题。

劳动部1994年颁布的《企业职工生育保险试行办法》第四条规定："生育保险根据'以支定收，收支基本平衡'的原则筹集资金，由企业按照其工资总额的一定比例向社会保险经办机构缴纳生育保险费，建立生育保险基金。生育保险费的提取比例由当地人民政府根据计划内生育人数和生育津贴、生育医疗费等项费用确定，并可根据费用支出情况适时调整，但最高不得超过工资总额的1%。企业缴纳的生育保险费作为期间费用处理，列入企业管理费用。职工个人不缴纳生育保险费。"

生育保险是对女性劳动者因生育子女而暂时中断收入来源时，由社会和国家给予其必要的物质帮助的一种社会保险制度，其宗旨在于通过向女职工提供生育津贴、产假以及医疗服务等方面的待遇，保障她们因生育而暂时丧失劳动能力时的基本经济收入和医疗保健，帮助生育女职工恢复劳动能力，重返工作岗位，从而体现国家和社会对妇女在这一特殊时期给予的支持和爱护。生育保险的适用对象应是达到法定结婚年龄，符合计划生育政策，处于生育期的已婚女职工。女职工生育期间，享受产假、医疗服务和产假期生育津贴等。对虽处于生育期，但不符合法定婚龄、违反计划生育的女职工不适用。生育保险费由企业负担，职工个人不负担。这是生育保险与养老保险、失业保险的区别。就本案而言，永昌公司强制女职工个人按月工资的0.3%缴纳生育保险费，显然是违反法律规定的。针对公司这一违法行为，女职工可以向有关调解组织申请调解，调解不成或达成调解协议不履行的，可以向合同履行地的劳动争议仲裁委员会申请仲裁，维护自身的合法权益。

九、认定工伤保险的无过失原则

［案例］于娜是某纺织厂一名纺织工人，与纺织厂签订了为期两年的劳动合同。在一次例行的操作中，由于操作不慎，于娜发生工伤事故，右臂被卷进机器中。经过半年的治疗后，于娜的病情基本处于稳定状态。经当地劳动能力鉴定委员会进行劳动能力鉴定为“六级伤残”，属于“部分丧失劳动能力”。这次工伤事故完全是因为于娜安全意识淡薄、违反操作规程引起，老板以此为由拒绝给予于娜工伤待遇。于娜认为虽然自己违反操作规程，但并非故意，不给工伤待遇是不合理的，遂与老板发生争议。

案例争议的焦点是由于劳动者过失造成事故，劳动者受到的伤害是否属于工伤，能否享受工伤待遇？

在我国，工伤的认定和补偿实行的是无过错补偿原则。《工伤保险条例》规定，职工在工作时间和工作场所内，因工作原因受到事故伤害的，应认定为工伤。也就是说只要符合在工作时间、工作场所、为工作受伤“三要素”的伤亡事故，无论职业伤害责任属于用人单位、其他人或劳动者自己，都可列入工伤范围。但是故意或蓄意违章行为不能认定为工伤。无过失补偿原则，是将工伤事故的责任和原因与工伤待遇区别对待，以保障工人的权利。劳动环境本身具有危险性，劳动者受到伤害在所难免，即使工伤事故由劳动者的过失引发，也非出自劳动者自愿。工伤治疗和伤残赔偿是对劳动者的因职业伤害造成的经济损失和劳动能力损失的补偿，与劳动者有无过失无关，不能因为劳动者操作的过失而受到影响。本案例中的工伤事故虽然是由于娜违反操作规程引起的，也应认定为工伤，于娜有权享受工伤待遇，纺织厂老板的做法是错误的。

为了保障工伤劳动者的生存权和发展权，我国执行工伤保险制度。工伤保险是社会保险制度中的重要组成部分，是指国家和社会为在生产、工作中遭受事故伤害和患职业性疾病的劳动者及其亲属提供医疗救治、生活保障、经济补偿、医疗和职业康复等物质帮助的一种社会保障制度。《劳动法》第七十三条规定劳动者因工伤残或者患职业病的，依法享受社会保险待遇。这一规定以国家法律的形式保障了工伤者及其亲属享受工伤保险待遇。2003 年颁布的《工伤保险条例》就工伤保险基金、工伤认定、劳动能力鉴定等问题作出了详细规定，是我国工伤保险制度执行的主要依据。

十、用人单位应提供安全生产条件保障劳动者的生命健康

［**案例**］1994 年秋，某贫困山区的张某、吴某等数百名农民为了谋生，受雇于 A 县隧道工程公司，到一高速公路隧道“打山洞”。该项工程的地质结构为石英砂岩、石英岩，二氧化硅含量高达 97.6%。公司很清楚，如此高浓度的含量会导致工人患矽肺病。然而，公司却隐瞒地质实情，令工人们用风钻“干式掘进”打炮眼。这种作业方法速度快、生产成本比边钻边喷水的“湿打”低得多，但劳动者患职业病的风险很大。在这样的条件下，公司也不向工人提供有效的防尘面罩，不知情的工人们戴着无济于事的口罩，在二氧化硅粉尘飞扬的隧道中从早到晚长时间作业。1997 年，该隧道工程竣工验收。而 1998 年以来，许多农民工先后被发现患有不同程度的矽肺。2000 年，经该省职业病诊断鉴定委员会对一百多名农民工进行鉴定，其中 20 多名民工患有一期至三期（危险期）矽肺病。于是，受害人张某等 60 多名民工陆续向当地的劳动

争议仲裁委员会申请仲裁。[①]

这是一个用人单位没有为劳动者提供安全生产条件，损害劳动者生命健康的典型案例。

《劳动法》第五十四条规定："用人单位必须为劳动者提供符合国家规定的劳动安全卫生条件和必要的劳动防护用品，对从事有职业危害作业的劳动者应当定期进行健康检查。"用人单位作为工作场所的主要提供者，有着保证工作场所安全的职责，而提供安全生产要求的劳动条件，保障劳动者的生命安全和身体健康是用人单位的义务。实践中，一些生产经营单位的负责人安全意识淡薄，或者片面追求经济效益，见利忘义，置劳动者身体健康和生命安全于不顾，强令劳动者冒险作业，从而导致各种各样的生产安全事故发生频繁。本案中，用人单位 A 县隧道工程公司违反劳动卫生法规，未采取相关的劳动安全防范措施，致使大量劳动者吸入高含量的二氧化硅，患上矽肺职业病，对劳动者的生命健康造成了严重的损害。因此，对于公司的违法行为，张某等人有权向仲裁委员会提起申诉，维护自身的合法权益。

十一、女职工在孕期、产期、哺乳期，用人单位不得解除合同

［案例］张女士在上海某科技有限公司工作，双方签订了为期 2 年的劳动合同，约定张女士任业务代表。半年后，张女士称其已怀有 3 个月身孕，身体不便，不能再从事业务员工作，而且医生建议需要休息，故请求公司为其更换工作岗位。但公司负责人刘某却告诉她："你这种情况比较特殊，由于你怀有身孕，不能履行原先的工作职责，公司决定

① 改编自：黎建飞．劳动法案例分析．北京：中国人民大学出版社，2007．149

将你调离岗位，调到办公室担任打字员，你的月工资将从原来的3 000元下调为1 200元。”张女士表示反对，认为公司随意降低工资的行为侵害了她的合法权益，但负责人刘某说：“公司也是没办法，公司最近的效益不太好，而且你怀孕了就不能从事原先的岗位，所以公司把你调离了原岗位，钱虽然少了点，但你作为公司的员工，要理解公司的决定。”张女士拒绝了公司的要求，3天后，公司以张女士怀孕不能胜任工作为由与其解除了劳动合同。无奈之下，张女士向当地仲裁委员会提起申诉，要求公司继续履行劳动合同。

这是一个用人单位在员工的孕期内解除合同引发的劳动争议。

《劳动合同法》第四十二条规定，女职工在孕期、产期、哺乳期的，用人单位不得依据本法第四十条（非过失性解除合同的规定）、第四十一条（经济性裁员）的规定解除劳动合同。国务院1988年颁布的《女职工劳动保护规定》第四条规定：“不得在女职工怀孕期、产期、哺乳期降低其基本工资，或者解除劳动合同。”孕期是指怀孕期间，产期是指生育期间，哺乳期是指女职工哺乳其婴幼儿的时间。国家规定，孕期为10个月，产期和哺乳期共12个月。对女职工在怀孕期、产期和哺乳期进行特殊保护，是我国劳动法律法规的一项重要内容，其宗旨在于充分保护妇女的合法权益，保障女职工在为人类再生产中不可避免或必需的条件，保护下一代的身心健康。本案中，科技公司以张女士怀孕为由与其解除劳动合同的做法是违反法律规定的。张女士怀孕期间，公司可以视具体情况为其调换工作岗位，但不能随意降低她的工资，更不能以怀孕不能胜任工作为由与其解除劳动合同。所以，张女士有权向当地的劳动争议仲裁委员会申请仲裁，维护自身的合法权益。

十二、用人单位应当同工同酬

［**案例**］赵某原为某市的一家水产品加工厂的分料工人。由于丈夫

在邻市工作，且双方父母都生活在那边。为了生活方便，赵某便辞掉工作，到邻市一家私营水产品加工厂从事同样工作。进厂后赵某很快适应了新的工作环境，并与新厂的同事们建立了良好的关系。同时，赵某的技术水平得到了新厂职工的广泛认可。

两个月的试用期很快过去了，赵某成为该厂的正式员工。但她在领工资时发现自己的工资比同车间的男性员工的工资低。赵某便向劳资科的工作人员询问原因，得到的答复是，赵某是新来的，适应新环境、工作步入正轨需要一段时间。况且赵某在体力上毕竟不如男性。所以工资要比男性员工少。

赵某认为，自己虽是新来的，但是所从事的工作种类与原来所从事的毫无差别，且自己已经通过了厂里两个月试用期。自己在技术上较某些男工还熟练，因此不存在需要适应的阶段，工作早已步入正轨。女性在体力上与男性确实存在差异，但赵某所从事的这一岗位是男女均可干的。赵某凭借自身的技术优势，不比其他男性工人的产量少，甚至还超过了某些男性工人的产量。赵某认为厂方所持理由不能成立。

在同厂方协商无果后，赵某向当地的劳动争议仲裁委员会提起仲裁申请，请求责令该水产品厂支付与其男性员工相同的报酬，保护女职工的合法权益。

劳动争议仲裁委员会经过调查．认为赵某所述属实，该水产品加工厂据以支付少于男性工人的工资的理由不成立。劳动争议仲裁委员会对厂方进行了法制宣传教育，主持双方达成如下协议：

该水产品加工厂按与男性分料工同等的工资标准，向赵某支付工资，因已支付一部分，现补足差额部分。并保证今后在支付工资时，同工同酬。

这是一起有关同工不同酬的案例。

《劳动法》第四十六条第一款规定："工资分配应当遵循按劳分配原则，实行同工同酬。"《劳动合同法》也提到同工同酬问题，比如第十一条规定，没有集体合同或集体合同未规定的，用人单位应当对劳动者实行同工同酬。同工同酬是指所有劳动者不论性别、年龄、种族等非劳动能力的差别，一律按其等量劳动获得等量劳动报酬。同工同酬是我国工资分配的一个基本原则。工资就是对劳动者付出劳动的回报，只要付出的劳动一样，所得的工资报酬也应当一样。同工同酬也是法律赋予劳动者的一项权利，我国《宪法》第四十八条规定："国家保护妇女的权利和利益，实行男女同工同酬。"我国批准的第100号国际劳工公约规定："对男女工人同等价值的工作给予同等的报酬。"用人单位在制定工资制度时必须遵循同工同酬的原则，保障劳动者在工资分配上享有平等的权利，禁止工资分配上的歧视行为。

本案例中，用人单位仅以性别为由对从事相同工作的劳动者支付不同的报酬，这种做法是违法的。工作报酬是根据劳动者提供的劳动数量和质量来确定的，用人单位不能以其他的理由随意制定工资制度，以免违反相关的法律法规，引发争议。

十三、病假工资不属于最低工资的适用范围

［案例］赵晓亮是天津某机械加工厂的员工。2006年8月的一天，赵晓亮因患胆结石住院治疗。其妻将此事通知了该机械加工厂，并代赵晓亮请了病假。厂领导来到医院看望赵晓亮，并让他安心养病，不要着急，等身体完全康复再来上班。一个月后，赵晓亮的妻子来厂为赵晓亮代领工资。财务人员赶忙问厂长："该给赵晓亮多少工资?"厂长说："他生病住院后就没有工作过，不应该发给工资，你按生活费标准发好了。"财务人员给赵晓亮的妻子发了306元生活费。赵晓亮见妻子从厂

里回来，只问了句："工资发了吗?"妻子答道："发了。"赵晓亮就没再细问。第二个月财务同样只给了306元生活费，但这次赵晓亮问到了数目，知道自己每月只得306元生活费。

赵晓亮办完出院手续，马上来到厂里，向财务人员质问："我又不是下岗，为什么只给我生活费?"财务人员将厂长的原话告诉他："你没有工作，就不该领工资。"赵晓亮不禁怒道："你们以为我们工人好糊弄?你以为我不知道，我这种情况，应该领病假工资。我们市最低工资还422元呢，你们至少得每月再补我116元。"财务人员将厂长叫来，询问他的意见，结果厂长坚持不工作就只能领生活费，而赵晓亮却坚持要求每月发给不低于最低工资标准的病假工资。双方为此争执不下，且都声称自己的主张是符合劳动法规的。

这是一起因为对病假工资的发放标准看法不一引发的劳动争议。赵晓亮和厂长的说法对吗？如果不对的话，病假工资应该如何发放呢?

最低工资标准适用于病假工资吗？根据原劳动部《关于贯彻执行〈中华人民共和国劳动法〉若干问题的意见》（劳部发［1995］309号），最低工资指劳动者在法定工作时间内履行了正常劳动义务的前提下，由其所在单位支付的最低劳动报酬。可见，获得最低工资工资需同时符合两个条件：一是法定工作时间内正常工作；二是履行了劳动义务。在本案例中，赵晓亮由于患病住院，显然不可能在法定工作时间内履行正常劳动义务，因而企业可以不按最低工资标准的规定支付劳动报酬，这是符合法律规定的。因此，本案例中赵晓亮的说法是不正确的。

病假工资可以用生活费来代替吗？答案是否定的，我国对病假工资的支付有明确的规定。根据原劳动部《关于贯彻执行〈中华人民共和国劳动法〉若干问题的意见》，职工患病或非因工负伤治疗期间，在规定的医疗期内由企业按有关规定支付其病假工资或疾病救济费，病假工资或疾病救济费可以低于当地最低工资标准支付，但不能低于最低工资标准的80％。该案例中，由于现在市政府规定的最低工资标准为每月422元，赵晓亮的病假工资至少应为422×80％＝337.60元。而该厂支付赵晓亮的病假工资仅为每月306元，未能达到规定的标准。

医疗期如何确定呢？根据原劳动部1994年颁布的《企业职工患病或非因工负伤医疗期规定》，企业职工因患病或非因工负伤，需要停止工作医疗时，根据本人实际参加工作年限和在本单位工作年限，给予三个月到二十四个月的医疗期：（一）实际工作年限十年以下的，在本单位工作年限五年以下的为三个月；五年以上的为六个月。（二）实际工作年限十年以上的，在本单位工作年限五年以下的为六个月；五年以上十年以下的为九个月；十年以上十五年以下的为十二个月；十五年以上二十年以下的为十八个月；二十年以上的为二十四个月。医疗期三个月的按六个月内累计病休时间计算；六个月的按十二个月内累计病休时间计算；九个月的按十五个月内累计病休时间计算；十二个月的按十八个月内累计病休时间计算；十八个月的按二十四个月内累计病休时间计算；二十四个月的按三十个月内累计病休时间计算。

通过上面的规定，我们可以明确案例中赵晓亮和厂长的说法都不正确。对于最低工资标准和病假工资的支付，国家相关法律法规都有明确的规定。用人单位和劳动者应该了解相关的规定。如果只知其一，不知其二，就会像案例中一样，带来不必要的争议。

十四、用人单位不得无故拖欠或克扣员工工资

[案例] 刘某是某电机企业的操作工。今年，因厂里机器设备老化，未能及时更新，导致生产跟不上进度，企业效益下降，资金周转出现严重问题。面对困境，电机厂更换了新一任的领导班子。新上任的厂长在

多方筹集资金未果的情况下，决定改革自救，自谋出路。厂里决定在职工中筹集改造资金，并克扣了全体职工六个月的工资，并承诺企业渡过难关后，除补发克扣工资外，还支付一定的奖金。作为补偿，企业将向员工支付一定的生活费，保证职工生活。这一筹资方案很快得到了执行，电机厂当即停发了全体职工的当月工资。职工们纷纷表示不满，抗议道："企业效益不好，也应该领导自己想办法，凭什么克扣我们的工资啊？而且，一下子克扣了六个月的工资，让我们怎么生活啊？"于是，职工们推举刘某为代表找到厂领导要求补发工资，但厂领导不同意，说这是厂里经讨论作出的决定。无奈之下，刘某等人向当地的仲裁委员会提出申诉，要求电机厂补发所扣工资。

这是一起用人单位无故拖欠员工工资的案例。

《劳动合同法》第三十条规定："用人单位应当按照劳动合同约定和国家规定，向劳动者及时足额支付劳动报酬。用人单位拖欠或者未足额支付劳动报酬的，劳动者可以依法向当地人民法院申请支付令，人民法院应当依法发出支付令。"

劳动报酬是劳动者因履行劳动义务而获得的、企业支付的各种形式的物质补偿，其主要表现形式是工资，主要包括计件工资、计时工资、奖金、津贴和补贴、加班加点工资和特殊情况下支付的工资六部分。它是劳动者生活的主要来源和重要保障。支付工资是企业的一项重要义务。除企业确因遇到非人力所能抗拒的自然灾害、战争等原因，或确因生产经营困难，资金周转受到影响，并征得本企业工会同意这两种情形可以延期支付工资外，其他情况下拖欠工资均属无故拖欠。本案中，机电厂以集资为由克扣全体职工的做法属于无故拖欠工资行为，违反了法律的规定。因此，刘某等人可以向当地的仲裁委员会申请仲裁，维护自身的合法权益。同时，为了遏制、杜绝用人单位拖欠劳动者工资这一社会“恶疾”，给劳动者提供索取劳动报酬提供更为便捷的“绿色通道”，《劳动合同法》规定了支付令制度，以保护劳动者的合法权益。所以，刘某可以直接向当地人民法院申请支付令，要求用人单位支付拖欠的劳动报酬。这一规定为劳动者维护自身的合法权益提供了更为便捷的途径。

在现实生活中，用人单位借故不按时发放工资的现象比较多，有的用人单位通过各种办法强迫劳动者加班加点，对加班的又不支付加班费；有的用人单位将单位积压的产品抵现金支付员工工资；还有的用人单位以集资为由克扣员工工资。这些做法都是违法的。用人单位应当依照法律规定按时足额支付劳动者工资报酬，避免因违法而导致不必要的纠纷。

十五、用人单位提出解除合同的经济补偿

［案例］ 李某，男，25岁，大学本科毕业，是某鞋业公司的技术员，与公司签订了2年的劳动合同。当时，正值公司的产品适销对路，又恰逢市场需求旺季，所以李某的奖金很高，工作也比较忙，李某对工作非常满意。半年后，因该公司准备不足、抢占市场失利，以及错误地估计了当年的流行趋势，导致设计的凉鞋滞销。该公司因资金周转困难，奖金已停发2个月，工资发放也成问题，李某也整日无事可做。于是公司与李某协商，说公司现在不景气，产品销路也不好，你在这儿耗着，也是耽误时间，没有多大意思，干脆你另起炉灶，自己出去干。李某自己盘算着：自己刚刚大学毕业，有的是机会，不能在一棵树上吊死。于是李某同意与公司解除合同，但他提出公司应该给他一定的经济补偿。公司回复说：“我们都是讲道理的人。咱们是协商一致解除劳动合同，且解除合同的原因是客观、正当的，公司没有必要给你补偿。再

说目前公司的情况，你又不是不清楚，公司也没钱给你啊！”李某听后觉得很困惑，便来到当地的劳动争议仲裁委员会进行咨询。

这是一个用人单位和劳动者协商一致解除合同的案例。争议的焦点在于：用人单位是否应该支付劳动者经济补偿?

《劳动合同法》第四十六条第二项规定，用人单位依照本法第三十六条规定向劳动者提出解除劳动合同并与劳动者协商一致解除劳动合同的，用人单位应向劳动者支付经济补偿。

根据这一规定，协商一致解除合同，用人单位是否需要支付劳动者经济补偿，关键在于解除合同是谁提出来的。如果是由用人单位提出来的，当事人双方协商一致解除合同时需支付劳动者经济补偿；如果解除合同是劳动者提出来的，用人单位可以不用支付经济补偿。本案例中，鞋业公司因经营不善，在资金周转困难的情况下，希望李某另起炉灶，说明解除合同是由公司提出来的。因此，案例中该鞋业公司应该支付李某经济补偿。向劳动者支付经济补偿金是用人单位的义务，不能因为企业经济状况不好，没有资金等原同拒绝支付，否则，就要承担法律责任。在解除劳动合同时，经济补偿的支付是企业的一项很大的成本支出。因此企业在解除合同时，应慎重考虑，通过在合法的范围采用合适的方式解除合同，尽量减少经济补偿的支付，从而降低企业解除合同的成本。

十六、用人单位无过失性解除劳动合同的经济补偿

［**案例**］黄某在一家公司从事销售工作。由于他个人性格的原因，缺少足够的销售技巧，也一直不能完成公司规定的销售任务。几个月后，公司认为黄某不能胜任本职工作，便给他调换了一个比原来职位低、工作难度相对简单的工作岗位。公司本以为在新岗位上，黄某可以

发挥出潜力好好工作。但经过了一段时间，公司发现黄某连新岗位的基本工作都做不好。于是公司提前三十日书面通知黄某，以他不能胜任工作为由，与其解除了劳动合同。黄某办完了离职手续后，向公司索要解除劳动合同的经济补偿，但遭到了公司的拒绝。公司回应说："公司已经为你做得够多了，你做不好销售工作，我们为你调换岗位，但你连新岗位都做不好，我们只好和你解除合同，理由都是客观的、合法的，公司没必要给你经济补偿。"黄某不同意公司的观点，双方发生了纠纷。黄某便向当地的劳动争议仲裁委员会申请仲裁。①

这是一起用人单位以劳动者不能胜任工作为由解除合同的案例。本案的焦点在于劳动者因不能胜任工作而被解除合同，用人单位是否应该支付经济补偿?

《劳动合同法》第四十六条第三项规定，劳动者不能胜任工作，经培训或者调整工作岗位，仍不能胜任工作的，用人单位提前三十日以书面形式通知劳动者本人或者额外支付劳动者一个月工资后，可以解除劳动合同，并支付相应的经济补偿。这里所谓"不能胜任工作"，是指不能按要求完成劳动合同中约定的任务或者同工种、同岗位人员的工作量。但用人单位不得故意提高定额标准，使劳动者无法完成。劳动者没有具备从事某项工作的能力，不能完成某一岗位的工作任务，这时用人单位可以对其进行职业培训，提高其职业技能，也可以把其调换到能够胜任的工作岗位上，这是用人单位负有的协助劳动者适应岗位的义务。如果单位尽了这些义务，劳动者仍然不能胜任工作，说明劳动者不具备在该单位工作的职业能力，单位可以在提前三十日书面通知的前提下，解除与该劳动者的劳动合同，并按其工作年限支付经济补偿。本案中，

① 谢良敏．劳动维权案例评析．北京：法律出版社．136～137

黄某在销售工作中不能胜任本职工作，在公司给他调整工作岗位后，仍不能胜任工作。在这种情况下，公司可以按照法律规定单方与黄某解除劳动合同，但应当提前三十日书面通知或者额外支付黄某一个月工资，并且按其工作年限支付经济补偿。所以，公司拒绝支付黄某经济补偿的做法是违反法律规定的。这个案例提醒用人单位在以不能胜任工作为由与劳动者解除合同时，要遵守法律的规定，向劳动者支付相应的经济补偿，否则，会因其违法行为承担不必要的法律风险。

十七、劳动合同终止的经济补偿金

［案例］谢某大学毕业后经朋友介绍到某软件公司上班。公司为其办理了录用手续，同时双方签订了为期 3 年的劳动合同。合同中约定：谢某从事数据分析员的工作，工资为每月 4 000 元。3 年后，谢某的合同到期时，由于其在休产假，单位没有与其办理终止或续订劳动合同的事项。等到谢某休完产假到单位报到时，却得知自己原来的岗位上已安排了一名新招的员工。她找到单位相关负责人询问此事，负责人说："你连续休了 3 个月的产假，单位上的工作总得有人做，所以只好又聘了一个人来代替你。如果你愿意的话，现在公司的网络助理那个岗位还缺人，只是工资只有 2 200 元。不知道你愿不愿意？"谢某想了想，还是决定终止合同。在办理终止劳动合同手续时，她要求公司支付经济补偿。企业认为是谢某自己不想续订而终止的劳动合同，单位没有理由为其支付经济补偿。双方争执不下，最终来到当地仲裁委员会寻求答案。

这个案例涉及劳动合同终止是否需要支付经济补偿的问题。

《劳动合同法》第四十六条第五项规定，除用人单位维持或者提高劳动合同约定条件续订劳动合同，劳动者不同意续订的情形外，劳动合同期满终止固定期限劳动合同的，用人单位应向劳动者支付经济补偿。

这一规定可以从以下几方面进行理解：(1) 用人单位维持或者提高劳动合同约定条件续订合同的情况下，如果劳动者同意，劳动关系继续存在，不会出现终止合同的问题；如果劳动者不同意续订，那么合同期满终止，用人单位不需要支付经济补偿。(2) 用人单位在降低合同约定的条件下提出续订合同，如果劳动者不同意续订，合同终止，用人单位需要支付经济补偿。(3) 合同期满，用人单位主动终止劳动合同，无论劳动者是否同意续订，劳动合同到期终止，用人单位需要支付经济补偿。本案例中，公司续订合同时，给谢某提供的工资水平远远低于其原来的工资水平，降低了合同的约定标准，在这种情况下谢某终止劳动合同，公司应支付经济补偿。

附录

中华人民共和国劳动争议调解仲裁法

（2007年12月29日第十届全国人民代表大会常务委员会第三十一次会议通过）

目　录

第一章　总　则

第一条　为了公正及时解决劳动争议，保护当事人合法权益，促进劳动关系和谐稳定，制定本法。

第二条　中华人民共和国境内的用人单位与劳动者发生的下列劳动争议，适用本法：

（一）因确认劳动关系发生的争议；

（二）因订立、履行、变更、解除和终止劳动合同发生的争议；

（三）因除名、辞退和辞职、离职发生的争议；

（四）因工作时间、休息休假、社会保险、福利、培训以及劳动保护发生的争议；

（五）因劳动报酬、工伤医疗费、经济补偿或者赔偿金等发生的争议；

（六）法律、法规规定的其他劳动争议。

第三条 解决劳动争议，应当根据事实，遵循合法、公正、及时、着重调解的原则，依法保护当事人的合法权益。

第四条 发生劳动争议，劳动者可以与用人单位协商，也可以请工会或者第三方共同与用人单位协商，达成和解协议。

第五条 发生劳动争议，当事人不愿协商、协商不成或者达成和解协议后不履行的，可以向调解组织申请调解；不愿调解、调解不成或者达成调解协议后不履行的，可以向劳动争议仲裁委员会申请仲裁；对仲裁裁决不服的，除本法另有规定的外，可以向人民法院提起诉讼。

第六条 发生劳动争议，当事人对自己提出的主张，有责任提供证据。与争议事项有关的证据属于用人单位掌握管理的，用人单位应当提供；用人单位不提供的，应当承担不利后果。

第七条 发生劳动争议的劳动者一方在十人以上，并有共同请求的，可以推举代表参加调解、仲裁或者诉讼活动。

第八条 县级以上人民政府劳动行政部门会同工会和企业方面代表建立协调劳动关系三方机制，共同研究解决劳动争议的重大问题。

第九条 用人单位违反国家规定，拖欠或者未足额支付劳动报酬，或者拖欠工伤医疗费、经济补偿或者赔偿金的，劳动者可以向劳动行政部门投诉，劳动行政部门应当依法处理。

第二章 调 解

第十条 发生劳动争议，当事人可以到下列调解组织申请调解：

（一）企业劳动争议调解委员会；

（二）依法设立的基层人民调解组织；

（三）在乡镇、街道设立的具有劳动争议调解职能的组织。

企业劳动争议调解委员会由职工代表和企业代表组成。职工代表由工会成员担任或者由全体职工推举产生，企业代表由企业负责人指定。企业劳动争议调解委员会主任由工会成员或者双方推举的人员担任。

第十一条 劳动争议调解组织的调解员应当由公道正派、联系群众、热心调解工作，并具有一定法律知识、政策水平和文化水平的成年公民担任。

第十二条 当事人申请劳动争议调解可以书面申请，也可以口头申请。口头申请的，调解组织应当当场记录申请人基本情况、申请调解的争议事项、理由和时间。

第十三条 调解劳动争议，应当充分听取双方当事人对事实和理由的陈述，耐心疏导，帮助其达成协议。

第十四条 经调解达成协议的，应当制作调解协议书。

调解协议书由双方当事人签名或者盖章，经调解员签名并加盖调解组织印章后生效，对双方当事人具有约束力，当事人应当履行。

自劳动争议调解组织收到调解申请之日起十五日内未达成调解协议的，当事人可以依法申请仲裁。

第十五条 达成调解协议后，一方当事人在协议约定期限内不履行调解协议的，另一方当事人可以依法申请仲裁。

第十六条 因支付拖欠劳动报酬、工伤医疗费、经济补偿或者赔偿金事项达成调解协议，用人单位在协议约定期限内不履行的，劳动者可以持调解协议书依法向人民法院申请支付令。人民法院应当依法发出支付令。

第三章 仲 裁

第一节 一般规定

第十七条 劳动争议仲裁委员会按照统筹规划、合理布局和适应实际需要的原则设立。省、自治区人民政府可以决定在市、县设立；直辖市人民政府可以决定在区、县设立。直辖市、设区的市也可以设立一个或者若干个劳动争议仲裁委员会。劳动争议仲裁委员会不按行政区划层层设立。

第十八条 国务院劳动行政部门依照本法有关规定制定仲裁规则。省、自治区、直辖市人民政府劳动行政部门对本行政区域的劳动争议仲裁工作进行指导。

第十九条 劳动争议仲裁委员会由劳动行政部门代表、工会代表和企业方面代表组成。劳动争议仲裁委员会组成人员应当是单数。

劳动争议仲裁委员会依法履行下列职责：

（一）聘任、解聘专职或者兼职仲裁员；

（二）受理劳动争议案件；

（三）讨论重大或者疑难的劳动争议案件；

（四）对仲裁活动进行监督。

劳动争议仲裁委员会下设办事机构，负责办理劳动争议仲裁委员会的日常工作。

第二十条　劳动争议仲裁委员会应当设仲裁员名册。

仲裁员应当公道正派并符合下列条件之一：

（一）曾任审判员的；

（二）从事法律研究、教学工作并具有中级以上职称的；

（三）具有法律知识、从事人力资源管理或者工会等专业工作满五年的；

（四）律师执业满三年的。

第二十一条　劳动争议仲裁委员会负责管辖本区域内发生的劳动争议。

劳动争议由劳动合同履行地或者用人单位所在地的劳动争议仲裁委员会管辖。双方当事人分别向劳动合同履行地和用人单位所在地的劳动争议仲裁委员会申请仲裁的，由劳动合同履行地的劳动争议仲裁委员会管辖。

第二十二条　发生劳动争议的劳动者和用人单位为劳动争议仲裁案件的双方当事人。

劳务派遣单位或者用工单位与劳动者发生劳动争议的，劳务派遣单位和用工单位为共同当事人。

第二十三条　与劳动争议案件的处理结果有利害关系的第三人，可以申请参加仲裁活动或者由劳动争议仲裁委员会通知其参加仲裁活动。

第二十四条　当事人可以委托代理人参加仲裁活动。委托他人参加仲裁活动，应当向劳动争议仲裁委员会提交有委托人签名或者盖章的委托书，委托书应当载明委托事项和权限。

第二十五条　丧失或者部分丧失民事行为能力的劳动者，由其法定代理人代为参加仲裁活动；无法定代理人的，由劳动争议仲裁委员会为其指定代理人。劳动者死亡的，由其近亲属或者代理人参加仲裁活动。

第二十六条 劳动争议仲裁公开进行，但当事人协议不公开进行或者涉及国家秘密、商业秘密和个人隐私的除外。

第二节 申请和受理

第二十七条 劳动争议申请仲裁的时效期间为一年。仲裁时效期间从当事人知道或者应当知道其权利被侵害之日起计算。

前款规定的仲裁时效，因当事人一方向对方当事人主张权利，或者向有关部门请求权利救济，或者对方当事人同意履行义务而中断。从中断时起，仲裁时效期间重新计算。

因不可抗力或者有其他正当理由，当事人不能在本条第一款规定的仲裁时效期间申请仲裁的，仲裁时效中止。从中止时效的原因消除之日起，仲裁时效期间继续计算。

劳动关系存续期间因拖欠劳动报酬发生争议的，劳动者申请仲裁不受本条第一款规定的仲裁时效期间的限制；但是，劳动关系终止的，应当自劳动关系终止之日起一年内提出。

第二十八条 申请人申请仲裁应当提交书面仲裁申请，并按照被申请人人数提交副本。

仲裁申请书应当载明下列事项：

（一）劳动者的姓名、性别、年龄、职业、工作单位和住所，用人单位的名称、住所和法定代表人或者主要负责人的姓名、职务；

（二）仲裁请求和所根据的事实、理由；

（三）证据和证据来源、证人姓名和住所。

书写仲裁申请确有困难的，可以口头申请，由劳动争议仲裁委员会记入笔录，并告知对方当事人。

第二十九条 劳动争议仲裁委员会收到仲裁申请之日起五日内，认为符合受理条件的，应当受理，并通知申请人；认为不符合受理条件的，应当书面通知申请人不予受理，并说明理由。对劳动争议仲裁委员会不予受理或者逾期未作出决定的，申请人可以就该劳动争议事项向人民法院提起诉讼。

第三十条　劳动争议仲裁委员会受理仲裁申请后，应当在五日内将仲裁申请书副本送达被申请人。

被申请人收到仲裁申请书副本后，应当在十日内向劳动争议仲裁委员会提交答辩书。劳动争议仲裁委员会收到答辩书后，应当在五日内将答辩书副本送达申请人。被申请人未提交答辩书的，不影响仲裁程序的进行。

第三节　开庭和裁决

第三十一条　劳动争议仲裁委员会裁决劳动争议案件实行仲裁庭制。仲裁庭由三名仲裁员组成，设首席仲裁员。简单劳动争议案件可以由一名仲裁员独任仲裁。

第三十二条　劳动争议仲裁委员会应当在受理仲裁申请之日起五日内将仲裁庭的组成情况书面通知当事人。

第三十三条　仲裁员有下列情形之一，应当回避，当事人也有权以口头或者书面方式提出回避申请：

（一）是本案当事人或者当事人、代理人的近亲属的；

（二）与本案有利害关系的；

（三）与本案当事人、代理人有其他关系，可能影响公正裁决的；

（四）私自会见当事人、代理人，或者接受当事人、代理人的请客送礼的。

劳动争议仲裁委员会对回避申请应当及时作出决定，并以口头或者书面方式通知当事人。

第三十四条 仲裁员有本法第三十三条第四项规定情形，或者有索贿受贿、徇私舞弊、枉法裁决行为的，应当依法承担法律责任。劳动争议仲裁委员会应当将其解聘。

第三十五条 仲裁庭应当在开庭五日前，将开庭日期、地点书面通知双方当事人。当事人有正当理由的，可以在开庭三日前请求延期开庭。是否延期，由劳动争议仲裁委员会决定。

第三十六条 申请人收到书面通知，无正当理由拒不到庭或者未经仲裁庭同意中途退庭的，可以视为撤回仲裁申请。

被申请人收到书面通知，无正当理由拒不到庭或者未经仲裁庭同意中途退庭的，可以缺席裁决。

第三十七条 仲裁庭对专门性问题认为需要鉴定的，可以交由当事人约定的鉴定机构鉴定；当事人没有约定或者无法达成约定的，由仲裁庭指定的鉴定机构鉴定。

根据当事人的请求或者仲裁庭的要求，鉴定机构应当派鉴定人参加开庭。当事人经仲裁庭许可，可以向鉴定人提问。

第三十八条 当事人在仲裁过程中有权进行质证和辩论。质证和辩论终结时，首席仲裁员或者独任仲裁员应当征询当事人的最后意见。

第三十九条 当事人提供的证据经查证属实的，仲裁庭应当将其作为认定事实的根据。

劳动者无法提供由用人单位掌握管理的与仲裁请求有关的证据，仲裁庭可以要求用人单位在指定期限内提供。用人单位在指定期限内不提供的，应当承担不利后果。

第四十条 仲裁庭应当将开庭情况记入笔录。当事人和其他仲裁参加人认为对自己陈述的记录有遗漏或者差错的，有权申请补正。如果不予补正，应当记录该申请。

笔录由仲裁员、记录人员、当事人和其他仲裁参加人签名或者盖章。

第四十一条　当事人申请劳动争议仲裁后，可以自行和解。达成和解协议的，可以撤回仲裁申请。

第四十二条　仲裁庭在作出裁决前，应当先行调解。

调解达成协议的，仲裁庭应当制作调解书。

调解书应当写明仲裁请求和当事人协议的结果。调解书由仲裁员签名，加盖劳动争议仲裁委员会印章，送达双方当事人。调解书经双方当事人签收后，发生法律效力。

调解不成或者调解书送达前，一方当事人反悔的，仲裁庭应当及时作出裁决。

第四十三条　仲裁庭裁决劳动争议案件，应当自劳动争议仲裁委员会受理仲裁申请之日起四十五日内结束。案情复杂需要延期的，经劳动争议仲裁委员会主任批准，可以延期并书面通知当事人，但是延长期限不得超过十五日。逾期未作出仲裁裁决的，当事人可以就该劳动争议事项向人民法院提起诉讼。

仲裁庭裁决劳动争议案件时，其中一部分事实已经清楚，可以就该部分先行裁决。

第四十四条　仲裁庭对追索劳动报酬、工伤医疗费、经济补偿或者赔偿金的案件，根据当事人的申请，可以裁决先予执行，移送人民法院执行。

仲裁庭裁决先予执行的，应当符合下列条件：

（一）当事人之间权利义务关系明确；

（二）不先予执行将严重影响申请人的生活。

劳动者申请先予执行的，可以不提供担保。

第四十五条 裁决应当按照多数仲裁员的意见作出，少数仲裁员的不同意见应当记入笔录。仲裁庭不能形成多数意见时，裁决应当按照首席仲裁员的意见作出。

第四十六条 裁决书应当载明仲裁请求、争议事实、裁决理由、裁决结果和裁决日期。裁决书由仲裁员签名，加盖劳动争议仲裁委员会印章。对裁决持不同意见的仲裁员，可以签名，也可以不签名。

第四十七条 下列劳动争议，除本法另有规定的外，仲裁裁决为终局裁决，裁决书自作出之日起发生法律效力：

（一）追索劳动报酬、工伤医疗费、经济补偿或者赔偿金，不超过当地月最低工资标准十二个月金额的争议；

（二）因执行国家的劳动标准在工作时间、休息休假、社会保险等方面发生的争议。

第四十八条 劳动者对本法第四十七条规定的仲裁裁决不服的，可以自收到仲裁裁决书之日起十五日内向人民法院提起诉讼。

第四十九条 用人单位有证据证明本法第四十七条规定的仲裁裁决有下列情形之一，可以自收到仲裁裁决书之日起三十日内向劳动争议仲裁委员会所在地的中级人民法院申请撤销裁决：

（一）适用法律、法规确有错误的；

（二）劳动争议仲裁委员会无管辖权的；

（三）违反法定程序的；

（四）裁决所根据的证据是伪造的；

（五）对方当事人隐瞒了足以影响公正裁决的证据的；

（六）仲裁员在仲裁该案时有索贿受贿、徇私舞弊、枉法裁决行为的。

人民法院经组成合议庭审查核实裁决有前款规定情形之一的，应当裁定撤销。

仲裁裁决被人民法院裁定撤销的，当事人可以自收到裁定书之日起十五日内就该劳动争议事项向人民法院提起诉讼。

第五十条　当事人对本法第四十七条规定以外的其他劳动争议案件的仲裁裁决不服的，可以自收到仲裁裁决书之日起十五日内向人民法院提起诉讼；期满不起诉的，裁决书发生法律效力。

第五十一条　当事人对发生法律效力的调解书、裁决书，应当依照规定的期限履行。一方当事人逾期不履行的，另一方当事人可以依照民事诉讼法的有关规定向人民法院申请执行。受理申请的人民法院应当依法执行。

第四章　附　则

第五十二条　事业单位实行聘用制的工作人员与本单位发生劳动争议的，依照本法执行；法律、行政法规或者国务院另有规定的，依照其规定。

第五十三条　劳动争议仲裁不收费。劳动争议仲裁委员会的经费由财政予以保障。

第五十四条　本法自 2008 年 5 月 1 日起施行。

中华人民共和国劳动合同法

（2007 年 6 月 29 日第十届全国人民代表大会
常务委员会第二十八次会议通过）

目　录

第一章　总　　则

第一条　为了完善劳动合同制度，明确劳动合同双方当事人的权利和义务，保护劳动者的合法权益，构建和发展和谐稳定的劳动关系，制定本法。

第二条　中华人民共和国境内的企业、个体经济组织、民办非企业单位等组织（以下称用人单位）与劳动者建立劳动关系，订立、履行、变更、解除或者终止劳动合同，适用本法。

国家机关、事业单位、社会团体和与其建立劳动关系的劳动者，订立、履行、变更、解除或者终止劳动合同，依照本法执行。

第三条　订立劳动合同，应当遵循合法、公平、平等自愿、协商一致、诚实信用的原则。

依法订立的劳动合同具有约束力，用人单位与劳动者应当履行劳动合同约定的义务。

第四条　用人单位应当依法建立和完善劳动规章制度，保障劳动者享有劳动权利、履行劳动义务。

用人单位在制定、修改或者决定有关劳动报酬、工作时间、休息休假、劳动安全卫生、保险福利、职工培训、劳动纪律以及劳动定额管理等直接涉及劳动者切身利益的规章制度或者重大事项时，应当经职工代表大会或者全体职工讨论，提出方案和意见，与工会或者职工代表平等协商确定。

在规章制度和重大事项决定实施过程中，工会或者职工认为不适当的，有权向用人单位提出，通过协商予以修改完善。

用人单位应当将直接涉及劳动者切身利益的规章制度和重大事项决定公示，或者告知劳动者。

第五条　县级以上人民政府劳动行政部门会同工会和企业方面代表，建立健全协调劳动关系三方机制，共同研究解决有关劳动关系的重大问题。

第六条 工会应当帮助、指导劳动者与用人单位依法订立和履行劳动合同，并与用人单位建立集体协商机制，维护劳动者的合法权益。

第二章 劳动合同的订立

第七条 用人单位自用工之日起即与劳动者建立劳动关系。用人单位应当建立职工名册备查。

第八条 用人单位招用劳动者时，应当如实告知劳动者工作内容、工作条件、工作地点、职业危害、安全生产状况、劳动报酬，以及劳动者要求了解的其他情况；用人单位有权了解劳动者与劳动合同直接相关的基本情况，劳动者应当如实说明。

第九条 用人单位招用劳动者，不得扣押劳动者的居民身份证和其他证件，不得要求劳动者提供担保或者以其他名义向劳动者收取财物。

第十条 建立劳动关系，应当订立书面劳动合同。

已建立劳动关系，未同时订立书面劳动合同的，应当自用工之日起一个月内订立书面劳动合同。

用人单位与劳动者在用工前订立劳动合同的，劳动关系自用工之日起建立。

第十一条 用人单位未在用工的同时订立书面劳动合同，与劳动者约定的劳动报酬不明确的，新招用的劳动者的劳动报酬按照集体合同规定的标准执行；没有集体合同或者集体合同未规定的，实行同工同酬。

第十二条 劳动合同分为固定期限劳动合同、无固定期限劳动合同和以完成一定工作任务为期限的劳动合同。

第十三条 固定期限劳动合同，是指用人单位与劳动者约定合同终止时间的劳动合同。

用人单位与劳动者协商一致，可以订立固定期限劳动合同。

第十四条　无固定期限劳动合同，是指用人单位与劳动者约定无确定终止时间的劳动合同。

用人单位与劳动者协商一致，可以订立无固定期限劳动合同。有下列情形之一，劳动者提出或者同意续订、订立劳动合同的，除劳动者提出订立固定期限劳动合同外，应当订立无固定期限劳动合同：

（一）劳动者在该用人单位连续工作满十年的；

（二）用人单位初次实行劳动合同制度或者国有企业改制重新订立劳动合同时，劳动者在该用人单位连续工作满十年且距法定退休年龄不足十年的；

（三）连续订立二次固定期限劳动合同，且劳动者没有本法第三十九条和第四十条第一项、第二项规定的情形，续订劳动合同的。

用人单位自用工之日起满一年不与劳动者订立书面劳动合同的，视为用人单位与劳动者已订立无固定期限劳动合同。

第十五条　以完成一定工作任务为期限的劳动合同，是指用人单位与劳动者约定以某项工作的完成为合同期限的劳动合同。

用人单位与劳动者协商一致，可以订立以完成一定工作任务为期限的劳动合同。

第十六条　劳动合同由用人单位与劳动者协商一致，并经用人单位与劳动者在劳动合同文本上签字或者盖章生效。

劳动合同文本由用人单位和劳动者各执一份。

第十七条　劳动合同应当具备以下条款：

（一）用人单位的名称、住所和法定代表人或者主要负责人；

（二）劳动者的姓名、住址和居民身份证或者其他有效身份证件号码；

（三）劳动合同期限；

（四）工作内容和工作地点；

（五）工作时间和休息休假；

（六）劳动报酬；

（七）社会保险；

（八）劳动保护、劳动条件和职业危害防护；

（九）法律、法规规定应当纳入劳动合同的其他事项。

劳动合同除前款规定的必备条款外，用人单位与劳动者可以约定试用期、培训、保守秘密、补充保险和福利待遇等其他事项。

第十八条 劳动合同对劳动报酬和劳动条件等标准约定不明确，引发争议的，用人单位与劳动者可以重新协商；协商不成的，适用集体合同规定；没有集体合同或者集体合同未规定劳动报酬的，实行同工同酬；没有集体合同或者集体合同未规定劳动条件等标准的，适用国家有关规定。

第十九条 劳动合同期限三个月以上不满一年的，试用期不得超过一个月；劳动合同期限一年以上不满三年的，试用期不得超过二个月；三年以上固定期限和无固定期限的劳动合同，试用期不得超过六个月。

同一用人单位与同一劳动者只能约定一次试用期。

以完成一定工作任务为期限的劳动合同或者劳动合同期限不满三个月的，不得约定试用期。

试用期包含在劳动合同期限内。劳动合同仅约定试用期的，试用期不成立，该期限为劳动合同期限。

第二十条 劳动者在试用期的工资不得低于本单位相同岗位最低档工资或者劳动合同约定工资的百分之八十，并不得低于用人单位所在地的最低工资标准。

第二十一条 在试用期中，除劳动者有本法第三十九条和第四十条第一项、第二项规定的情形外，用人单位不得解除劳动合同。用人单位在试用期解除劳动合同的，应当向劳动者说明理由。

第二十二条 用人单位为劳动者提供专项培训费用，对其进行专业技术培训的，可以与该劳动者订立协议，约定服务期。

劳动者违反服务期约定的，应当按照约定向用人单位支付违约金。违约金的数额不得超过用人单位提供的培训费用。用人单位要求劳动者支付的违约金不得超过服务期尚未履行部分所应分摊的培训费用。

用人单位与劳动者约定服务期的，不影响按照正常的工资调整机制提高劳动者在服务期期间的劳动报酬。

第二十三条 用人单位与劳动者可以在劳动合同中约定保守用人单位的商业秘密和与知识产权相关的保密事项。

对负有保密义务的劳动者，用人单位可以在劳动合同或者保密协议中与劳动者约定竞业限制条款，并约定在解除或者终止劳动合同后，在竞业限制期限内按月给予劳动者经济补偿。劳动者违反竞业限制约定的，应当按照约定向用人单位支付违约金。

第二十四条 竞业限制的人员限于用人单位的高级管理人员、高级技术人员和其他负有保密义务的人员。竞业限制的范围、地域、期限由用人单位与劳动者约定，竞业限制的约定不得违反法律、法规的规定。

在解除或者终止劳动合同后，前款规定的人员到与本单位生产或者经营同类产品、从事同类业务的有竞争关系的其他用人单位，或者自己开业生产或者经营同类产品、从事同类业务的竞业限制期限，不得超过二年。

第二十五条 除本法第二十二条和第二十三条规定的情形外，用人单位不得与劳动者约定由劳动者承担违约金。

第二十六条　下列劳动合同无效或者部分无效：

（一）以欺诈、胁迫的手段或者乘人之危，使对方在违背真实意思的情况下订立或者变更劳动合同的；

（二）用人单位免除自己的法定责任、排除劳动者权利的；

（三）违反法律、行政法规强制性规定的。

对劳动合同的无效或者部分无效有争议的，由劳动争议仲裁机构或者人民法院确认。

第二十七条　劳动合同部分无效，不影响其他部分效力的，其他部分仍然有效。

第二十八条　劳动合同被确认无效，劳动者已付出劳动的，用人单位应当向劳动者支付劳动报酬。劳动报酬的数额，参照本单位相同或者相近岗位劳动者的劳动报酬确定。

第三章　劳动合同的履行和变更

第二十九条　用人单位与劳动者应当按照劳动合同的约定，全面履行各自的义务。

第三十条　用人单位应当按照劳动合同约定和国家规定，向劳动者及时足额支付劳动报酬。

用人单位拖欠或者未足额支付劳动报酬的，劳动者可以依法向当地人民法院申请支付令，人民法院应当依法发出支付令。

第三十一条　用人单位应当严格执行劳动定额标准，不得强迫或者变相强迫劳动者加班。用人单位安排加班的，应当按照国家有关规定向劳动者支付加班费。

第三十二条　劳动者拒绝用人单位管理人员违章指挥、强令冒险作业的，不视为违反劳动合同。

劳动者对危害生命安全和身体健康的劳动条件，有权对用人单位提出批评、检举和控告。

第三十三条　用人单位变更名称、法定代表人、主要负责人或者投资人等事项，不影响劳动合同的履行。

第三十四条　用人单位发生合并或者分立等情况，原劳动合同继续有效，劳动合同由承继其权利和义务的用人单位继续履行。

第三十五条　用人单位与劳动者协商一致，可以变更劳动合同约定的内容。变更劳动合同，应当采用书面形式。

变更后的劳动合同文本由用人单位和劳动者各执一份。

第四章　劳动合同的解除和终止

第三十六条　用人单位与劳动者协商一致，可以解除劳动合同。

第三十七条　劳动者提前三十日以书面形式通知用人单位，可以解除劳动合同。劳动者在试用期内提前三日通知用人单位，可以解除劳动合同。

第三十八条　用人单位有下列情形之一的，劳动者可以解除劳动合同：

（一）未按照劳动合同约定提供劳动保护或者劳动条件的；

（二）未及时足额支付劳动报酬的；

（三）未依法为劳动者缴纳社会保险费的；

（四）用人单位的规章制度违反法律、法规的规定，损害劳动者权益的；

（五）因本法第二十六条第一款规定的情形致使劳动合同无效的；

（六）法律、行政法规规定劳动者可以解除劳动合同的其他情形。

用人单位以暴力、威胁或者非法限制人身自由的手段强迫劳动者劳动的，或者用人单位违章指挥、强令冒险作业危及劳动者人身安全的，劳动者可以立即解除劳动合同，不需事先告知用人单位。

第三十九条 劳动者有下列情形之一的，用人单位可以解除劳动合同：

（一）在试用期间被证明不符合录用条件的；

（二）严重违反用人单位的规章制度的；

（三）严重失职，营私舞弊，给用人单位造成重大损害的；

（四）劳动者同时与其他用人单位建立劳动关系，对完成本单位的工作任务造成严重影响，或者经用人单位提出，拒不改正的；

（五）因本法第二十六条第一款第一项规定的情形致使劳动合同无效的；

（六）被依法追究刑事责任的。

第四十条 有下列情形之一的，用人单位提前三十日以书面形式通知劳动者本人或者额外支付劳动者一个月工资后，可以解除劳动合同：

（一）劳动者患病或者非因工负伤，在规定的医疗期满后不能从事原工作，也不能从事由用人单位另行安排的工作的；

（二）劳动者不能胜任工作，经过培训或者调整工作岗位，仍不能胜任工作的；

（三）劳动合同订立时所依据的客观情况发生重大变化，致使劳动合同无法履行，经用人单位与劳动者协商，未能就变更劳动合同内容达成协议的。

第四十一条 有下列情形之一，需要裁减人员二十人以上或者裁减不足二十人但占企业职工总数百分之十以上的，用人单位提前三十日向工会或者全体职工说明情况，听取工会或者职工的意见后，裁减人员方案经向劳动行政部门报告，可以裁减人员：

（一）依照企业破产法规定进行重整的；

（二）生产经营发生严重困难的；

（三）企业转产、重大技术革新或者经营方式调整，经变更劳动合同后，仍需裁减人员的；

（四）其他因劳动合同订立时所依据的客观经济情况发生重大变化，致使劳动合同无法履行的。

裁减人员时，应当优先留用下列人员：

（一）与本单位订立较长期限的固定期限劳动合同的；

（二）与本单位订立无固定期限劳动合同的；

（三）家庭无其他就业人员，有需要扶养的老人或者未成年人的。

用人单位依照本条第一款规定裁减人员，在六个月内重新招用人员的，应当通知被裁减的人员，并在同等条件下优先招用被裁减的人员。

第四十二条　劳动者有下列情形之一的，用人单位不得依照本法第四十条、第四十一条的规定解除劳动合同：

（一）从事接触职业病危害作业的劳动者未进行离岗前职业健康检查，或者疑似职业病病人在诊断或者医学观察期间的；

（二）在本单位患职业病或者因工负伤并被确认丧失或者部分丧失劳动能力的；

（三）患病或者非因工负伤，在规定的医疗期内的；

（四）女职工在孕期、产期、哺乳期的；

（五）在本单位连续工作满十五年，且距法定退休年龄不足五年的；

（六）法律、行政法规规定的其他情形。

第四十三条　用人单位单方解除劳动合同，应当事先将理由通知工会。用人单位违反法律、行政法规规定或者劳动合同约定的，工会有权要求用人单位纠正。用人单位应当研究工会的意见，并将处理结果书面通知工会。

第四十四条 有下列情形之一的，劳动合同终止：

（一）劳动合同期满的；

（二）劳动者开始依法享受基本养老保险待遇的；

（三）劳动者死亡，或者被人民法院宣告死亡或者宣告失踪的；

（四）用人单位被依法宣告破产的；

（五）用人单位被吊销营业执照、责令关闭、撤销或者用人单位决定提前解散的；

（六）法律、行政法规规定的其他情形。

第四十五条 劳动合同期满，有本法第四十二条规定情形之一的，劳动合同应当续延至相应的情形消失时终止。但是，本法第四十二条第二项规定丧失或者部分丧失劳动能力劳动者的劳动合同的终止，按照国家有关工伤保险的规定执行。

第四十六条 有下列情形之一的，用人单位应当向劳动者支付经济补偿：

（一）劳动者依照本法第三十八条规定解除劳动合同的；

（二）用人单位依照本法第三十六条规定向劳动者提出解除劳动合同并与劳动者协商一致解除劳动合同的；

（三）用人单位依照本法第四十条规定解除劳动合同的；

（四）用人单位依照本法第四十一条第一款规定解除劳动合同的；

（五）除用人单位维持或者提高劳动合同约定条件续订劳动合同，劳动者不同意续订的情形外，依照本法第四十四条第一项规定终止固定期限劳动合同的；

（六）依照本法第四十四条第四项、第五项规定终止劳动合同的；

（七）法律、行政法规规定的其他情形。

第四十七条　经济补偿按劳动者在本单位工作的年限，每满一年支付一个月工资的标准向劳动者支付。六个月以上不满一年的，按一年计算；不满六个月的，向劳动者支付半个月工资的经济补偿。

劳动者月工资高于用人单位所在直辖市、设区的市级人民政府公布的本地区上年度职工月平均工资三倍的，向其支付经济补偿的标准按职工月平均工资三倍的数额支付，向其支付经济补偿的年限最高不超过十二年。

本条所称月工资是指劳动者在劳动合同解除或者终止前十二个月的平均工资。

第四十八条　用人单位违反本法规定解除或者终止劳动合同，劳动者要求继续履行劳动合同的，用人单位应当继续履行；劳动者不要求继续履行劳动合同或者劳动合同已经不能继续履行的，用人单位应当依照本法第八十七条规定支付赔偿金。

第四十九条　国家采取措施，建立健全劳动者社会保险关系跨地区转移接续制度。

第五十条　用人单位应当在解除或者终止劳动合同时出具解除或者终止劳动合同的证明，并在十五日内为劳动者办理档案和社会保险关系转移手续。

劳动者应当按照双方约定，办理工作交接。用人单位依照本法有关规定应当向劳动者支付经济补偿的，在办结工作交接时支付。

用人单位对已经解除或者终止的劳动合同的文本，至少保存二年备查。

第五章 特别规定

第一节 集体合同

第五十一条 企业职工一方与用人单位通过平等协商，可以就劳动报酬、工作时间、休息休假、劳动安全卫生、保险福利等事项订立集体合同。集体合同草案应当提交职工代表大会或者全体职工讨论通过。

集体合同由工会代表企业职工一方与用人单位订立；尚未建立工会的用人单位，由上级工会指导劳动者推举的代表与用人单位订立。

第五十二条 企业职工一方与用人单位可以订立劳动安全卫生、女职工权益保护、工资调整机制等专项集体合同。

第五十三条 在县级以下区域内，建筑业、采矿业、餐饮服务业等行业可以由工会与企业方面代表订立行业性集体合同，或者订立区域性集体合同。

第五十四条 集体合同订立后，应当报送劳动行政部门；劳动行政部门自收到集体合同文本之日起十五日内未提出异议的，集体合同即行生效。

依法订立的集体合同对用人单位和劳动者具有约束力。行业性、区域性集体合同对当地本行业、本区域的用人单位和劳动者具有约束力。

第五十五条 集体合同中劳动报酬和劳动条件等标准不得低于当地人民政府规定的最低标准；用人单位与劳动者订立的劳动合同中劳动报酬和劳动条件等标准不得低于集体合同规定的标准。

第五十六条 用人单位违反集体合同，侵犯职工劳动权益的，工会可以依法要求用人单位承担责任；因履行集体合同发生争议，经协商解决不成的，工会可以依法申请仲裁、提起诉讼。

第二节　劳务派遣

第五十七条　劳务派遣单位应当依照公司法的有关规定设立，注册资本不得少于五十万元。

第五十八条　劳务派遣单位是本法所称用人单位，应当履行用人单位对劳动者的义务。劳务派遣单位与被派遣劳动者订立的劳动合同，除应当载明本法第十七条规定的事项外，还应当载明被派遣劳动者的用工单位以及派遣期限、工作岗位等情况。

劳务派遣单位应当与被派遣劳动者订立二年以上的固定期限劳动合同，按月支付劳动报酬；被派遣劳动者在无工作期间，劳务派遣单位应当按照所在地人民政府规定的最低工资标准，向其按月支付报酬。

第五十九条　劳务派遣单位派遣劳动者应当与接受以劳务派遣形式用工的单位（以下称用工单位）订立劳务派遣协议。劳务派遣协议应当约定派遣岗位和人员数量、派遣期限、劳动报酬和社会保险费的数额与支付方式以及违反协议的责任。

用工单位应当根据工作岗位的实际需要与劳务派遣单位确定派遣期限，不得将连续用工期限分割订立数个短期劳务派遣协议。

第六十条　劳务派遣单位应当将劳务派遣协议的内容告知被派遣劳动者。

劳务派遣单位不得克扣用工单位按照劳务派遣协议支付给被派遣劳动者的劳动报酬。

劳务派遣单位和用工单位不得向被派遣劳动者收取费用。

第六十一条　劳务派遣单位跨地区派遣劳动者的，被派遣劳动者享有的劳动报酬和劳动条件，按照用工单位所在地的标准执行。

第六十二条　用工单位应当履行下列义务：

（一）执行国家劳动标准，提供相应的劳动条件和劳动保护；

（二）告知被派遣劳动者的工作要求和劳动报酬；

（三）支付加班费、绩效奖金，提供与工作岗位相关的福利待遇；

（四）对在岗被派遣劳动者进行工作岗位所必需的培训；

（五）连续用工的，实行正常的工资调整机制。

用工单位不得将被派遣劳动者再派遣到其他用人单位。

第六十三条 被派遣劳动者享有与用工单位的劳动者同工同酬的权利。用工单位无同类岗位劳动者的，参照用工单位所在地相同或者相近岗位劳动者的劳动报酬确定。

第六十四条 被派遣劳动者有权在劳务派遣单位或者用工单位依法参加或者组织工会，维护自身的合法权益。

第六十五条 被派遣劳动者可以依照本法第三十六条、第三十八条的规定与劳务派遣单位解除劳动合同。

被派遣劳动者有本法第三十九条和第四十条第一项、第二项规定情形的，用工单位可以将劳动者退回劳务派遣单位，劳务派遣单位依照本法有关规定，可以与劳动者解除劳动合同。

第六十六条 劳务派遣一般在临时性、辅助性或者替代性的工作岗位上实施。

第六十七条 用人单位不得设立劳务派遣单位向本单位或者所属单位派遣劳动者。

第三节　非全日制用工

第六十八条 非全日制用工，是指以小时计酬为主，劳动者在同一用人单位一般平均每日工作时间不超过四小时，每周工作时间累计不超过二十四小时的用工形式。

第六十九条 非全日制用工双方当事人可以订立口头协议。

从事非全日制用工的劳动者可以与一个或者一个以上用人单位订立劳动合同；但是，后订立的劳动合同不得影响先订立的劳动合同的履行。

第七十条 非全日制用工双方当事人不得约定试用期。

第七十一条 非全日制用工双方当事人任何一方都可以随时通知对方终止用工。终止用工，用人单位不向劳动者支付经济补偿。

第七十二条 非全日制用工小时计酬标准不得低于用人单位所在地人民政府规定的最低小时工资标准。

非全日制用工劳动报酬结算支付周期最长不得超过十五日。

第六章 监督检查

第七十三条 国务院劳动行政部门负责全国劳动合同制度实施的监督管理。

县级以上地方人民政府劳动行政部门负责本行政区域内劳动合同制度实施的监督管理。

县级以上各级人民政府劳动行政部门在劳动合同制度实施的监督管理工作中，应当听取工会、企业方面代表以及有关行业主管部门的意见。

第七十四条 县级以上地方人民政府劳动行政部门依法对下列实施劳动合同制度的情况进行监督检查：

（一）用人单位制定直接涉及劳动者切身利益的规章制度及其执行的情况；

（二）用人单位与劳动者订立和解除劳动合同的情况；

（三）劳务派遣单位和用工单位遵守劳务派遣有关规定的情况；

（四）用人单位遵守国家关于劳动者工作时间和休息休假规定的情况；

（五）用人单位支付劳动合同约定的劳动报酬和执行最低工资标准的情况；

（六）用人单位参加各项社会保险和缴纳社会保险费的情况；

（七）法律、法规规定的其他劳动监察事项。

第七十五条 县级以上地方人民政府劳动行政部门实施监督检查时，有权查阅与劳动合同、集体合同有关的材料，有权对劳动场所进行实地检查，用人单位和劳动者都应当如实提供有关情况和材料。

劳动行政部门的工作人员进行监督检查，应当出示证件，依法行使职权，文明执法。

第七十六条 县级以上人民政府建设、卫生、安全生产监督管理等有关主管部门在各自职责范围内，对用人单位执行劳动合同制度的情况进行监督管理。

第七十七条 劳动者合法权益受到侵害的，有权要求有关部门依法处理，或者依法申请仲裁、提起诉讼。

第七十八条 工会依法维护劳动者的合法权益，对用人单位履行劳动合同、集体合同的情况进行监督。用人单位违反劳动法律、法规和劳动合同、集体合同的，工会有权提出意见或者要求纠正；劳动者申请仲裁、提起诉讼的，工会依法给予支持和帮助。

第七十九条 任何组织或者个人对违反本法的行为都有权举报，县级以上人民政府劳动行政部门应当及时核实、处理，并对举报有功人员给予奖励。

第七章　法律责任

第八十条　用人单位直接涉及劳动者切身利益的规章制度违反法律、法规规定的，由劳动行政部门责令改正，给予警告；给劳动者造成损害的，应当承担赔偿责任。

第八十一条　用人单位提供的劳动合同文本未载明本法规定的劳动合同必备条款或者用人单位未将劳动合同文本交付劳动者的，由劳动行政部门责令改正；给劳动者造成损害的，应当承担赔偿责任。

第八十二条　用人单位自用工之日起超过一个月不满一年未与劳动者订立书面劳动合同的，应当向劳动者每月支付二倍的工资。

用人单位违反本法规定不与劳动者订立无固定期限劳动合同的，自应当订立无固定期限劳动合同之日起向劳动者每月支付二倍的工资。

第八十三条　用人单位违反本法规定与劳动者约定试用期的，由劳动行政部门责令改正；违法约定的试用期已经履行的，由用人单位以劳动者试用期满月工资为标准，按已经履行的超过法定试用期的期间向劳动者支付赔偿金。

第八十四条　用人单位违反本法规定，扣押劳动者居民身份证等证件的，由劳动行政部门责令限期退还劳动者本人，并依照有关法律规定给予处罚。

用人单位违反本法规定，以担保或者其他名义向劳动者收取财物的，由劳动行政部门责令限期退还劳动者本人，并以每人五百元以上两千元以下的标准处以罚款；给劳动者造成损害的，应当承担赔偿责任。

劳动者依法解除或者终止劳动合同，用人单位扣押劳动者档案或者其他物品的，依照前款规定处罚。

第八十五条 用人单位有下列情形之一的，由劳动行政部门责令限期支付劳动报酬、加班费或者经济补偿；劳动报酬低于当地最低工资标准的，应当支付其差额部分；逾期不支付的，责令用人单位按应付金额百分之五十以上百分之一百以下的标准向劳动者加付赔偿金：

（一）未按照劳动合同的约定或者国家规定及时足额支付劳动者劳动报酬的；

（二）低于当地最低工资标准支付劳动者工资的；

（三）安排加班不支付加班费的；

（四）解除或者终止劳动合同，未依照本法规定向劳动者支付经济补偿的。

第八十六条 劳动合同依照本法第二十六条规定被确认无效，给对方造成损害的，有过错的一方应当承担赔偿责任。

第八十七条 用人单位违反本法规定解除或者终止劳动合同的，应当依照本法第四十七条规定的经济补偿标准的二倍向劳动者支付赔偿金。

第八十八条 用人单位有下列情形之一的，依法给予行政处罚；构成犯罪的，依法追究刑事责任；给劳动者造成损害的，应当承担赔偿责任：

（一）以暴力、威胁或者非法限制人身自由的手段强迫劳动的；

（二）违章指挥或者强令冒险作业危及劳动者人身安全的；

（三）侮辱、体罚、殴打、非法搜查或者拘禁劳动者的；

（四）劳动条件恶劣、环境污染严重，给劳动者身心健康造成严重损害的。

第八十九条 用人单位违反本法规定未向劳动者出具解除或者终止劳动合同的书面证明，由劳动行政部门责令改正；给劳动者造成损害的，应当承担赔偿责任。

第九十条 劳动者违反本法规定解除劳动合同，或者违反劳动合同中约定的保密义务或者竞业限制，给用人单位造成损失的，应当承担赔偿责任。

第九十一条 用人单位招用与其他用人单位尚未解除或者终止劳动合同的劳动者，给其他用人单位造成损失的，应当承担连带赔偿责任。

第九十二条 劳务派遣单位违反本法规定的，由劳动行政部门和其他有关主管部门责令改正；情节严重的，以每人一千元以上五千元以下的标准处以罚款，并由工商行政管理部门吊销营业执照；给被派遣劳动者造成损害的，劳务派遣单位与用工单位承担连带赔偿责任。

第九十三条 对不具备合法经营资格的用人单位的违法犯罪行为，依法追究法律责任；劳动者已经付出劳动的，该单位或者其出资人应当依照本法有关规定向劳动者支付劳动报酬、经济补偿、赔偿金；给劳动者造成损害的，应当承担赔偿责任。

第九十四条 个人承包经营违反本法规定招用劳动者，给劳动者造成损害的，发包的组织与个人承包经营者承担连带赔偿责任。

第九十五条 劳动行政部门和其他有关主管部门及其工作人员玩忽职守、不履行法定职责，或者违法行使职权，给劳动者或者用人单位造成损害的，应当承担赔偿责任；对直接负责的主管人员和其他直接责任人员，依法给予行政处分；构成犯罪的，依法追究刑事责任。

第八章 附 则

第九十六条 事业单位与实行聘用制的工作人员订立、履行、变更、解除或者终止劳动合同，法律、行政法规或者国务院另有规定的，依照其规定；未作规定的，依照本法有关规定执行。

第九十七条 本法施行前已依法订立且在本法施行之日存续的劳动合同，继续履行；本法第十四条第二款第三项规定连续订立固定期限劳动合同的次数，自本法施行后续订固定期限劳动合同时开始计算。

本法施行前已建立劳动关系，尚未订立书面劳动合同的，应当自本法施行之日起一个月内订立。

本法施行之日存续的劳动合同在本法施行后解除或者终止，依照本法第四十六条规定应当支付经济补偿的，经济补偿年限自本法施行之日起计算；本法施行前按照当时有关规定，用人单位应当向劳动者支付经济补偿的，按照当时有关规定执行。

第九十八条 本法自 2008 年 1 月 1 日起施行。

中国劳动社会保障出版社
《劳动合同法》《劳动争议调解仲裁法》图书目录

书　　名	编著者	定价
中华人民共和国劳动法		3.00
中华人民共和国劳动合同法		2.00
中华人民共和国就业促进法		2.00
中华人民共和国劳动争议调解仲裁法		2.00
劳动合同法相关法律法规文件汇编		8.00
就业促进法相关法律法规文件汇编		8.00
中华人民共和国劳动合同法讲座	劳动保障部	25.00
《中华人民共和国劳动合同法讲座》辅导光盘（DVD）	劳动保障部	298.00
劳动合同法百题问答	劳动保障部法制司	5.00
中华人民共和国劳动合同法释义	常　凯	20.00
劳动合同法理解与应用	程延园	22.00
劳动合同法培训教程	姜　颖	18.00
律师带您深度解读劳动合同法	石先广	18.00
新编劳动合同权益维护	哈晓斯	15.00
新编劳动争议处理权益维护	刘振军	20.00
劳动合同书：拟制·审查·签订	梁　枫	30.00
劳动合同法下的企业规章制度制定与风险防范	石先广	45.00
劳动合同立法理论难点解析	常　凯	30.00
劳动力派遣	董保华	45.00
劳动派遣的发展与法律规制	周长征	48.00
劳动合同研究	董保华	39.00
劳动法热点事例评说	黎建飞	21.80
劳动法精选案例六重透视	董保华	59.00
中华人民共和国劳动争议调解仲裁法讲座	劳动保障部	20.00
中华人民共和国劳动争议调解仲裁法释义	劳动保障部	20.00
律师带您走出劳动争议的困境	石先广	25.00
劳动争议处理法律制度研究	董保华	50.00

在线订阅网址 www.class.com.cn　　垂询电话（010）64813099/64913454

购书电话（010）64921644（邮购）；64929211（零售）；64943620（批发）